U0578816

本书儿童政策进步指数部分得到联合国儿童基金会的赞助

健坤慈善

本书慈善进步指数部分得到健坤慈善基金会的赞助

2018

中国社会政策
进步指数报告

CHINA SOCIAL POLICY PROGRESS
INDEX REPORT

王振耀　主编

高华俊　高玉荣　柳永法　副主编

社会科学文献出版社
SOCIAL SCIENCES ACADEMIC PRESS (CHINA)

编委会

主　编：王振耀　北京师范大学中国公益研究院院长、教授
副主编：高华俊　北京师范大学中国公益研究院常务副院长、副教授
　　　　高玉荣　北京师范大学中国公益研究院副院长
　　　　柳永法　北京师范大学中国公益研究院政策研究专员

综合分析组

柳永法　北京师范大学中国公益研究院政策研究专员
邵灵玲　北京师范大学中国公益研究院慈善法律研究中心研究主管
成绯绯　北京师范大学中国公益研究院养老研究中心副主任
柴宇阳　北京师范大学中国公益研究院养老研究中心数据开发部副主任
冯　剑　北京师范大学中国公益研究院养老研究中心社会咨询部主任
张睿颖　北京师范大学中国公益研究院养老研究中心社会咨询部副主任
张　柳　北京师范大学中国公益研究院儿童福利与保护研究中心主任
王淑清　北京师范大学中国公益研究院儿童福利与保护研究中心高级
　　　　分析员

慈善进步指数研究组

程　芬　深圳国际公益学院公益研究中心总监
葛均泊　北京师范大学中国公益研究院慈善研究中心主任
叶　萌　北京师范大学中国公益研究院慈善研究中心副主任
黄浠鸣　北京师范大学中国公益研究院慈善研究中心副主任
赵延会　深圳国际公益学院公益研究中心社会服务与公共政策部主任

孙晓舒　深圳国际公益学院公益研究中心公益管理部主任

邵灵玲　北京师范大学中国公益研究院慈善研究中心研究主管

游海霞　深圳国际公益学院合作发展中心国内合作部副主任

吴艾思　深圳国际公益学院公益研究中心趋势研究部高级分析员

贾龙慧子　北京师范大学中国公益研究院慈善研究中心高级分析员

隋欣颖　北京师范大学中国公益研究院慈善研究中心高级分析员

毕若琳　北京师范大学中国公益研究院研究助理

老年人政策进步指数研究组

高云霞　北京师范大学中国公益研究院院长助理

成绯绯　北京师范大学中国公益研究院养老研究中心副主任

冯　剑　北京师范大学中国公益研究院养老研究中心社会咨询部主任

张睿颖　北京师范大学中国公益研究院养老研究中心社会咨询部副主任

柴宇阳　北京师范大学中国公益研究院养老研究中心数据开发部副主任

张　媛　北京师范大学中国公益研究院研究助理

阿茹汗　北京师范大学中国公益研究院研究助理

高　宇　北京师范大学中国公益研究院研究助理

儿童、残疾人政策进步指数研究组

李　洁　北京师范大学中国公益研究院院长助理

张　柳　北京师范大学中国公益研究院儿童福利与保护研究中心主任

王淑清　北京师范大学中国公益研究院儿童福利与保护研究中心高级
　　　　分析员

张　娱　北京师范大学中国公益研究院儿童福利与保护研究中心高级
　　　　分析员

陈　莴　北京师范大学中国公益研究院研究助理

彭海路　北京师范大学中国公益研究院研究助理

何李霸　北京师范大学中国公益研究院研究助理

马怡然　北京师范大学中国公益研究院研究助理
王译心　北京师范大学中国公益研究院研究助理
徐春蕾　北京师范大学中国公益研究院研究助理
徐印印　北京师范大学中国公益研究院研究助理

报告审定组

王振耀　北京师范大学中国公益研究院院长、教授
高华俊　北京师范大学中国公益研究院常务副院长、副教授
高玉荣　北京师范大学中国公益研究院副院长
柳永法　北京师范大学中国公益研究院政策研究专员

外部专家组

冯善伟　中国残联残疾人事业发展研究中心副研究员
张金明　中国康复研究中心副研究员

传播组

李　静　北京师范大学中国公益研究院公益传播部副主任
陈科名　北京师范大学中国公益研究院行政综合办公室副主任

序　言
创新推动社会政策进步

2017 年，我国国内生产总值达到 82.7 万亿元，稳居世界第二，对世界经济增长贡献率超过 30%。近年来，我国人民生活不断改善，覆盖城乡居民的社会保障体系基本建立，经济与社会发展和谐程度进一步提升。

随着我国经济社会的快速发展，社会主要矛盾已经转化为人民日益增长的美好生活需要和不平衡不充分的发展之间的矛盾。在这样的社会格局中，民生领域还有不少短板，脱贫攻坚任务艰巨，城乡区域发展和收入分配差距依然较大，群众在就业、教育、医疗、居住、养老等方面面临不少难题等。这些难题的解决与社会政策密切相关，只有牢固树立以人民为中心的思想，尽力而为、尽量而行，不断创新和全面贯彻落实与人民息息相关的社会政策，才能进一步改善民生，进一步解决发展不平衡不充分的矛盾，进一步增强人民的获得感、公平感、安全感、幸福感。

为推动社会政策的实施和创新，北京师范大学中国公益研究院于 2016 年发布了慈善、老年人、儿童、残疾人四个领域的政策进步指数，同年出版了《中国社会政策进步指数报告（2016）》；2017 年又发布了"中国慈善进步指数 2017""中国老年人政策进步指数 2017""中国儿童政策进步指数 2017""中国残疾人政策进步指数 2017"，并于 2018 年出版《中国社会政策进步指数报告（2018）》，用数据来客观反映各地慈善、老年人、儿童、残疾人政策创新和实施效果，以及各省份排名，分析判断社会政策发展趋势。

在分析各项数据的过程中，我们的主要发现有以下三个方面。

一是各个地方的社会政策创新力度持续加大。2015～2016 年，无论是慈善、老年人、儿童，还是残疾人社会政策发展，各个地方均在多个维度上有所创新。

公益慈善政策不断创新，环境不断优化。北京出台全国首个慈善信托管理办法及社会组织信息公开的政策，天津、浙江、福建、上海等省份出台促进社区社会组织发展的政策，山东、湖南、广东等省份出台慈善组织认定和登记的政策。这一系列政策创新提升了公益慈善的经济、社会价值，促进了公益性社会组织在社会治理中作用的发挥。

养老服务政策不断完善。上海等8个省份出台政策明确要求开展老年人需求评估，山东、上海出台长期护理保险政策，贵州等23个省份出台社区居家养老服务规范，浙江等9个省份出台公建民营指导意见，天津等24个省份出台促进医养结合的政策，江苏等4个省份出台养老融资专项文件，16个省份提出设立投资引导基金，湖北等15个省份出台社区居家养老服务规范。这一系列政策创新促进了社会力量在养老服务中主体作用的进一步发挥，促进了医养融合的老年健康服务体系建设，全面提升了不少地方养老服务的标准化、智能化、产业化、专业化水平。

儿童福利与服务政策不断创新。上海等21个省份开展全国基层儿童福利服务体系建设试点工作，河北等30个省份出台困境儿童保障工作意见，北京等31个省份出台推进农村留守儿童关爱保护政策，天津等31个省份出台针对儿童的基本医疗保险和大病保险政策，青海等20个省份出台"9＋N"免费教育政策，浙江等13个省份出台"十三五"推进基本公共服务均等化规划。这一系列政策的出台推进了儿童福利、儿童教育、儿童医疗等基本公共服务向均等化和专业化发展。

残疾人权益保障政策不断创新。浙江等28个省份出台政策建立残疾人康复服务体系，天津等19个省份出台政府购买残疾人服务政策，北京等31个省份推行残疾儿童免费教育，上海等31个省份建立并完善残疾人两项补贴制度。这一系列政策出台显著改善了残疾人生存发展状况，推动了困难和重度残疾人生活和护理补贴政策的落实，提高了残疾人康复服务水平，推动了残疾人事业的发展。

二是解决发展不平衡不充分问题还需要进一步创新社会政策。从2015～2016年慈善、老年人、儿童和残疾人政策进步指数排名看，发展不平衡不充分问题仍然存在。指数排名具有东部地区位居前列、中部地区相对居中、西部地区整体排名相对靠后但有亮点的特点，不同省份慈善、老年人、儿童和残疾人四个领域的社会政策发展不均衡。从社会政策进步与经济发展关系来分析，东部省份不但经济发展走在全国前列，社会政策创新和实施也走在全国前列。西部地区的重庆、四川、贵州、云南、陕西、甘肃、宁夏等省份虽然经济发展水平不及东部地区的北京、上海、江苏、浙江、山东、广东等省份，但是社会政策进步指数排名却与经济发展水平较高的省份并肩同行。这说明不论是经济发展水平较高的省份，还是经济发展水平相对滞后的省份，只要重视慈善、老年人、儿童和残疾人政策的创新，就能推进社会政策进步，就能逐步缩小地区间发展差距并解决供给不充分的问题，就能满足人民日益增长的美好生活需要。

三是创新性评价体系的建立正在推动各地优化社会政策。中国社会政策进步指数的指标体系共设慈善、老年人、儿童和残疾人 4 个一级指标，16 个二级指标，68 个三级指标。在评价指标体系中专门设置了评价省级政策环境的指标，重点评价省级政策的创新度，开创了评价省级社会政策创新度的先例，这是区别于其他指数报告的重要特征。也就是说，中国社会政策进步指数报告不仅评价 31 个省份四个领域政策实施情况，还评价 31 个省份四个领域政策的创新情况，具有客观性、真实性、准确性较高的特点，可以比较全面地反映社会政策的发展水平，评估结果将更加明确、更加便于考察、更具有说服力。这些评价客观上为各地不断创新社会政策、不断优化社会政策提供了具有重要价值的参考，不少地方政府还注意利用政策评价的结果而主动促进社会政策的创新。

在这里，我要特别感谢北京师范大学中国公益研究院社会进步指数的研究团队。在柳永法研究员的带领下，五年来，该研究团队为推动社会政策进步水平的测量尺度与评价体系的建立付出了艰辛的努力。虽然这项研究可能还不太完善，但这个领域的探索与创新，将会与政策实践的不断完善形成良性互动机制。这样的工作，恰恰是智库的职责所在！

王振耀

2018 年 7 月 2 日

目 录

第一章 总 论

一 构建中国社会政策进步指数的背景

习近平总书记在党的十九大报告中指出："保障和改善民生要抓住人民最关心最直接最现实的利益问题，既尽力而为，又量力而行，一件事情接着一件事情办，一年接着一年干。"民生与每个公民息息相关，涉及民生的社会政策也与每个公民息息相关。近年来，我国社会政策不断优化、不断创新，切实改善了民生，增强了人民的获得感、公平感、安全感、幸福感。社会政策进步既有利于推进国家治理体系和治理能力现代化，还有利于增强社会发展创新活力，满足人民美好生活的向往和需要。

随着我国经济社会的快速发展，社会主要矛盾已经转化为人民日益增长的美好生活需要和不平衡不充分的发展之间的矛盾。经过 40 年的改革开放，我国总体上实现小康，不久将全面建成小康社会，人民美好生活需要日益增长，不仅对物质文化生活提出了更高要求，对各项社会政策的要求也日益增长。发展不平衡不充分，已经成为满足人民日益增长的美好生活需要的主要制约因素。因此，与人民息息相关的社会政策，需要不断创新、不断完善，才能促进社会均衡发展，满足人民群众的多样化需求。

从 2014 年开始，北京师范大学中国公益研究院构建了"中国社会政策进步指数"指标体系，并于 2016 年出版了《中国社会政策进步指数报告（2016）》。中国社会政策进步指数涉及慈善、老年人、儿童和残疾人领域在社会福利、社会救助、社会保险、教育发展、医疗健康、劳动就业等多个方面的政策，旨在通过设计一套指标体系并运用科学的方法进行分析评估。既评价这些领域政策的执行效果，又评价这些领域的省级政策环境，力争通过全面、系统、持续的评价，以文字、数据、图表等形式全面地反映各省（区、市）慈善、老年人、儿童、残疾人社会政策进步水平。

并在此基础上，对社会政策发展趋势做出判断，形成具有鲜明特色的社会政策评价模式，为各地政府不断创新、优化社会政策提供具有重要参考价值的信息。

二 中国社会政策进步指数主要特点

《中国社会政策进步指数报告》系列，是以评价当前中国社会政策环境和执行效果为主题的年度研究报告。近几年来，研究社会福利、社会保障、社会保险、社会服务等方面的"指数"不少。在已有诸多"指数"研究的背景下，既要使"中国社会政策进步指数"避免雷同、具有特色，又要使评价内容比较全面地体现社会政策内涵，难度非常大且面临一系列挑战。为此，课题组突破构建"指数"单一评价政策执行效果的做法，增加评价省级政策环境，以及分析判断发展趋势的内容，经过持续不断的努力，使中国社会政策进步指数指标体系形成如下特点。

（一）持续评价省级社会政策环境

中国社会政策进步指数，不仅对社会政策执行情况进行评价，还设计了评价省级政策环境的指标，开创了评价省级社会政策的先例，这是区别于其他"指数"报告的重要特征。例如，为使中国社会政策进步指数具有鲜明的特点，课题组运用日常监测积累的信息在三级指标体系中，创设了慈善、老年人、儿童、残疾人领域国家政策省级本地化率和省级政策创新度两个指标，力图通过客观评价，全面反映在慈善、老年人、儿童、残疾人领域省级政策创新情况及省际差异，从而激发各地创新社会政策的热情，增强创新社会政策的责任感。然而，由于没有可借鉴的经验，对省级政策本身进行评价可能不那么成熟、不那么完美，但这种具有探索性、创新性的做法，迈出了评价省级政策环境的第一步，其重要意义不言而喻。

（二）自行设计评价指标

课题组在构建中国社会政策进步指数指标体系时，根据客观、全面评

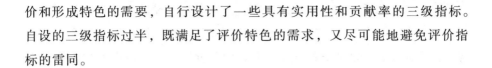

价和形成特色的需要，自行设计了一些具有实用性和贡献率的三级指标。自设的三级指标过半，既满足了评价特色的需求，又尽可能地避免评价指标的雷同。

（三）评价内容点面结合

课题组在如何评价社会政策方面，曾考虑过从社会服务这一点评价社会政策，也考虑过全面系统地评价社会政策。基于评价一个方面不能反映社会政策的全貌，以及全领域评价可行性不足的情况，经过权衡，课题组放弃了单一和面面俱到评价社会政策的想法，选择了慈善、老年人、儿童、残疾人领域作为评价的内容，以便更好地做到点面结合。这四个领域不仅涉及社会福利、社会救助、社会保险等方面发展变化情况的评价，而且涉及教育、就业、社会组织、社区服务设施等方面发展变化情况的评价。虽然只评价四个领域，但重点比较突出、内容比较丰富，能够较好地体现社会政策的核心要素。

（四）分析近五年社会政策发展趋势

在指数研究工作的基础上，课题组结合近年来中国社会宏观政策环境的变化情况和快速发展的社会客观需求，观察中国社会政策整体形势和各个地方的不同发展态势，对社会政策的整体及相关方面的发展趋势做出判断。

三 中国社会政策进步指数指标体系

"中国社会政策进步指数2018"指标体系，沿用了2016年报告中提出的指数框架，为充分体现慈善、老年人、儿童、残疾人等社会政策发展的情况，我们对二级指标和三级指标进行了调整。调整后，共设慈善、老年人、儿童和残疾人4个一级指标，下设17个二级指标，80个三级指标。其中，慈善领域，设"政策环境""组织发展""贡献影响""社会参与"4个二级指标，19个三级指标；老年人领域，设"政策环境""老年社会服务""老年社会救助""老年社会保险""老年社会福利""老年教育与自治"6个二级指标，24个三级指标；儿童领域，设"政策环境""生活保障""教育发展""医疗健康""救助保护"5个二级指标，25个三级指标；残疾人领域，设"省级残疾人政策创新度""国家残疾人政策省级本地化率"2个二级指标（见图1-1）。

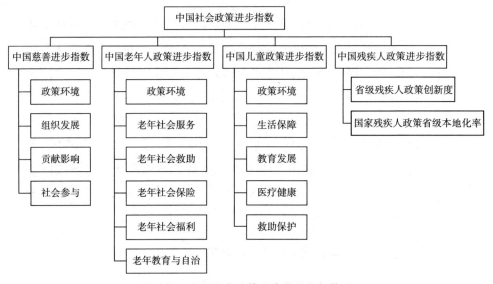

图1-1 中国社会政策进步指数指标体系

四 中国社会政策进步指数指标调整情况

受各领域社会政策发展形势等因素影响，"中国社会政策进步指数2018"的指标体系基本沿用了"中国社会政策进步指数2016"提出的指数框架，但对部分二级和三级指标进行了调整与完善。

慈善领域，在2016年指标体系的基础上，根据当前中国慈善事业发展情况，做出了细微的调整。与2016年指标体系一样，该体系由"政策环境""组织发展""贡献影响""社会参与"4个二级指标构成，而三级指标个数由2016年的20个减少为19个："政策环境"方面只保留了"国家慈善政策省级本地化率"和"省级慈善政策创新度"这2个三级指标；"组织发展"方面，顺应《中华人民共和国慈善法》的颁布，添加了"慈善组织数"和"慈善信托备案数"这2个三级指标，并基于指标代表性和数据独立性的考量去掉了"每十万人拥有的（提供住宿的）社区服务机构数"；"贡献影响"二级指标下三级指标的数量未变，但用"社会组织费用总额占 GDP 比例"代替了"社会组织增加值占 GDP 比例"；"社会参与"方面，沿用了2016年的全部6个三级指标。指标赋权方面，各指标在整个指标体系中的比重与上年基本一致，但又略有调整。

老年领域，在2016年指标体系的基础上，根据当前中国老年人事业发展情况，调整如下。在二级指标体系方面，将"老年健康与教育"这一指标名称调整为"老年教育与自治"。在二级指标权重方面，将"老年社会服务"的权重进行了上调，"老年社会救助"和"老年教育与自治"（原"老年健康与教育"）的权重有所下调。在三级指标方面，在"老年社会服务"下新增了"养老机构收住失能半失能老年人比例"和"每万名老人拥有护理院数"2个三级指标；而在"老年教育与自治"（原"老年健康与教育"）下删除了"人均预期寿命"和"人均政府卫生支出费用"2个三级指标；其余三级指标均保留。在三级指标权重方面，更重视省级养老政策创新。

儿童领域，在2016年指标体系的基础上，根据儿童福利与保护发展新形式，具体调整情况如下：在"生活保障""教育发展""医疗健康""救助保护"4个二级指标下，分别新增"儿童福利经费占社会福利总支出比例""城乡义务教育阶段师生比""人均儿科床位数""每万人口流浪儿童救助人次数"4个三级指标，从而增加儿童福利保障经费投入水平、城乡义务教育公平、儿科医疗资源建设方面的新评估维度。三级指标数量由21个增加至25个。此外，"每十万人口孤儿数"调整为逆向指标。省级儿童政策创新指标调整后，评价点仍为5个，原"流动留守儿童教育公平"和"学前教育发展"合并为"推进教育公平与发展"，同时增加"医疗保障政策向儿童倾斜"。评价点方面，从19个增至22个，保留其中9个，新增免费高中教育、学前教育阶段幼儿营养改善计划、基本医保向儿童倾斜等13个评价点。

残疾人领域，由于官方年鉴未出版、缺乏官方数据，在2016年指标体系的基础上，仅考察政策环境，具体指标调整情况如下。二级指标为"省级残疾人政策创新度"和"国家残疾人政策省级本地化率"，评价点由 14 个增至 30 个。根据历年《中国残疾人事业发展统计公报》《残疾人统计年鉴》及《中国残疾人事业发展报告 2017》等，在"省级残疾人政策创新度"下新增"就业创业支持政策""残疾人扶贫开发政策""无障碍设施建设政策""残疾事业信息化建设"等评价点，从而增加残疾人就业创业服务情况、残疾人扶贫开发成效、残疾人无障碍设施改造、信息化建设等方面的新评估维度。

五　中国社会政策进步指数的测量结果

2015～2016 年，各地出台一系列方针政策，推出一系列重要举措，推进一系列重大工作。慈善事业规范有序发展，慈善事业的经济和社会价值进一步发挥。老龄事业和养老服务取得了显著成绩，老年人政策随着经济和社会的快速发展不断进步。儿童福利体系取得重大进展，儿童发展及权利保护等各方面工作持续推进。残疾人权益保障制度不断完善，基本公共服务体系初步建立，残疾人生存发展状况显著改善。

（一）2015 年中国社会政策进步指数省份排名与特点

2015 年社会政策进步指数排名前十位的省份依次是北京、上海、浙江、江苏、天津、福建、广东、河北、山东、贵州。

从四个领域发展均衡度分析，北京、天津、上海、江苏、浙江 5 个省份在慈善、老年人、儿童和残疾人四个领域的政策进步指数排名均位列前十，基本呈现同步发展的态势；福建在慈善、老年人和残疾人领域排名位列前十，在儿童领域排在第 23 位；河北在慈善、残疾人领域位列前十，在老年人、儿童领域分别排在第 19 位和第 18 位；山东在老年人和儿童领域排名位列前十，在慈善、残疾人领域分别排在第 20 位和第 30 位；贵州在老年人领域排名位列前十；广东在慈善领域排名位列前十。

1. 指数排名前十位省份集中于东部地区

2015 年社会政策进步指数排名前十位省份的地区分布：东部地区 9 个，西部地区 1 个。指数排名第 11～20 位的 10 个省份地区分布：西部地区 6 个，中部地区 3 个，东北地区 1 个。在指数排名第 21～31 位的省份中，西部地区 5 个，中部地区 3 个，东北地区 2 个，东部地区 1 个（见表 1－1）。

表 1－1　2015 年中国社会政策进步指数省份排名分布

地区 排名情况	东部地区	中部地区	西部地区	东北地区
第 1～10 位	9 个：北京、上海、浙江、江苏、天津、福建、广东、河北、山东	无	1 个：贵州	无
第 11～20 位	无	3 个：山西、湖北、湖南	6 个：宁夏、陕西、甘肃、四川、重庆、云南	1 个：黑龙江
第 21～31 位	1 个：海南	3 个：河南、江西、安徽	5 个：新疆、青海、内蒙古、西藏、广西	2 个：吉林、辽宁

2. 指数排名优势领域不同，地区之间存在差异

东部地区在慈善、老年人两个领域的政策进步指数排名上优势更明显，在儿童和残疾人领域的排名优势相对较弱。

中部地区在慈善、老年人、儿童、残疾人四个领域的排名均以居中为主，但部分省份在慈善、老年人领域排名靠后。

西部地区在慈善、老年人领域排名比在儿童、残疾人领域排名整体靠前，其中老年人领域排名最为突出，在残疾人领域排名靠后。

东北地区在儿童、残疾人领域排名领先于慈善、老年人领域排名。

3. 6 个省份指数排名大幅高出人均 GDP 排名，西部省份占 4 席

2015 年社会政策进步指数排名与人均 GDP 排名对比，有 19 个省份排名变动 5 个及以内名次。

6个省份的社会政策进步指数排名高出人均GDP排名5个及以上位次。其中，西部地区有4个省份，分别是四川（7）、贵州（19）、云南（10）、甘肃（16）；东部地区1个省份，即河北（11）；中部地区1个省份，即山西（14）。

6个省份的指数排名低于人均GDP排名5个及以上位次。其中，西部地区3个，分别是内蒙古（－19）、重庆（－7）、青海（－9）；东北地区2个，分别是辽宁（－15）、吉林（－18）；东部地区1个省份，即海南（－11）（见表1－2）。

表1－2　2015年社会政策进步指数省份排名

排名	省份	社会政策进步指数	慈善进步指数（31%）	老年人政策进步指数（31%）	儿童政策进步指数（31%）	残疾人政策进步指数（7%）	人均GDP（元）	人均GDP排名	与人均GDP排名比较
1	北京	0.534	0.617	0.385	0.592	0.566	106497	2	1
2	上海	0.491	0.441	0.467	0.540	0.594	103796	3	1
3	浙江	0.462	0.372	0.465	0.538	0.510	77644	5	2
4	江苏	0.440	0.382	0.405	0.506	0.562	87995	4	0
5	天津	0.383	0.331	0.340	0.451	0.504	107960	1	－4
6	福建	0.359	0.236	0.445	0.366	0.490	67966	7	1
7	广东	0.351	0.345	0.303	0.403	0.364	67503	8	1
8	河北	0.333	0.303	0.280	0.383	0.482	40255	19	11
9	山东	0.329	0.175	0.371	0.465	0.216	64168	10	1
10	贵州	0.327	0.193	0.366	0.400	0.420	29847	29	19
11	宁夏	0.322	0.279	0.251	0.433	0.332	43805	15	4
12	陕西	0.320	0.239	0.311	0.406	0.334	47626	14	2
13	山西	0.318	0.148	0.385	0.386	0.482	34919	27	14
14	湖北	0.317	0.186	0.251	0.491	0.416	50654	13	－1

续表

排名	省份	社会政策进步指数	慈善进步指数（31%）	老年人政策进步指数（31%）	儿童政策进步指数（31%）	残疾人政策进步指数（7%）	人均GDP（元）	人均GDP排名	与人均GDP排名比较
15	甘肃	0.315	0.203	0.338	0.378	0.426	26165	31	16
16	四川	0.310	0.213	0.273	0.415	0.440	36775	23	7
17	黑龙江	0.307	0.118	0.375	0.423	0.326	39462	21	4
18	重庆	0.304	0.221	0.227	0.473	0.270	52321	11	-7
19	湖南	0.303	0.226	0.237	0.420	0.426	42754	16	-3
20	云南	0.303	0.202	0.331	0.348	0.424	28806	30	10
21	河南	0.285	0.130	0.309	0.383	0.430	39123	22	1
22	江西	0.271	0.233	0.190	0.350	0.450	36724	24	2
23	新疆	0.271	0.159	0.340	0.297	0.350	40036	20	-3
24	辽宁	0.271	0.159	0.253	0.369	0.406	65354	9	-15
25	内蒙古	0.270	0.114	0.314	0.374	0.296	71101	6	-19
26	青海	0.265	0.159	0.319	0.307	0.304	41252	17	-9
27	广西	0.263	0.168	0.219	0.361	0.450	35190	26	-1
28	安徽	0.249	0.134	0.231	0.373	0.296	35997	25	-3
29	海南	0.247	0.227	0.204	0.278	0.382	40818	18	-11
30	吉林	0.227	0.117	0.168	0.354	0.420	51086	12	-18
31	西藏	0.162	0.082	0.157	0.241	0.190	31999	28	-3

注：社会政策进步指数排名高于人均 GDP 排名的，与人均 GDP 排名比较为正值；反之则为负值。

（二）2016 年中国社会政策进步指数省份排名与特点

2016 年社会政策进步指数排名前十位的省份依次是北京、上海、浙江、江苏、广东、福建、山东、陕西、四川、云南。与 2015 年排名结果相比，陕西、四川、云南替代了天津、河北、贵州，其中四川、云南2个省份排名均是首次进入前十位。

从四个领域发展均衡度分析，北京、上海、江苏、浙江4个省份在慈善、老年人、儿童和残疾人四个领域排名均位列前十。福建在慈善、老年人、残疾人三个领域排名位列前十，在儿童领域排名第11位；山东在慈善、老年人、儿童三个领域排名位列前十，在残疾人领域位列第20；四川在慈善、儿童领域排名位列前十，在老年人、残疾人领域分别排在第14位和第27位；陕西在儿童、残疾人两个领域排名位列前十，在慈善、老年人领域分别排在第12位和第11位；广东在慈善领域位列前十；云南在老年人领域位列前十。

1. 排名前十位省份集中于东部地区，西部地区省份排名上升显著

2016年社会政策进步指数排名前十位的省份，东部地区居多，占7席，西部地区占3席。排名第11~20位省份的地区分布：西部地区4个，中部地区3个，东部地区2个，东北地区1个。在排名第21~31位的省份中，西部地区5个，中部地区3个，东北地区2个，东部地区1个（见表1-3）。

表1-3　2016年中国社会政策进步指数省份排名分布

地区 排名情况	东部地区	中部地区	西部地区	东北地区
第1~10位	7个：北京、上海、浙江、江苏、广东、福建、山东	无	3个：陕西、四川、云南	无
第11~20位	2个：天津、河北	3个：山西、湖北、湖南	4个：甘肃、重庆、宁夏、贵州	1个：黑龙江
第21~31位	1个：海南	3个：江西、安徽、河南、	5个：广西、内蒙古、青海、新疆、西藏	2个：辽宁、吉林

2. 排名优势领域不同，地区之间差异依然存在

从社会政策进步指数的四个领域来看，2016 年，东部地区在慈善、老年人和残疾人领域的领先优势比儿童领域更明显。东部地区在慈善领域排名的前十位中占 8 席，在老年人和残疾人领域排名前十位中均占 6 席，在儿童领域排名前十位中占 5 席。东部地区在慈善、老年人领域第 21～31 位中仅分别占 0 席和 1 席，在儿童、残疾人领域占 2 席。

中部地区在老年人、儿童、残疾人领域分别有 1～2 个省份排在前十位，在慈善领域没有省份排在前十位且仅有 3 个省份排在第 11～20 位，其余排在第 21～31 位，在老年人、儿童、残疾人领域均有 2～3 席排在第 11～20 位，其余排在第 21～31 位。

西部地区在老年人和残疾人领域排名较其他领域靠前，有 7 个省份排在残疾人政策进步指数和老年人政策进步指数的前 20 位、6 个省份排在慈善和儿童政策进步指数的前 20 位。

各地区间在老年人和儿童领域的差异比在慈善和残疾人领域要小，发展更为均衡。

3. 指数排名高于人均 GDP 排名省份主要集中在西部地区

2016 年社会政策进步指数排名与当年人均 GDP 排名差距在 5 个以内位次的省份有 16 个，比 2015 年少 3 个省份。

2016 年社会政策进步指数排名高于人均 GDP 排名 5 个及以上位次的省份有 6 个，与 2015 年一致。其中，西部地区有 5 个，包括四川（15）、贵州（11）、云南（20）、陕西（5）、甘肃（18）；中部地区有 1 个省份，为山西（15）。

9 个省份的指数排名低于人均 GDP 排名 5 个及以上位次。其中，西部地区有 4 个，分别是内蒙古（-18）、重庆（-5）、青海（-9）和新疆（-7）；东北地区有 2 个，分别是辽宁（-9）和吉林（-17）；东部地区有 2 个，分别是天津（-8）和海南（-13）；中部地区有 1 个，即河南（-5）（见表 1-4）。

表 1-4 2016 年社会政策进步指数省份排名

排名	省份	社会政策进步指数	慈善进步指数（31%）	老年人政策进步指数（31%）	儿童政策进步指数（31%）	残疾人政策进步指数（7%）	人均GDP（元）	人均GDP排名	与人均GDP排名比较
1	北京	0.593	0.758	0.397	0.616	0.626	118198	1	0
2	上海	0.484	0.468	0.486	0.498	0.480	116562	2	0
3	浙江	0.460	0.378	0.381	0.601	0.546	84916	5	2
4	江苏	0.419	0.336	0.372	0.530	0.495	96887	4	0
5	广东	0.381	0.351	0.308	0.465	0.466	74016	7	2
6	福建	0.381	0.259	0.388	0.466	0.509	74707	6	0
7	山东	0.359	0.221	0.350	0.497	0.400	68733	9	2
8	陕西	0.337	0.196	0.312	0.475	0.471	51015	13	5
9	四川	0.329	0.221	0.295	0.477	0.296	40003	24	15
10	云南	0.326	0.187	0.313	0.446	0.466	31093	30	20
11	天津	0.325	0.227	0.290	0.411	0.531	115053	3	-8
12	山西	0.322	0.151	0.352	0.421	0.514	35532	27	15
13	甘肃	0.321	0.159	0.359	0.411	0.481	27643	31	18
14	湖北	0.316	0.161	0.253	0.507	0.429	55665	11	-3
15	重庆	0.306	0.190	0.196	0.494	0.466	58502	10	-5
16	宁夏	0.303	0.253	0.246	0.401	0.349	47194	15	-1
17	湖南	0.300	0.217	0.201	0.482	0.296	46382	16	-1
18	贵州	0.300	0.183	0.281	0.397	0.466	33246	29	11
19	河北	0.287	0.185	0.265	0.403	0.320	43062	19	0
20	黑龙江	0.284	0.160	0.266	0.424	0.286	40432	22	2
21	江西	0.280	0.164	0.229	0.405	0.466	40400	23	2

续表

排名	省份	社会政策进步指数	慈善进步指数（31%）	老年人政策进步指数（31%）	儿童政策进步指数（31%）	残疾人政策进步指数（7%）	人均GDP（元）	人均GDP排名	与人均GDP排名比较
22	广西	0.275	0.139	0.250	0.409	0.405	38027	26	4
23	辽宁	0.274	0.166	0.229	0.405	0.375	50791	14	−9
24	安徽	0.274	0.138	0.221	0.427	0.434	39561	25	1
25	河南	0.274	0.097	0.277	0.420	0.395	42575	20	−5
26	内蒙古	0.262	0.152	0.234	0.395	0.280	72064	8	−18
27	青海	0.257	0.153	0.297	0.273	0.476	43531	18	−9
28	新疆	0.252	0.147	0.313	0.281	0.325	40564	21	−7
29	吉林	0.224	0.091	0.201	0.335	0.419	53868	12	−17
30	海南	0.221	0.179	0.197	0.258	0.346	44347	17	−13
31	西藏	0.141	0.092	0.174	0.152	0.160	35184	28	−3

注：社会政策进步指数排名高于人均 GDP 排名的，与人均 GDP 排名比较为正值；反之则为负值。

六　2012～2016 年中国社会政策进步指数排名特点

课题组以各省份社会政策进步指数分值为基础，对比 2012～2016 年 31 个省份指数分值，据实记录对比结果，客观显示省份排名，以此推动社会政策进步指数排名中后位的省份加大社会政策实施和创新力度。

（一）北京等 6 个东部省份连续五年位列中国社会政策进步指数前十

2012～2016 年，北京、上海、江苏、浙江、山东、广东 6 个省份连续五年进入社会政策进步指数排名的前十位，其中北京连续五年稳居榜首。值得一提的是，这 6 个省份均在东部地区。天津 2012～2015 年连续四年进入前十位，重庆、甘肃 2012～2014 年连续三年进入前十位，福建、陕西两次进入前十位，河北、湖北、四川、贵州、云南、宁夏各有一年排名进入前十位（见表 1-5）。

表1-5 2012~2016年社会政策进步指数省份排名

排名	2012 年		2013 年		2014 年		2015 年		2016 年	
	省份	分值	省份	分值	省份	分值	省份	分值	省份	分值
1	北京	0.528	北京	0.581	北京	0.555	北京	0.534	北京	0.593
2	浙江	0.492	浙江	0.496	上海	0.514	上海	0.491	上海	0.484
3	上海	0.466	上海	0.477	江苏	0.511	浙江	0.462	浙江	0.460
4	江苏	0.437	江苏	0.474	浙江	0.498	江苏	0.440	江苏	0.419
5	山东	0.380	广东	0.422	山东	0.427	天津	0.383	广东	0.381
6	广东	0.374	天津	0.393	广东	0.408	福建	0.359	福建	0.381
7	重庆	0.363	山东	0.383	天津	0.389	广东	0.351	山东	0.359
8	天津	0.351	陕西	0.363	重庆	0.368	河北	0.333	陕西	0.337
9	宁夏	0.350	重庆	0.357	甘肃	0.353	山东	0.329	四川	0.329
10	甘肃	0.329	甘肃	0.344	湖北	0.349	贵州	0.327	云南	0.326
11	福建	0.318	福建	0.342	陕西	0.347	宁夏	0.322	天津	0.325
12	陕西	0.317	湖北	0.333	湖南	0.346	陕西	0.320	山西	0.322
13	湖北	0.314	宁夏	0.329	福建	0.344	山西	0.318	甘肃	0.321
14	吉林	0.306	辽宁	0.329	四川	0.329	湖北	0.317	湖北	0.316
15	新疆	0.302	河北	0.326	山西	0.326	甘肃	0.315	重庆	0.306
16	青海	0.299	山西	0.320	宁夏	0.326	四川	0.310	宁夏	0.303
17	四川	0.296	新疆	0.317	内蒙古	0.325	黑龙江	0.307	湖南	0.300
18	辽宁	0.295	青海	0.315	河北	0.322	重庆	0.304	贵州	0.300
19	山西	0.292	湖南	0.312	辽宁	0.315	湖南	0.303	河北	0.287
20	内蒙古	0.281	四川	0.312	安徽	0.315	云南	0.303	黑龙江	0.284
21	云南	0.279	云南	0.301	黑龙江	0.314	河南	0.285	江西	0.280
22	河北	0.272	内蒙古	0.301	云南	0.314	江西	0.271	广西	0.275
23	湖南	0.270	黑龙江	0.287	新疆	0.304	新疆	0.271	辽宁	0.274
24	安徽	0.265	吉林	0.287	贵州	0.303	辽宁	0.271	安徽	0.274
25	江西	0.263	安徽	0.283	吉林	0.295	内蒙古	0.270	河南	0.274
26	黑龙江	0.261	海南	0.271	青海	0.292	青海	0.265	内蒙古	0.262
27	海南	0.243	贵州	0.269	河南	0.290	广西	0.263	青海	0.257
28	河南	0.242	江西	0.260	江西	0.289	安徽	0.249	新疆	0.252
29	贵州	0.235	广西	0.256	广西	0.281	海南	0.247	吉林	0.224
30	广西	0.226	河南	0.250	海南	0.267	吉林	0.227	海南	0.221
31	西藏	0.159	西藏	0.168	西藏	0.188	西藏	0.162	西藏	0.141

从四个领域政策进步指数分析连续五年位列前十省份的发展均衡度来看，2012~2016年，北京、浙江、上海在慈善、老年人、儿童和残疾人四个领域均位列前十；江苏在慈善、儿童和残疾人三个领域位列前十，在老年人

领域 2012 年和 2013 年分别排在第 14 位和第 11 位；山东在老年人领域位列前十，在慈善领域 2015 年排第 20 位，在儿童领域 2013 年、2015 年、2016 年分别排第 11 位、第 7 位、第 6 位，在残疾人领域 2015 年和 2016 年分别排第 30 位、第 20 位；广东在慈善领域连续五年位列前十，在老年人领域 2012～2016 年分别排在第 24 位、第 23 位、第 26 位、第 18 位、第 12 位，在儿童领域 2012 年排在第 12 位，在残疾人领域 2015 年和 2016 年分别排第 21 位、第 11 位。不同省份在四个领域的社会政策发展不均衡。

从社会政策进步与经济发展关系来分析，东部省份不仅经济发展走在全国前列，社会政策创新和实施也走在全国前列。西部地区的重庆、四川、贵州、云南、陕西、甘肃、宁夏等省份经济发展水平虽然不及东部地区的北京、上海、江苏、浙江、山东、广东等省份，但是社会政策进步指数排名和实施与经济发展水平较高的省份并肩同行。这说明社会政策进步与经济发展水平密切相关，也与各地社会政策创新和实施的力度密切相关。

（二）指数排名具有东部位居前列、西部有亮点等特点

一是排名前十位省份中，东部为主、西部次之。2012～2016 年进入前十位的省份共 17 个：东部地区占 9 席，中部地区占 1 席，西部地区占 7 席（见表 1-6）。其中，连续五年排名进入社会政策进步指数前十位省份有 6 个（北京、上海、江苏、浙江、山东、广东），均为东部地区省份。

表 1-6 进入 2012～2016 年残疾人政策进步指数排名前十位省份分布

东部地区	中部地区	西部地区	东北地区
9 席： 北 京（☆☆☆☆☆） 天 津（☆☆☆☆） 河 北（☆） 上 海（☆☆☆☆☆） 江 苏（☆☆☆☆☆） 浙 江（☆☆☆☆☆） 福 建（☆☆） 山 东（☆☆☆☆☆） 广 东（☆☆☆☆☆）	1 席： 湖 北（☆）	7 席： 重 庆（☆☆☆） 四 川（☆☆☆） 贵 州（☆） 云 南（☆） 陕 西（☆☆） 甘 肃（☆☆） 宁 夏（☆）	无

注：☆为进入排名次数。

二是地区排名位次有波动，多数省份波动不大。2012～2016年，中国社会政策进步指数排名波动幅度均保持在5个及以内位次的省份共有10个。其中，东部地区7个，分别是北京、上海、江苏、浙江、山东、广东、海南；中部地区1个，为湖北；西部地区2个，分别是西藏、陕西。

2012～2016年排名曾有5个及以上位次波动的省份有21个。其中，西部地区最多，有10个，分别是内蒙古、广西、重庆、四川、贵州、云南、甘肃、青海、宁夏、新疆；中部地区5个，分别是山西、安徽、江西、湖南、河南；东部地区有3个，分别是天津、河北、福建；东北地区3个，分别是辽宁、吉林和黑龙江。

三是地区排名走势不同，地区内部存在分化。2012～2016年，除天津2016年排名第11位、福建2012～2014年排名第11位、第11位和第13位外，东部地区在社会政策进步指数中的排名集中在前十位。但河北、海南与同属东部地区的其他省份差距较大。中部地区山西、江西、河南、湖南4个省份排名前移，安徽、湖北2个省份排名略有下降。西部地区省份排名整体略有下降，但部分省份排名呈上升趋势，如广西、四川、贵州、云南等。东北地区3个省份中，辽宁、吉林排名下降，黑龙江排名较为稳定（见表1-7）。

表1-7　2012～2016年社会政策进步指数排名地区分布

省份	2012年排名	2013年排名	2014年排名	2015年排名	2016年排名
东部地区（10个）					
北京	1	1	1	1	1
天津	8	6	7	5	11
河北	22	15	18	8	19
上海	3	3	2	2	2
江苏	4	4	3	4	4
浙江	2	2	4	3	3
福建	11	11	13	6	6
山东	5	7	5	9	7
广东	6	5	6	7	5
海南	27	26	30	29	30
中部地区（6个）					
山西	19	16	15	13	12
安徽	24	25	20	28	24
江西	25	28	28	20	21

省份	2012 年排名	2013 年排名	2014 年排名	2015 年排名	2016 年排名
河南	28	30	27	21	25
湖北	13	12	10	14	14
湖南	23	19	12	19	17
西部地区（12 个）					
内蒙古	20	22	17	25	26
广西	30	29	29	27	22
重庆	7	9	8	18	15
四川	17	20	14	16	9
贵州	29	27	24	10	18
云南	21	21	22	20	10
西藏	31	31	31	31	31
陕西	12	8	11	12	8
甘肃	10	10	9	15	13
青海	16	18	26	26	27
宁夏	9	13	16	11	16
新疆	15	17	23	23	28
东北地区（3 个）					
辽宁	18	14	19	24	23
吉林	14	24	25	30	29
黑龙江	26	23	21	17	20

（三）指数排名对比人均 GDP 排名呈现匹配度减弱等特点

指数研究团队以社会政策进步指数省份排名和人均 GDP 排名为基础，对比 2012～2016 年两者排名情况，据实记录对比结果，客观显示哪些省份社会政策发展速度与经济发展速度是同步的，哪些省份社会政策发展速度走在经济发展速度前面，哪些省份社会政策发展速度滞后于经济发展速度，以此推动社会政策发展。

一是社会政策进步指数排名与人均 GDP 排名匹配度略有起伏。2012～2016 年社会政策进步指数排名与人均 GDP 排名对比，相差 5 个及以内位次的省份数量，2012 年为 17 个，2013 年上升至 19 个，2014 年下降至 14 个，2015 年上升至 19 个，2016 年又下降至 16 个（见表 1-8）。

表1-8 2012~2016年社会政策进步指数排名与人均GDP排名差异

省份	2012年			2013年			2014年			2015年			2016年		
	指数排名	人均GDP排名	排名差异	指数排名	人均GDP排名	排名差异	指数排名	人均GDP排名	排名差异	指数排名	人均GDP排名	排名差异	指数排名	人均GDP排名	排名差异
北京	1	2	1	1	2	1	1	2	1	1	2	1	1	1	0
天津	8	1	-7	6	1	-5	7	1	-6	5	1	-4	11	3	-8
河北	22	15	-7	15	16	1	18	18	0	8	19	11	19	19	0
山西	19	19	0	16	22	6	15	24	9	13	27	14	12	27	15
内蒙古	20	5	-15	22	6	-16	17	6	-11	25	6	-19	26	8	-18
辽宁	18	7	-11	14	7	-7	19	7	-12	24	9	-15	23	14	-9
吉林	14	11	-3	24	11	-12	25	11	-14	30	12	-18	29	12	-17
黑龙江	26	17	-9	23	17	-7	21	20	-1	17	21	4	20	22	2
上海	3	3	0	3	3	0	2	3	1	2	3	1	2	2	0
江苏	4	4	0	4	4	0	3	4	1	4	4	0	4	4	0
浙江	2	6	4	2	5	3	4	5	1	3	5	2	3	5	2
安徽	24	26	2	25	25	0	20	26	6	28	25	-3	24	25	1
福建	11	9	-2	11	9	-2	13	8	-5	6	7	1	6	6	0
江西	25	25	0	28	26	-2	28	25	-3	20	24	4	21	23	2
山东	5	10	5	7	10	3	5	10	5	9	10	1	7	9	2
河南	28	23	-5	30	23	-7	27	22	-5	21	22	1	25	20	-5

续表

省份	2012年			2013年			2014年			2015年			2016年		
	指数排名	人均GDP排名	排名差异	指数排名	人均GDP排名	排名差异	指数排名	人均GDP排名	排名差异	指数排名	人均GDP排名	排名差异	指数排名	人均GDP排名	排名差异
湖北	13	13	0	12	14	2	10	13	3	14	13	-1	14	11	-3
湖南	23	20	-3	19	19	-1	12	17	5	19	16	-3	17	16	-1
广东	6	8	2	5	8	3	6	9	3	7	8	1	5	7	2
广西	30	27	-3	29	27	-2	29	27	-2	27	26	-1	22	26	4
海南	27	22	-5	26	21	-5	30	21	-9	29	18	-11	30	17	-13
重庆	7	12	5	9	12	3	8	12	4	18	11	-7	15	10	-5
四川	17	24	7	20	24	5	14	23	9	16	23	7	9	24	15
贵州	29	31	2	27	31	4	24	30	6	10	29	19	18	29	11
云南	21	29	8	21	29	8	22	29	7	20	30	10	10	30	20
西藏	31	28	-3	31	28	-3	31	28	-3	31	28	-3	31	28	-3
陕西	12	14	2	8	13	5	11	14	3	12	14	2	8	13	5
甘肃	10	30	20	10	30	20	9	31	22	15	31	16	13	31	18
青海	16	21	5	18	20	2	26	19	-7	26	17	-9	27	18	-9
宁夏	9	16	7	13	15	2	16	15	-1	11	15	4	16	15	-1
新疆	15	18	3	17	18	1	23	16	-7	23	20	-3	28	21	-7

注：社会政策进步指数排名高于人均GDP排名的，排名差异为正值；社会政策进步指数排名落后于人均GDP排名的，排名差异为负值。

二是社会政策进步指数排名高于人均 GDP 排名的省份以西部地区居多。2012～2016 年社会政策进步指数排名高于人均 GDP 排名 5 个及以上位次的省份中，西部地区分别占九成、八成、五成、六成和八成。其中，甘肃连续五年社会政策进步指数排名比人均 GDP 排名高出 15 个及以上位次，四川、云南连续五年社会政策进步指数排名比人均 GDP 排名高出 5 个及以上位次，山西、贵州连续三年社会政策进步指数排名比人均 GDP 排名高出 5 个及以上位次（见表 1-9）。

表 1-9　2012～2016 年社会政策进步指数排名比人均 GDP 排名
高出 5 个及以上位次的省份

2012 年（7 个）		2013 年（5 个）		2014 年（8 个）		2015 年（6 个）		2016 年（6 个）	
省份	高出人均 GDP 排名位次	省份	高出人均 GDP 排名位次	省份	高出人均 GDP 排名位次	省份	高人均 GDP 排名位次	省份	高出人均 GDP 排名位次
甘肃	20	甘肃	20	甘肃	22	河北	11	山西	15
云南	8	云南	8	山西	9	山西	14	四川	15
宁夏	7	山西	6	四川	9	四川	7	贵州	11
四川	7	四川	5	云南	7	贵州	19	云南	20
重庆	5	陕西	5	贵州	6	云南	10	陕西	5
青海	5			安徽	6	甘肃	16	甘肃	18
山东	5			山东	5				
				湖南	5				

七　中国社会政策发展趋势

（一）公益慈善环境不断优化，公益慈善的经济、社会、文化价值将快速提升

1. 公益性社会组织在社会治理中将发挥更大的作用

近年来，我国社会组织尤其是基金会和社会服务机构呈现快速增长的

趋势。截至 2017 年底，我国社会组织已达 75.53 万个，同比增长 7.53%，其中基金会 6323 个，同比增长 13.74%，基金会数量的增长率连续十年均超过 10%；社会团体 35.2 万个，同比增长 4.76%；社会服务机构（民办非企业单位）39.7 万个，同比增长 9.97%[①]。从 2015 年开始，社会服务机构数量赶超社会团体，二者的数量差距逐步拉大，以提供养老、儿童、教育等社会服务为宗旨的组织数量不断攀升。《慈善法》实施一年多来，全国已经登记认定 3378 家慈善组织，具备"公益属性"的组织逐步从社会组织中脱颖而出，其中以基金会为组织形式的慈善组织 2702 个，占全部慈善组织的 79.99%；基金会登记认定为慈善组织的比例已经达到 42.73%（2702/6323）[②]。

党的十九大报告提出我国社会主要矛盾的变化，社会组织将在进一步缩小贫富差距，促进城乡、地区的平衡和充分发展，满足人民对美好生活的需求等方面贡献力量。同时，为响应党的十九大提出的关于"加强和创新社会治理"及民政部《关于大力培育发展社区社会组织的意见》的要求，将进一步发挥社区社会组织在参与社会治理中的作用。

2018 年 3 月，《社会组织登记管理条例》被列入"国务院 2018 年立法工作计划"，这有助于进一步理顺社会组织的登记注册工作，促进社会组织的持续增长。此外，慈善组织税收优惠、保值增值、信息公开等规范的不断完善，将有利于进一步提升慈善组织登记认定的积极性，并保障以（社区）基金会等为代表的公益类社会组织在参与社会治理过程中发挥重要作用。

2. 公益慈善行业的经济社会价值进一步显现

据民政部统计，2016 年底我国慈善捐赠达 834.4 亿元，同比增长 26.48%，超过 2008 年捐赠额，数额为 2006~2016 年之最，增长率为 2008 年以来最高水平。截至 2016 年底，我国 702405 个社会组织共吸纳职工 7636579 人，较上年增加 3.9%，平均每家机构就业职工约 11 人；社会组织资产总计 1608.53 亿元，年收入达 2747.61 亿元，年度费用为 2632.77

①　参见民政部统计数据，http://www.mca.gov.cn/avticle/sj/tijjb/2018/201803131510.html，http://www.mca.gov.cn/article/sj/tjjb/qqsj/2018/201803131510.html，最后访问日期：2018 年 4 月 20 日。
②　参见"2017 年中国《慈善法》实施报告"，北京师范大学中国公益研究院。

亿元（其中业务活动成本 1630.29 亿元）[1]，总体而言社会组织收支基本持平并略有结余。2017 年，我国实名志愿者已经超过 7000 万人，捐赠志愿服务时间达 8 亿多小时。据《中国慈善发展报告（2017）》统计，2016 年我国全核算社会慈善公益总价值达到 2881 亿元[2]。

《志愿服务条例》《关于对慈善捐赠领域相关主体实施守信联合激励和失信联合惩戒的合作备忘录》《关于公益性捐赠支出企业所得税税前结转扣除有关政策的通知》《关于非营利组织免税资格认定管理有关问题的通知》等一系列政策法规的出台，将有利于充分保障志愿者的合法权益，维护慈善捐赠人的税收利益，以及适当提升慈善组织工作人员的工资福利水平，从而形成良好的志愿服务、慈善捐赠氛围，也便于慈善组织招募更为专业的工作人员。此外，慈善领域一系列法律文件和政策的落地，对慈善组织的项目开展、内部治理及信息披露等方面有了更为细致的要求，相关规范的有效推行，将进一步提升慈善组织的专业化和规范化运作水平，增强慈善组织的社会公信力，进而保障公益慈善行业经济社会价值的充分实现。

3. 公益慈善行业运用互联网等科学技术的速度将加快

互联网的发展和智能手机的普及，使移动支付得以迅速崛起的同时给慈善行业带来了机遇和挑战。对慈善组织而言，互联网是募捐等公益创新活动的重要载体，以"蚂蚁森林""小朋友画廊"等为代表项目，不仅吸引了公众的广泛关注、起到了很好的慈善观念普及的效果，而且为相关慈善组织提供了较为丰沛的慈善资源。对公众而言，"腾讯月捐""99 公益日"等互联网捐赠方式，以参与门槛低、传播速度快、覆盖人群多、影响范围广等特点逐步提升了社会公众的公益慈善活动参与度。2017 年，12 家[3]互联网募捐信息平台总筹款额超过 25.9 亿元[4]。同样，互联网领域创

---

[1]　中华人民共和国民政部编《2017 年中国民政统计年鉴》，中国统计出版社，2017，第 116 页。

[2]　杨团主编《中国慈善发展报告（2017）》，社会科学文献出版社，2017。

[3]　2017 年民政部同意中国慈善信息平台提出的退出申请。由于平台发展战略的调整，该平台将不再作为民政部指定的慈善组织互联网公开募捐信息平台。截至本书出版，首批获选的 13 家网络募捐平台中已有 1 家退出。

[4]　《慈善组织互联网公开募捐信息平台 2017 年度运营报告》，中国社会组织公共服务平台网站，http://www.chinanpo.gov.cn/2351/108981/index.html，最后访问时间：2018 年 4 月 18 日。

新频繁、传播效率高等特征，也给民政等监管部门带来了挑战，如"分贝筹"等事件的出现则提醒监管部门、慈善行业及社会公众应当关注公开募捐活动的合规性等问题。

此外，随着区块链技术的发展，凭借"去中心化、不可篡改、可追溯"的核心特征，区块链与慈善的结合有助于慈善行业信息的公开透明，从而提升慈善行业的公信力。数字化、大数据成为社会信息化的新潮流，并日益与经济和社会生活各领域融合。从慈善组织登记认定到募捐、捐赠、慈善项目管理、志愿服务、慈善信息公开、慈善监管等慈善活动的各个环节，都日益离不开互联网、云计算等数字化技术，"科技＋慈善"有助于"大数据＋慈善"将成为慈善事业的新潮流。慈善事业与大数据的有机互动，有助于慈善行业增强活力、提升能力、提高效率，并有利于慈善行业为社会提供更加全面、更高效率、更高质量的服务。

4. 公益慈善文化的研究和普及工作将进一步深化

慈善文化是慈善行业健康发展的基石。慈善文化的普及，不仅有助于提高公众对公益行业的认知能力，也有利于公众的理性捐赠，以及发挥公众对于慈善组织的监督作用。《慈善法》规定，国家鼓励和支持自然人、法人和其他组织践行社会主义核心价值观，弘扬中华民族传统美德，依法开展慈善活动。社会主义核心价值观汲取了中华优秀传统文化的精华，并根据时代的特点和要求进行创新和转化。因而，把社会主义核心价值观植入慈善的基因，有助于培育优秀的慈善文化，最终有助于建设富强民主文明和谐美丽的社会主义现代化强国。

《慈善法》还规定了国家采取措施弘扬慈善文化，培育公民慈善意识。学校等教育机构应当将慈善文化纳入教育教学内容。国家鼓励高等学校培养慈善专业人才，支持高等学校和科研机构开展慈善理论研究。广播、电视、报刊、互联网等媒体应当积极开展慈善公益宣传活动，普及慈善知识，传播慈善文化。当前，以"敦和基金会"为代表的基金会致力于对慈善文化领域研究的资助，同时越来越多的基金会等慈善组织加入传统文化的研究和资助活动，北京师范大学中国公益研究院等多家公益慈善研究机构陆续成立。从地域范围看，慈善研究机构从北上广深等东部地区逐渐扩展到中西部地区，2018 年 4 月 15 日成立的"西北大学慈善研究院"是目前我国中西部地区唯一的慈善文化研究机构。这些机构从多个方面开展慈善文化的研究和普及工作，慈善文化的研究和普及工作将不断深化。

（二）养老服务政策不断完善，将全面提升养老服务标准化、智能化、产业化、专业化水平

1. 养老服务标准化建设成为提升服务质量的保证

全国养老服务标准化体系建设将成为提升养老服务质量的重要举措。2017年，《养老服务标准体系建设指南》发布，该指南从老年人的自理能力、养老服务的形式、服务内容等多方面构建了养老服务的标准体系，为未来几年全国养老服务领域标准编制工作提供了指引。其中，养老机构方面，为期三年的养老院服务质量大检查行动，将在2017年工作成果的基础上继续深化，2017年底出台的《养老机构服务质量基本规范》将作为养老机构服务质量专项行动的重要依据。下一步将会出台养老机构的具体标准或规范，包括分类与编码、机构服务满意度的测评、机构等级评定、质量认证、老年人健康档案技术规范、康复服务规范、生活照料服务规范、社会工作服务规范等一系列标准。这些标准的制定、宣传、实施，将促进养老机构服务质量的全面提升。在社区居家养老方面，两项国家标准《社区老年人日间照料中心服务基本要求》《社区老年人日间照料中心设施设备配置》于2017年5月开始实施，2018年工作重点是两批中央财政支持的社区居家养老服务改革试点落地，逐步在全国范围推行。值得注意的是，养老服务质量标准和评价体系建设除出台更加具体的服务、建设等标准外，还着力推动养老机构等级划分与评定标准的制定、标准化人才队伍建设等工作。这将全面推动我国养老服务标准化体系建设，为提升服务质量夯实基础。

2. 智慧养老大力提升养老服务效率，有望成为养老服务创新及产业升级的新引擎

随着互联网在老年人生活领域的渗透和发展，老年人的养老需求和支出结构在慢慢发生新的变化，政府、企业等对养老服务的创新也越来越深入活跃。一方面，以"虚拟养老院"为代表的"养老+互联网"的服务创新仍在继续，养老机器人等智能化养老产品不断创新和迭代；另一方面，养老服务

信息呈爆炸式增长，且多数为非结构化数据，实现对健康养老数据整合、管理势在必行。通过运用互联网、物联网、大数据等信息技术手段，对接各级医疗机构及养老服务资源，建立起老年健康动态监测机制；通过发展健康养老数据管理和智能分析系统，实现健康养老大数据的智能判读、分析和处理，提供便捷、精准、高效的健康养老服务。2017年，国内首个养老质量管理云平台正式在广州落地，在健康数据管理方面进行了探索。2018年，《智慧健康养老产业发展行动计划（2017—2020年）》将进一步落实，除不断丰富智能健康养老服务产品供给、发展健康养老数据管理与服务系统外，可持续、可复制的成熟智慧养老商业模式将逐步形成，有望成为养老服务创新及产业升级的新引擎。

3. 养老产业发展将更加注重市场细分及专业化服务

2013年以来，地产、保险在内的各类企业纷纷涉足养老领域，国有大型企业、民营企业集团及跨国企业以不同方式进入养老产业各个领域。2017年，中央大力推动全面放开养老服务市场，先照后证制度降低各类服务主体准入门槛，社会力量在养老服务中的主体作用进一步发挥。随着产业主体多元化特征更加显著、新晋企业增多，市场活力逐步增强，竞争也愈加激烈。相应的，资本步伐将不断加快，通过横向的并购整合、平台拓展、扩大规模抢占市场空间，无疑将成为产业快速发展时期赢得市场竞争的有效途径，也是未来涉老企业竞争不可避免的路径选择。但不可忽视的是，市场细分势在必行，精准投资成为方向，如宜华健康医疗股份有限公司剥离非核心业务专注医养、北京诚和敬养老健康产业集团连锁化运营养老服务驿站等便是例证。未来涉老企业不管以何种商业模式切入养老产业，康复、护理等养老服务的专业技术能力将成为支撑养老企业发展的核心力量，是未来衡量和评定养老企业价值量级的核心指标，专业深耕、服务升级、建立品牌才是抢占大势制高点的关键。

4. 医养融合的老年健康服务体系建设将快速提升

在《国务院办公厅转发卫生计生委等部门关于推进医疗卫生与养老服务相结合指导意见的通知》指导下，各地积极做出工作部署，加快推进医养融合服务。其中，23个省份已出台医养融合专项文件。此外，《"十三五"卫生与健康规划》提出，要从提高老年人健康素养、健全老年健康服务体系、推动医疗卫生与养老服务融合发展三个方面发展老年健康服务。2017 年 11 月，国家卫计委印发的《关于养老机构内部设置医疗机构取消行政审批实行备案管理的通知》也将在一定程度上促进医养融合的老年健康服务体系发展。

（三）儿童、残疾人福利与服务政策将不断创新，向均衡和普惠方向发展

1. 儿童社会政策以普惠型为导向，推动儿童福利与保护体系均等化发展

我国儿童福利与保护进入高速发展时期，农村留守儿童关爱保护与困境儿童保障两大制度建设快速推开，标志着我国现代儿童福利与保护体系全面转型升级。2017 年，各地普遍建立农村留守儿童关爱保护机制，76 万名无人监护农村留守儿童监护措施获得落实。基层儿童福利与保护体系逐步完善，17.1 万所儿童之家、11.6 万名基层工作人员立足社区为儿童及其家庭提供服务。同时，多地提标扩面推进各类困境儿童保障，"十三五"期间，我国已初步构建起覆盖全体儿童的国家基本公共服务制度体系，截至 2017 年底，已有 18 个省份出台"十三五"推进基本公共服务均等化规划，基本公共教育、基本社会服务、基本医疗卫生等领域，儿童基本公共服务发展指标不断拓展和创新，儿童教育、医疗等基本公共服务均等化持续推进。此外，社会力量参与儿童专业服务优势显著，以普惠型与专业化为重点的现代儿童福利服务体系建设加速推进。

2018 年，我国基层儿童福利与保护服务体系建设工作将全面推开。国务院关于困境儿童保障和农村留守儿童关爱保护的政策在 2017 年获得全面落实，31 个省份出台农村留守儿童关爱保护工作意见，30 个省份出台困境儿童保障工作意见，为下一步在基层全面普及儿童福利和保护服务体系奠定了基础。根据国务院困境儿童保障意见要求，村（居）民委员会将设立儿童福利督导员或儿童权利监察员开展困境儿童保障工作，全国将建成一支由 68 万名兼职或专职儿童福利督导员组成的基层儿童福利与保护服务专业工作队伍。《中国儿童发展纲要（2011—2020 年）》中提出，90% 以上的城乡社区建设 1 所儿童之家。截至 2017 年底，基层儿童主任（包括儿童主任、儿童福利督导员、儿童保护专干和童伴妈妈等）的数量实现了从 2.3 万人到 11.6

万人的快速增长，各地建设的儿童之家（包括儿童快乐家园、妇女儿童之家、留守儿童之家）从 15 万所增至 17.1 万所，但与国务院相关意见和规划纲要的要求相比，还存在较大缺口。随着地方进一步推进基层儿童福利与保护服务体系建设，儿童主任和儿童之家的建设势必成为工作重点。

2. 加强残疾人康复服务仍是工作重点，医疗保障力度将持续加大

党的十九大报告提出，发展残疾人事业，要加强残疾康复服务。根据《残疾人精准康复服务行动实施方案》，到 2020 年，有需求的残疾儿童和持证残疾人接受基本康复服务的比例要达 80% 以上，康复服务体系的建设与完善仍将是我国残疾人事业发展的重点工作。《"十三五"加快残疾人小康进程规划纲要》中指出，要确保城乡残疾人普遍享有基本养老保险和基本医疗保险，完善重度残疾人医疗报销制度，逐步扩大基本医疗保险支付的医疗康复项目范围。根据人社部、国家卫计委等多部门联合印发的《新增部分医疗康复项目纳入基本医疗保障支付范围》，从 2016 年 6 月 30 日开始，纳入医保的康复项目由此前的 9 项增至 29 项，并且各地原已纳入医保支付范围的医疗康复项目继续保留。基于残疾人对基本医疗的需求，纳入医保的项目数量将持续增加，医疗保障力度将持续加大。

八　数据处理说明

（一）数据来源与缺失值处理

本书所用数据，以官方权威统计数据支撑的三级指标作为首选指标，在不能满足评价需求时再自设指标，原则上自设指标的原数据也要来自官方出版的年鉴。

由于统计年鉴指标设置的变更或尚未出版等原因，个别指标没有 2016 年而有 2012 ~ 2015 年的数据，如残疾人统计年鉴没有 2016 年数据，但是这些指标对评价又具有比较重要的作用，仅因为缺少某一年份而不纳入评价指标体系十分可惜。为此，课题组保留了这些指标，在测算计分时 31 个省份均按"零分"处理。这样，既能保留比较重要的指标，又体现了公平性。

（二）逆向指标正向化

课题组对逆向指标先做正向化处理后，再进行去量纲化。主要采用负数法和倒数法两种方法。"围产儿死亡率""出生低体重婴儿比重""义务教育阶段残疾儿童少年未入学率"三个指标均为百分比，数值较小，若取倒数进行正向化，正向化后数据之间差异将缩小。因此，此三个指标不适合用倒数法进行正向化，适宜采用负数法。负数法保证了数据与均值、相互之间的绝对距离不变。"各级教育阶段学校平均生师比"采用倒数法进行正向化，正向化后为各级教育阶段学校平均师生比。

（三）无量纲化处理

课题组为消除指标量纲的影响，有效合成不同量纲的指标，将具有不同量纲的指标放在一起计算整体的指数值，统一衡量标准，进行无量纲化处理。课题组在测算时，运用"最大值最小值法"和"标准差标准化法"两种方法进行测试，比对测试结果，验证测试结果的精确度。经比对，"标准差标准化"测算方式与"最大值最小值"测算方式的测试结果差别不大，各有千秋，总体都比较符合中国公益研究院日常监测情况。由于"标准差标准化"方法是将 31 个省份评价指标的均值作为衡量标准，凡测算结果在均值之上的省份为正数，凡测算结果在均值之下的省份为负数，而测算结果为负数的省份很容易给人造成没做工作的错觉，且视觉效果也不好。课题组权衡利弊，最终选择了"最大值最小值"方法，即某项指标值等于该项指标计算值与最小值之差除以最大值与最小值之差。公式为：

$$y_i = \frac{x_i - \min x_i}{\max x_i - \min x_i} \qquad (2.1)$$

其中，y_i 为某项指标值，x_i 为某项指标计算值，$\min x_i$ 为所有地区某项指标计算值中的最小值，$\max x_i$ 为所有地区某项指标计算值中的最大值。

（四）省级政策创新指标平均赋权

基于构建省级政策创新度的需求，课题组采用平均赋权的原则细化省级社会政策创新指标体系中各级指标的权重。

指标赋权：省级慈善政策创新度、省级老年人政策创新度、省级儿童政策创新度3个三级指标各赋权31%、31%、31%，二级指标省级残疾人政策创新度赋权7%。

　　评价维度赋权：在每个评价维度下，根据设置的评价维度的具体数量来平均分配权重。例如，在三级指标"省级慈善政策创新度"下的"地方综合性慈善法规""社会组织直接登记""社会组织行政审批权下放""募捐""志愿服务"5个评价维度各赋权20%。在三级指标"省级老年人政策创新度"下的"床位建设和运营补贴""税收优惠政策""投融资扶持政策""用地支持政策""人均用地面积""养老服务设施规划""老年人需求评估政策""高龄津贴政策""护理补贴""护理保险""培训补贴政策""就业补贴和就业促进政策"12个评价维度各占1/12的权重。

　　评价点赋权：在每个评价维度下设评价点，每个评价点在衡量政策创新时采取"有计1，无计0"的方式进行打分，所有评价点采取时间追溯方式，即只要在该评价年度及以前有相关省级政策文件出台的，该评价点计"1"分，无则计"0"分。在计算权重时，同一个评价指标下对应的评价点，按照平均分配的方式进行赋权，如2016年评价维度"慈善组织认定与登记"下，设置"是否出台本地文件""是否出台慈善组织认定办事指南""是否出台慈善组织登记办事指南"三个评价点，并各赋权重1/3。若某个省份在三个评价点中满足两个，则为2×（1/3），该级指标得分为2/3。

第二章　中国慈善进步指数

一　中国慈善发展形势与挑战

2016 年，中国慈善事业迎来了里程碑式的一年。《慈善法》《境外非政府组织境内活动管理法》等法律的出台，标志着慈善事业迈入新时代。2017 年，《志愿服务条例》施行，社会组织作为协商民主的途径之一被写入党的十九大报告。在"规范和促进并举"理念指导下，民政部等有关部门出台的一系列重要政策，既对慈善事业规范有序发展提出了更高的要求，也为我国慈善事业发展开辟了更为广阔的空间，有利于进一步发挥慈善事业的经济和社会价值，助力社会共享发展成果。

随着社会经济的发展、政策环境的优化和公众参与度的提高，我国慈善事业呈现良好的发展势头，同时面临一系列挑战。

（一）《慈善法》实施的良好开局为我国慈善事业健康发展奠定坚实基础

1. 全国各地逐步完成慈善政策本地化

2016 年我国各地慈善事业呈现蓬勃的生机。在政策环境方面，全国各地基本完成国家相关慈善政策的本地化。截至 2016 年底，除香港、澳门和台湾地区外，全国 31 个省级行政区划单位中有 29 个省份出台了贯彻国务院《关于促进慈善事业健康发展的指导意见》的本地化政策文件，15 个省份制定了慈善组织认定或登记办法指南，13 个省份公布了慈善组织申请公开募捐资格办事指南。虽然各省份的慈善政策本地化进度不一致，但是，整体上呈现良好的发展态势。

2.《慈善法》配套文件继续完善

2016 年 8~12 月，民政部单独或会同其他有关部门陆续公布了六个

《慈善法》配套文件，包括民政部单独出台的《关于慈善组织登记等有关问题的通知》《慈善组织公开募捐管理办法》和《慈善组织认定办法》，民政部和银监会发布的《关于做好慈善信托备案有关工作的通知》，民政部、工信部、国家新闻出版广电总局和中央网信办联合印发的《公开募捐平台服务管理办法》，以及民政部、财政部和国家税务总局印发的《关于慈善组织开展慈善活动年度支出和管理费用的规定》。另外，为进一步推动依法行善，民政部、财政部等中央部门又陆续发布了九个适用于社会组织的政策文件。

3. 社会组织持续发展壮大

2016 年，我国社会组织数量持续增长，总量达 702405 个，其中基金会 5559 个（见图 2 - 1）。自 2016 年 9 月《慈善法》施行至 2016 年底，全国登记或认定 612 个慈善组织，慈善信托备案共计 22 个，24 个省份根据《慈善法》要求设置统一信息公开平台。

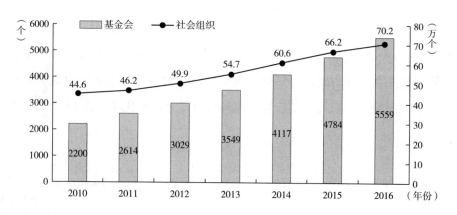

图 2 - 1 2010 ~ 2016 年全国社会组织和基金会总数

资料来源：中华人民共和国民政部编《中国民政统计年鉴 2017》，中国统计出版社，2017，第 16 页。

此外，2016 年社会组织中本科及以上学历从业人员总数首次突破 100 万人，标志着越来越多的高学历人才投身我国慈善事业。

4. 公众慈善参与度持续高涨

2016 年基金会年检数据显示，31 个省份中有 21 个省份基金会接受捐赠总额较上年有所增长。

2013～2016 年，我国社会捐赠总额持续增长，从 2013 年的 575.1 亿元增至 2016 年的 834.4 亿元，增长了 45.1%。除了捐赠总额持续增长，自 2013 年起我国社会捐赠总额年度增长率也持续升高，标志着我国社会资源正在加速涌入慈善领域（见图 2-2）。

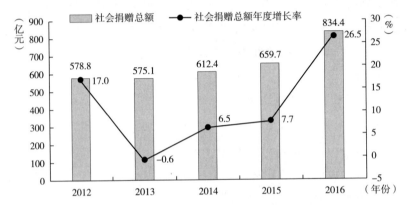

图 2-2　2012～2016 年社会捐赠总额和社会捐赠年度增长率

资料来源：中华人民共和国民政部编《中国民政统计年鉴 2017》，中国统计出版社，2017，第 158 页。

在大额捐赠方面，慈善家参与度也逐年提升。由北京师范大学中国公益研究院和深圳国际公益学院联合发布的"中国捐赠百杰榜"显示，2017 年慈善捐赠超过 1 亿元的慈善家人数创榜单创立以来新高，达 40 人（见图 2-3）。

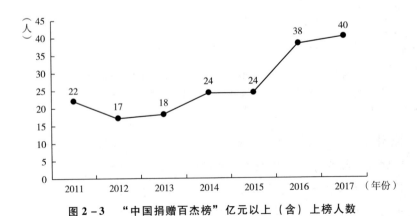

图 2-3　"中国捐赠百杰榜"亿元以上（含）上榜人数

公众捐赠方面，互联网募捐信息平台的规范化增强了公众对网络募捐活动的信心，提高了公众慈善捐赠的积极性。首批 12 家由民政部认定的互联网募捐信息平台发布的 2017 年度运营报告显示，2017 年通过 12 家平台完成的互联网捐赠次数超过 62 亿次，合计募集善款约 25.9 亿元。

近年来，我国志愿服务事业快速发展。2016 年全国志愿者总数达 13.5万人，较 2013 年增长了 30%。志愿服务时间自 2013 年起连续四年持续增长，2016 年全国志愿服务时间达 15.97 亿小时。

党的十九大报告中明确提出要"推进志愿服务制度化"，发展志愿服务事业成为现阶段我国慈善事业发展的重点任务之一。2016 年 7 月，中共中央宣传部、中央文明办、民政部、教育部、财政部、全国总工会、共青团中央、全国妇联八部委联合印发《关于支持和发展志愿服务组织的意见》，专门就培育、支持和深化志愿服务组织的发展提出意见。2017 年底，《志愿服务条例》正式实施，利于进一步保障志愿者、志愿服务组织、志愿服务对象的合法权益，鼓励和规范志愿服务，促进志愿服务事业的长足发展。

5. 慈善行业基础设施建设逐步完善

《慈善法》实施以来，除国家和地方通过出台相关配套政策推进《慈善法》的落实外，政府和社会各界也在公益慈善行业基础设施建设方面取得了突破。

截至 2017 年底，民政部建设并启用了"全国社会组织信息查询平台""全国慈善信息公开平台""全国志愿服务信息系统"三大信息平台。三大平台为社会组织、慈善组织和志愿团体提供了与社会各界交流的统一平台，同时为关注我国慈善事业发展的各界人士提供了便捷的信息获取渠道，便于让公益慈善活动接受社会各界的监督，从而促进我国慈善事业发展。

深圳国际公益学院推出的公益教育在线平台"公益网校"、浙江敦和慈善基金会和北京三一基金会联合推出的中国公益知识检索与服务平台"益库网站"在公益知识传播、促进公益行业研究和理论实践方面做出了突破性贡献。

（二）《慈善法》有效实施面临多重挑战

1. 慈善组织登记认定的不均衡性凸显

尽管 2017 年慈善组织登记认定工作取得较大进展，但总体而言，社会组织认定或登记为慈善组织的进展仍显缓慢，已经登记的 3378 个慈善组织仅占全国 800421 个社会组织总量的 0.4%，2702 个登记认定为慈善组织的基金会占全国 6314 个基金会总量的 42.8%。同时，已经登记认定的慈善组织在组织类型、登记地域、登记管理机关层级等方面呈现发展不均衡的态势，具体表现如下。

一是对社会团体、社会服务机构的登记认定环节比较薄弱。与 2016 年相比，2017 年，基金会数量占慈善组织总量的比例有所下降，其他两类组织数量比例有所上升，但基金会类组织占比仍然较高，占慈善组织总量的 80% 左右。

二是各省份登记认定数量差异较大，中西部地区数量有待提高。从登记管理机关的地域分布来看，2017 年各地区、各省份登记认定数量差距较 2016 年有所缩小，但仍然有较为明显的差异。从省份分布来看，有 8 个省份的慈善组织数量超过 100 个，占 31 个省份慈善组织总量的 66.8%。其中，北京市登记认定的慈善组织数量占 31 个省份总量的比例最高，达 16.5%。从地区分布来看，东部地区慈善组织数量最多，占全国总量的 63.6%，中部、西部仍然偏少，各占总量的 23.0% 和 13.4%，中部、西部地区慈善组织登记认定工作有待加强。

三是省级以上民政部门登记认定慈善组织占比较高，基层潜力尚待开发。从登记管理机关的层级来看，2017 年省级以上民政部门登记的慈善组织数量占总量的比例降至 70.6%，而在市级、县（区）级民政部门登记认定的慈善组织数量占总量的比例分别增至 17.8% 和 11.3%。尽管如此，据中国社会组织网大数据平台，各省市、各层级社会组织的基础数量差异较大，随着登记认定民政部门行政级别的下沉，市级、县（区）级社会组织数量愈加庞大，市级、县（区）级慈善组织的数量仍有较大增长空间。

2. 慈善组织公开募捐资格格局仍待改善，互联网募捐平台运营面临诸多难题

2017 年底，我国获得公开募捐资格的慈善组织共 816 个，较 2016 年净增 644 个。然而，获得公开募捐资格的慈善组织依然不足 3378 家慈善组织总量的 1/4。同时，公开募捐资格仍然由原公募基金会、慈善会系统组织主导，慈善组织公开募捐资格的基本格局依然没有实质性改变。

从获得公开募捐资格的数量上看，截至 2016 年底，584 个慈善组织中有 172 个（29.5%）获得公开募捐资格，其中基金会 141 个（82.0%）、社会团体 30 个（17.4%）、社会服务机构 1 个（0.6%）；截至 2017 年底，全国 3378 个慈善组织中有 816 个（24.2%）获得公开募捐资格，其中基金会 566 个（69.4%）、社会团体 248 个（30.4%）（含慈善会系统组织 203 个）、社会服务机构仅有 2 个（0.3%）。2016 年和 2017 年基金会和慈善会系统获得公开募捐资格的慈善组织占绝对多数，占获得公开募捐资格慈善组织总数的比重均超过 97%。

互联网募捐平台的有效运营是慈善组织等有效开展公开募捐活动的重要保障。2017 年不少平台都进行了平台的升级和完善，然而平台的运营依然面临诸多挑战。2017 上半年，由于平台展示不具备公募资质的项目、信息更新不及时等问题，民政部共约谈轻松筹、百度慈善捐助平台、京东公益平台、基金会中心网 4 家平台。在接收社会举报方面，2017 年，仅腾讯公益平台就收到 48 次公众对平台上公开募捐项目的举报，主要举报内容包括 "公益组织不及时主动地发布项目进展、月度反馈报告" "公益组织在项目页面提供的联系电话失效，无法联系" "质疑 99 公益日中有项目存在套捐、机器刷单（非配捐时段）的嫌疑" 等。此外，蚂蚁金服公益平台 2017 年共接收公众举报 10 次，举报内容主要涉及项目设计是否合理、是否多渠道重复募捐、是否已完成公开募捐备案、项目执行反馈是否及时。如何妥善回应和处理上述问题，有待多方的共同努力。

慈善募捐领域一系列违法或涉嫌违法行为的出现，不仅考验民政部门的执法能力，也考验慈善行业的公信力。如果不能有效地预防和妥善地处理违法募捐事件，会在一定程度上削弱公众对公益行业及民政部门的信任，进而影响慈善事业的健康发展。

3. 慈善中国平台功能发挥不够，慈善信息公开内容有待完善

相较于 2016 年，2017 年慈善信息公开取得重大突破。慈善中国的上线结束了以前各地信息公开程度不统一、难以查询的情况，实现了全国慈善数据"一张网""一个库"的建设构想，便于各主体查询慈善组织、慈善信托基础登记、初始备案等信息，让社会公众真实了解、便捷参与、动态监督公益慈善。

但是，现阶段慈善中国平台的功能还未能充分发挥，慈善信息公开还存在许多不足。第一，慈善中国平台系统数据与地方信息公开数据存在差异。如 2016 年 9 月，四川省遂宁市民政局已经将遂宁市社会组织服务中心认定为慈善组织，遂宁市社会组织服务中心也获得了公开募捐资格，但慈善中国平台中暂未收录。第二，对慈善组织、慈善信托的评估检查信息公开不足。如前所述，慈善组织的章程、变更信息、行政处罚信息、评优获奖信息、等级评估信息等相应的板块仍未上传信息；对慈善信托事务的处理及财务状况、检查评估情况、表彰处罚情况和其他事项等信息也未披露具体内容，不便于公众较为全面地了解慈善信息。第三，公开募捐与慈善项目的公开频率不高，未能满足及时性要求。《慈善法》第七十三条规定，具有公开募捐资格的慈善组织应当定期向社会公开其募捐情况和慈善项目实施情况。公开募捐周期超过六个月的，至少每三个月公开一次募捐情况，公开募捐活动结束后三个月内应当全面公开募捐情况。慈善项目实施周期超过六个月的，至少每三个月公开一次项目实施情况，项目结束后三个月内应当全面公开项目实施情况和募得款物使用情况。在平台现有的公开数据中，对公开募捐活动信息和慈善项目实施情况的信息量明显不足。

此外，从慈善组织的信息公开义务来说，在慈善组织公示信息板块下，理事会成员信息、监事成员信息、其他公示信息均未上传。同时，慈善组织与慈善信托受托人在年报、募捐方案备案等方面信息公开不足。仅从慈善信托的信息公开看，目前仅有"光大·陇善行慈善信托计划 1 号"一单慈善信托期限届满，并已在慈善中国披露信托财产的使用和运作情况。其他未到期慈善信托的事务处理、财务状况、检查评估情况、表彰处罚情况及其他事项信息公开情况较差。在目前慈善信息公开平台和制度建

设都取得明显进展的情况下，信息公开内容不够完善的主要原因在于检查督促力度不够。

4. 慈善领域税收优惠等促进措施有待跟进

以税收优惠为代表的促进措施，体现一国政府对慈善领域的基本态度。基于慈善组织的公益慈善属性，国际上多数国家会赋予慈善组织更为优厚的税收优惠待遇。2017 年，在慈善组织保值增值投资、慈善组织信息公开等方面，民政部等部门已经起草相关配套政策并向社会公开征求意见，有望在征求意见后于 2018 年正式公布实施，然而在慈善税收优惠方面仍待配套政策的制定和出台。

就慈善捐赠税收优惠而言，2017 年 2 月，修订后的《企业所得税法》纳入捐赠超额结转三年扣除的规定。2018 年 2 月，财政部、国家税务总局发布《关于公益性捐赠支出企业所得税税前结转扣除有关政策的通知》，明确了结转扣除的具体方法，即企业在对公益性捐赠支出计算扣除时，应先扣除以前年度结转的捐赠支出，再扣除当年发生的捐赠支出，使《企业所得税法》修订的内容具备可操作性。然而，在公益性捐赠税前扣除资格方面，根据财政部、国家税务总局、民政部《关于公益性捐赠税前扣除有关问题的通知》《关于公益性捐赠税前扣除资格确认审批有关调整事项的通知》等相关规定，社会服务机构（民办非企业单位）难以获得公益性捐赠扣除资格。因而，即便社会服务机构已经满足公益性的要求而依法登记或认定为慈善组织，也很难取得公益性捐赠税前扣除资格，这便会直接导致向社会服务机构类慈善组织捐赠的捐赠人无法享受税前扣除的优惠待遇，进而会使社会服务机构吸引捐赠的能力大打折扣。因而，确有必要对此种情况予以修正，赋予登记或认定为慈善组织的社会服务机构以公益性捐赠税前扣除资格。

在慈善组织自身税收优惠方面，依然没有任何实质性修订或完善，慈善组织需要沿用关于非营利组织的税收优惠规定，这就会导致"公益性"的组织与一般的"互益性"组织在税收待遇上没有任何差别，难以吸引一些组织申请登记或认定为慈善组织，从而会影响慈善组织的登记和认定情况。针对已经获得免税资格的慈善组织，由于现行税法规定的税收优惠范围较窄，慈善组织的资产转让收入、银行理财等保值增值收入等尚未纳入税收优惠范围，税负的承担可能会直接减少慈善组织实际运用于慈善活动的资金规模。

同时，针对慈善信托的税收待遇，现行法律也未能明确。虽然《慈善法》《慈善信托管理办法》等法律规范规定慈善信托的委托人、受托人和受益人按照国家有关规定享受税收优惠，未备案的慈善信托不享受税收优惠。但是，由于缺乏具体的法律规范和实操指引，慈善信托的委托人、受托人等的税收优惠待遇难以落实，这客观上阻碍了慈善信托的健康发展。为了获得税收优惠，实践中多种"创新"的慈善信托模式层出不穷，这在一定程度上影响了法律的稳定性和权威性。慈善信托的税收优惠待遇亟待跟进。

5. 市县地方及服务窗口人员对《慈善法》的宣传培训力度仍显不足

2016年，《慈善法》普法宣传工作主要集中在法律宣传和慈善组织登记认定工作培训层面，内容较为基础，而2017年，普法工作逐渐向深入研讨和专业化方向发展，法律宣传主体从政府部门扩大到社会组织。四川省成都市武侯区民政部门举办"慈善法与社会组织发展"专题研讨会，中国慈善联合会召开"慈善宏观政策趋势研讨会"，北京慈弘慈善基金会与北京师范大学社会公益研究中心联合举办"基金会能力建设工作坊——慈善信托专场"。在法律业务培训方面，浙江省民政系统召开"慈善信托业务培训班"、河南省郑州市举办"慈善组织深入学习慈善法培训班"、内蒙古呼和浩特市民政局举办"慈善法实施、慈善组织认定及公募资格申请培训班"等，这些培训活动紧密结合慈善业务工作需要，开始走向专业化。

但研究人员在地方调研时仍发现《慈善法》宣传的下沉情况较为有限，目前活动多集中于东部发达地区和较为发达的城市，从层级来看，多集中在省级机构。许多省份的相关机构，尤其是市级和县（区）级机构尚未认识到《慈善法》的意义，不了解相关工作规范，社会组织本身也对法律具体实施存在疑问。

6. 管理部门之间的协调仍须加强

从2017年《慈善法》实施的各项情况来看，慈善事业相关管理部门之间的协调仍然有待加强。这既包括作为慈善事业主管部门的民政部门与其他相关管理部门之间的协调，也包括民政部门内部之间的协调。

一方面，民政部门与其他相关管理部门之间的工作协调配合还存在不足。《慈善法》作为全国人大颁布的法律，公民、社会组织和行政管理机关都应熟悉、了解相关法律规定并依法开展慈善活动和与慈善相关的活动。不过目前实践中的情况是，民政部门作为主责部门在《慈善法》宣传、落实及出台配套政策和建立工作机制方面承担了更多的职责，而一些相关主管部门尤其是基层相关主管部门则在学习和贯彻落实《慈善法》方面积极性不高，民政部门与相关部门之间协调配合的有效性也不高。

本书对2017年《慈善法》实施进展的分析主要体现在以下几个方面。一是《慈善法》明确授权慈善组织可以作为慈善信托的受托人，但在进行慈善信托备案过程中，慈善组织到银行开设慈善信托资金专户往往遇到障碍。中国人民银行在依据《慈善法》为慈善组织开设慈善信托资金专户方面尚未建立切实有效的工作机制。二是作为业务主管单位的相关管理部门与民政部门的协调有待加强。根据《慈善法》和《关于改革社会组织管理制度促进社会组织健康有序发展的意见》的规定，一些新成立的慈善组织可能需要取得业务主管单位的同意，但通过调研发现，一些相关部门作为业务主管单位的积极性不高，在一定程度上阻碍了新增慈善组织数量的增长。从数据上看，《慈善法》实施以来，全国各级民政部门新批准成立的慈善组织仅有673个。三是民政部门与财税部门的协调还需要进一步加强。慈善组织是非营利组织中明确具有公益性的一类组织，理应更容易获得相应的税收优惠待遇。但从《慈善法》实施以来的情况看，以往申请免税资格和取得公益性税前扣除资格难的问题仍然存在，虽然《慈善法》关于企业捐赠超出税前扣除限额的部分允许三年结转的规定已经于2017年修订的《企业所得税法》中有所体现，但地方各级财税部门的工作人员在执法层面还是对慈善组织和相关法律法规缺乏必要程度的了解，导致包括慈善组织在内的很多非营利组织及捐赠人享受税收优惠难。

另一方面，民政部门内部的协调配合也有待加强。民政部门内部协调首先体现在不同层级和地区的民政部门对如何执行适用《慈善法》的认识还有待进一步统一。例如，实践中一些慈善事业并不发达的地区的民政部门工作人员对《慈善法》所确立的管理制度掌握得不够到位和透彻，一些基层工作人员对已有组织认定为慈善组织和新登记为慈善组织的区别并不十分清楚，对不同类型的慈善组织可以申请公开募捐资格时间计算的区别也掌握不够，这些问题给《慈善法》准确统一地落实带来挑战。这一点也可以从上述慈善中国平台和地方民政部门信息公开上的不一致反映出来。此外，各级民政部门的不同司局和处室之间在贯彻落实《慈善法》的工作过程中也需要进一步加强统筹。例如，慈善组织和慈善信托同为开展慈善活动的两种方式，但民政部门内部的工作分工则是分别由各级社会组织管理局和慈善处负责监管。在《慈善法》实施和配套制度完善的过程中，慈善组织和慈善信托制度之间的统筹协调性还有待提高，例如正在征求意见的《慈善组织信息公开办法》《慈善组织保值增值投资活动管理暂行办法》都未将慈善信托的信息公开和保值增值的相关规定纳入。

二 中国慈善进步指数指标体系

2017 年中国慈善进步指数指标体系在 2016 年指标体系的基础上，根据当前中国慈善事业发展情况，做出了细微的调整。与 2016 年指标体系一样，该体系由"政策环境""组织发展""贡献影响""社会参与"4 个二级指标构成（见图 2－4）。而三级指标个数由 2016 年的 20 个减少为 19 个；政策环境方面只保留了"国家慈善政策省级本地化率"和"省级慈善政策创新度"这 2 个三级指标；组织发展方面，顺应《慈善法》的颁布，添加了"慈善组织数"和"慈善信托备案数"2 个三级指标，并基于指标代表性和数据独立性的考量，去掉了"每十万人拥有的（提供住宿的）社区服务机构数"这个指标；"贡献影响"下三级指标的数量未变，但用"社会组织费用总额占 GDP 比例"替换了"社会组织增加值占 GDP 比例"；"社会参与"方面，沿用了 2016 年的全部 6 个指标。

为力求指数的客观性，课题组在原始数据采集和来源选择上采取了官方年鉴最优、具有公信力的公开平台次之、研究院自主收集为辅的原则。因此，2015 年和 2016 年中国慈善进步指数测算采用《中国统计年鉴》和《中国民政统计年鉴》、慈善中国全国慈善信息公开平台、基金会中心网和课题组自主收集的数据。

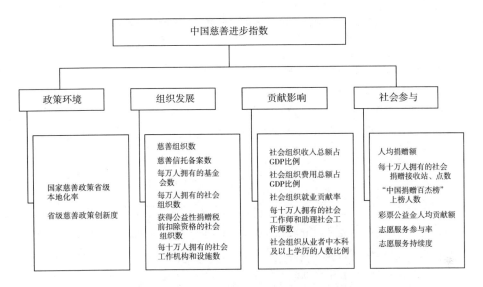

图 2 - 4 中国慈善进步指数指标体系结构

2016 年《慈善法》施行，"慈善组织"和"慈善信托"被赋予特定的法律意义。在此之前，这两个概念既未被规范使用也没有相应的数据。但其作为慈善事业的核心组成部分，中国慈善进步指数必须也有义务将其二者纳入指标体系。所以，在测算 2015 年各省份慈善进步指数的过程中，所有省份"慈善组织数"和"慈善信托备案数"均按"零分"处理。

三 2015 ~ 2016 年中国慈善进步指数省份排名

2016 年中国慈善进步指数排名前十位的省份依次为北京、上海、浙江、广东、江苏、福建、宁夏、天津、四川和山东。2015 年排名前十位的省份依次为北京、上海、江苏、浙江、广东、天津、河北、宁夏、陕西和福建。2015 年、2016 年中国慈善进步指数省份排名情况与 2014 年排名基本一致。东部地区慈善发展依旧走在全国前列。其中，北京、上海、江苏、浙江、广东、宁夏及福建 7 个省份，2014 ~2016 年连续三年稳居全国前十位。北京、上海、江苏、浙江、广东 5 个省份更是自 2012 年来连续五年锁定前五位（见表 2 - 1）。

表 2－1　2012～2016 年中国慈善进步指数省份排名

排名	2012 年		2013 年		2014 年		2015 年		2016 年	
	省份	分值	省份	分值	省份	分值	省份	分值	省份	分值
1	北京	0.632	北京	0.689	北京	0.621	北京	0.617	北京	0.758
2	江苏	0.557	江苏	0.595	上海	0.558	上海	0.441	上海	0.468
3	上海	0.488	广东	0.543	江苏	0.556	江苏	0.382	浙江	0.378
4	浙江	0.474	浙江	0.511	浙江	0.445	浙江	0.372	广东	0.351
5	广东	0.406	上海	0.508	广东	0.43	广东	0.345	江苏	0.336
6	宁夏	0.356	宁夏	0.38	宁夏	0.352	天津	0.331	福建	0.259
7	山东	0.264	辽宁	0.326	山东	0.309	河北	0.303	宁夏	0.253
8	辽宁	0.26	重庆	0.323	重庆	0.301	宁夏	0.279	天津	0.227
9	重庆	0.254	山东	0.317	湖南	0.3	陕西	0.239	四川	0.221
10	天津	0.243	福建	0.311	福建	0.272	福建	0.236	山东	0.221
11	四川	0.238	天津	0.306	天津	0.257	江西	0.233	湖南	0.217
12	福建	0.234	四川	0.276	河北	0.244	海南	0.227	陕西	0.196
13	安徽	0.218	陕西	0.274	云南	0.244	湖南	0.226	重庆	0.19
14	湖南	0.211	湖南	0.268	湖北	0.239	重庆	0.221	云南	0.187
15	湖北	0.211	海南	0.267	四川	0.237	四川	0.213	河北	0.185
16	陕西	0.2	湖北	0.264	陕西	0.237	甘肃	0.203	贵州	0.183
17	内蒙古	0.184	河北	0.261	甘肃	0.235	云南	0.202	海南	0.179
18	海南	0.184	甘肃	0.257	贵州	0.233	贵州	0.193	辽宁	0.166
19	贵州	0.173	云南	0.252	辽宁	0.23	湖北	0.186	江西	0.164
20	吉林	0.172	安徽	0.244	海南	0.224	山东	0.175	湖北	0.161
21	新疆	0.169	内蒙古	0.238	内蒙古	0.214	广西	0.168	黑龙江	0.16
22	青海	0.165	贵州	0.223	安徽	0.211	辽宁	0.159	甘肃	0.159
23	云南	0.156	新疆	0.222	新疆	0.198	青海	0.159	青海	0.153
24	黑龙江	0.144	青海	0.222	江西	0.19	新疆	0.159	内蒙古	0.152
25	山西	0.144	江西	0.221	青海	0.189	山西	0.148	山西	0.151
26	甘肃	0.144	山西	0.217	广西	0.184	安徽	0.134	新疆	0.147
27	江西	0.14	吉林	0.215	山西	0.156	河南	0.13	广西	0.139
28	河北	0.136	广西	0.202	吉林	0.156	黑龙江	0.118	安徽	0.138
29	广西	0.13	黑龙江	0.2	黑龙江	0.152	吉林	0.117	河南	0.097
30	西藏	0.09	河南	0.136	河南	0.124	内蒙古	0.114	西藏	0.092
31	河南	0.081	西藏	0.076	西藏	0.116	西藏	0.082	吉林	0.091

综合 2012～2016 年中国慈善进步指数排名可以看出，一些省份这五年在慈善事业发展中取得了不俗的成绩，其中：

首都北京继续领跑全国，自 2012 年来连续五年稳居全国首位；

上海逐渐从东部沿海地区的竞争中脱颖而出，2015 年、2016 年连续两年锁定全国第二的位置；

宁夏作为我国西部地区慈善发展的高地，自 2012 年来已经连续五年稳居中国慈善进步指数排行榜全国前十位；

天津过去两年慈善发展表现出强劲的回升势头，2012 年位列全国第十，2013 年和 2014 年跌出全国十强，而 2015 年和 2016 年分别以全国第六、第八的位置重新跻身全国慈善发展前十位；

四川凭借其 2016 年在慈善事业贡献影响方面的突出表现，五年来首次位居前十；

河北 2015 年凭借政策环境、贡献影响和社会参与三个方面的突出表现，自 2012 年来首次跻身全国前十位，但 2016 年未能保持发展势头又跌回中段，排名第 15 位；

陕西与河北情况类似，2015 年首次跻身前十位，但在 2016 年回落至全国第 12 位。

除了以上各省份，其他省份在各单项指标中也分别有突出表现，下文将对此进行详细说明。

（一）2015 年中国慈善进步指数省份排名

2015 年中国慈善进步指数排名前十位的省份依次是北京、上海、江苏、浙江、广东、天津、河北、宁夏、陕西和福建。

其中，东部地区的北京、天津、河北、上海、江苏、浙江、福建、广东 8 个省份在前十位中锁定 8 席。西部地区的宁夏和陕西占据剩余 2 个席位。总体来看，西部各省份排名相对比较分散：排名最高的宁夏、陕西居全国第 8 位、第 9 位；第 11～20 位和第 21～31 位的省份中，西部地区省份各占 5 个。中部地区山西、安徽、江西、河南、湖北和湖南 6 省份中，江西排名最高，居全国第 11 位，湖南省次之，居第 13 位。东北地区辽宁、吉林和黑龙江三省 2015 年慈善进步指数排名均在第 20 位以后（见表 2－2）。

表 2 - 2　2015 年中国慈善进步指数省份排名按地区分布

排名	东北	东部	中部	西部	排名	东北	东部	中部	西部	排名	东北	东部	中部	西部
1		北京			11			江西		21	辽宁			广西
2		上海			12		海南			22				
3		江苏			13			湖南		23				青海
4		浙江			14				重庆	24				新疆
5		广东			15				四川	25			山西	
6		天津			16				甘肃	26			安徽	
7		河北			17				云南	27			河南	
8				宁夏	18				贵州	28	黑龙江			
9				陕西	19			湖北		29	吉林			
10		福建			20		山东			30				内蒙古
										31				西藏

从 4 个二级指标来看，2015 年天津、江西和上海政策环境得分居全国前三位。虽然广东省慈善进步指数总体排名第 5 位，但其慈善政策环境得分仅列全国第 19 位。组织发展单项上，排名前三位的省份分别是北京、江苏和浙江。天津和河北虽高居 2015 年慈善进步指数总体排名的第 6 位和第 7 位，但其组织发展得分却在 31 个省份中排名中下，分列第 21 位和第 18 位。北京、上海和河北在慈善事业贡献影响方面位居全国前三。在社会参与方面，北京、广东和上海位列全国前三，有深入和广泛的慈善事业社会参与度。另外，值得注意的是，西藏社会参与得分位居全国第九。

西部地区慈善事业发展速度快于经济发展速度的态势依旧明显。在西部地区 12 个省份中，有 7 个省份的中国慈善进步指数省份排名高于其人均 GDP 排名 5 个及以上位次，分别为宁夏（7）、陕西（5）、四川（8）、甘肃（15）、云南（13）、贵州（11）和广西（5）。另外，中部地区的江西（13）及东部地区的河北（12）和海南（6）慈善进步指数省份排名也高于其人均 GDP 排名 5 个及以上位次。

9 个省份的中国慈善进步指省份排名低于其人均 GDP 排名 5 个及以上位次。其中，东部地区 2 个，分别是天津（-5）、山东（-10）；中部地区 2 个，分别是湖北（-6）、河南（-5）；西部地区 2 个，分别是青海（-6）、内蒙古（-24）；东北地区辽宁（-13）、黑龙江（-7）及吉林（-17）（见表 2-3）。

表 2-3　2015 年中国慈善进步指数省份排名

排名	省份	政策环境		组织发展		贡献影响		社会参与		总分	人均GDP排名	与人均GDP排名比较
		得分	排名	得分	排名	得分	排名	得分	排名			
1	北京	0.104	6	0.125	1	0.171	1	0.217	1	0.617	2	1
2	上海	0.109	3	0.083	5	0.156	2	0.093	3	0.441	3	1
3	江苏	0.108	4	0.124	2	0.103	3	0.048	12	0.382	4	1
4	浙江	0.108	4	0.116	3	0.090	5	0.058	7	0.372	5	1
5	广东	0.051	19	0.100	4	0.086	7	0.109	2	0.345	8	3
6	天津	0.150	1	0.029	21	0.077	12	0.075	4	0.331	1	-5
7	河北	0.083	10	0.036	18	0.129	4	0.055	8	0.303	19	12
8	宁夏	0.094	8	0.061	6	0.077	12	0.048	13	0.279	15	7
9	陕西	0.104	6	0.030	20	0.055	17	0.049	11	0.239	14	5
10	福建	0.072	11	0.053	7	0.059	14	0.052	10	0.236	7	-3

续表

排名	省份	政策环境		组织发展		贡献影响		社会参与		总分	人均GDP排名	与人均GDP排名比较
		得分	排名	得分	排名	得分	排名	得分	排名			
11	江西	0.129	2	0.014	31	0.061	13	0.030	25	0.233	24	13
12	海南	0.072	11	0.050	9	0.084	9	0.021	30	0.227	18	6
13	湖南	0.094	8	0.051	8	0.040	24	0.042	18	0.226	16	3
14	重庆	0.051	19	0.038	16	0.086	6	0.046	15	0.221	11	−3
15	四川	0.051	19	0.040	15	0.085	8	0.036	22	0.213	23	8
16	甘肃	0.041	24	0.049	10	0.049	21	0.064	5	0.203	31	15
17	云南	0.041	24	0.020	23	0.081	10	0.060	6	0.202	30	13
18	贵州	0.072	11	0.043	13	0.053	19	0.024	28	0.193	29	11
19	湖北	0.051	19	0.044	12	0.049	20	0.042	17	0.186	13	−6
20	山东	0.055	18	0.041	14	0.047	22	0.033	23	0.175	10	−10
21	广西	0.041	24	0.031	19	0.055	16	0.042	19	0.168	26	5
22	辽宁	0.041	24	0.026	22	0.054	18	0.038	21	0.159	9	−13
23	青海	0.062	16	0.045	11	0.027	27	0.025	27	0.159	17	−6
24	新疆	0.051	19	0.019	26	0.041	23	0.047	14	0.159	20	−4
25	山西	0.065	14	0.018	28	0.033	25	0.031	24	0.148	27	2
26	安徽	0.041	24	0.019	27	0.056	15	0.019	31	0.134	25	−1
27	河南	0.062	16	0.016	29	0.025	28	0.028	26	0.130	22	−5
28	黑龙江	0.030	29	0.020	24	0.030	26	0.038	20	0.118	21	−7
29	吉林	0.065	14	0.019	25	0.011	31	0.021	29	0.117	12	−17
30	内蒙古	0.011	30	0.037	17	0.022	29	0.044	16	0.114	6	−24
31	西藏	0.000	31	0.015	30	0.014	30	0.053	9	0.082	28	−3

（二）2016年中国慈善进步指数省份排名

2016年中国慈善进步指数排名前10位的省份依次是北京、上海、浙江、广东、江苏、福建、宁夏、天津、四川和山东（见表2-4）。

表2-4 2016年中国慈善进步指数省份排名按地区分布

全国排名	东北	东部	中部	西部
1		北京		
2		上海		
3		浙江		
4		广东		
5		江苏		
6		福建		
7				宁夏
8		天津		
9				四川
10		山东		
11			湖南	
12				陕西
13				重庆
14				云南
15		河北		
16				贵州
17		海南		
18	辽宁			
19			江西	
20			湖北	
21	黑龙江			
22				甘肃
23				青海
24				内蒙古
25			山西	
26				新疆
27				广西
28			安徽	
29			河南	
30				西藏
31	吉林			

2016年中国慈善进步指数排名未发生大的变化。首都北京依旧领跑全国各省份慈善事业发展。东部地区省份上海、浙江、广东、江苏、福建、天津和山东8个省份在十强中占据8席。十强中剩下的2个席位，由西部省份宁夏和四川分别以第7位和第9位获得（表2-5）。

从区域分布的角度来看，东部地区各省份排名分布与2015年类似。但与2015年不同的是，2016年山东省排名由2015的第20位升至第十位。而河北在2015年首次跻身前十位后，2016年又回落至第15位。西部地区排名总体情况未发生大的变化。四川省2016年首次进入中国慈善进步指数排名前十位。但陕西省未能守住2015年前十的席位，2016年回落至第12位。东北地区的辽宁和黑龙江在排名上都有明显的进步，分别从第22位、第28位上升至第18位和第21位。中部地区各省份中，湖南排名最高，列2016年中国慈善进步指数排名第11位。江西由2015年的第11位下滑至第19位。

表2-5 2016年中国慈善进步指数省份排名分布

排名情况＼地区	东部地区	中部地区	西部地区	东北地区
第1~10位	8个：北京、上海、浙江、广东、江苏、福建、天津、山东	无	2个：宁夏、四川	无
第11~20位	2个：河北、海南	3个：湖南、江西、湖北	4个：陕西、重庆、云南、贵州	1个：辽宁
第21~31位	无	3个：山西、安徽河南	6个：甘肃、青海、内蒙古、新疆、广西、西藏	2个：黑龙江、吉林

从4个二级指标来看，2016年北京、浙江、山东三省在政策环境方面排名位居全国前三。虽然四川省在慈善进步指数总体排名中跃居第9位，但其政策环境排名却只排在第26位。在组织发展方面，北京、浙江和江苏

三个省份发展情况最佳，位列全国 31 个省份前三。但组织发展仍是天津慈善事业发展的短板，2016 年位列 31 个省份第 23，较 2015 年下降 2 个位次。北京、上海和四川在贡献影响方面表现突出。四川省进步十分明显，从 2015 年的第 8 位上升至 2016 年的第 3 位。慈善事业社会参与方面，北京、上海和广东表现与 2015 年相同，依旧居全国前三位。在慈善进步指数总体排名前十位的省份中，宁夏和山东在社会参与方面表现并不突出，分别排在 31 个省份中的第 21 位和第 20 位。

2016 年中国慈善进步指数省份排名较当年人均 GDP 排名高出 5 个及以上位次的省份共有 6 个，分布在西部和中部地区。其中，西部地区 5 个，分别是宁夏（8）、四川（15）、甘肃（9）、云南（16）和贵州（13）；中部地区湖南省排名比其当年人均 GDP 排名高出 5 个位次。7 个省份的中国慈善进步指数排名低于人均 GDP 排名 5 个及以上位次。其中，西部地区 3 个，分别是青海（－5）、新疆（－5）、内蒙古（－16）；中部地区 2 个，分别是湖北（－9）、河南（－9）；东部和东北地区各 1 个，分别是天津（－5）、吉林（－19）（见表 2－6）。

表 2－6　2016 年中国慈善进步指数省份排名

排名	省份	政策环境		组织发展		贡献影响		社会参与		总分	人均 GDP 排名	与人均 GDP 排名比较
		得分	排名	得分	排名	得分	排名	得分	排名			
1	北京	0.135	1	0.242	1	0.188	1	0.193	1	0.758	1	0
2	上海	0.093	4	0.102	5	0.180	2	0.092	2	0.468	2	0
3	浙江	0.103	2	0.132	2	0.088	7	0.054	7	0.378	5	2
4	广东	0.052	13	0.121	4	0.093	6	0.085	3	0.351	7	3
5	江苏	0.059	10	0.127	3	0.098	4	0.052	8	0.336	4	－1
6	福建	0.089	5	0.066	9	0.053	19	0.051	9	0.259	6	0
7	宁夏	0.067	9	0.062	9	0.094	5	0.030	21	0.253	15	8
8	天津	0.081	6	0.028	23	0.064	13	0.054	6	0.227	3	－5

续表

排名	省份	政策环境		组织发展		贡献影响		社会参与		总分	人均GDP排名	与人均GDP排名比较
		得分	排名	得分	排名	得分	排名	得分	排名			
9	四川	0.022	26	0.048	13	0.109	3	0.042	14	0.221	24	15
10	山东	0.098	3	0.045	15	0.047	21	0.030	20	0.221	9	−1
11	湖南	0.059	10	0.066	6	0.058	16	0.034	18	0.217	16	5
12	陕西	0.037	23	0.057	11	0.058	15	0.043	13	0.196	13	1
13	重庆	0.015	30	0.039	18	0.085	8	0.051	10	0.190	10	−3
14	云南	0.042	17	0.026	25	0.071	10	0.048	11	0.187	30	16
15	河北	0.045	16	0.034	20	0.064	12	0.041	16	0.185	19	4
16	贵州	0.042	17	0.053	12	0.061	14	0.028	24	0.183	29	13
17	海南	0.022	26	0.059	10	0.082	9	0.016	31	0.179	17	0
18	辽宁	0.042	17	0.030	22	0.066	11	0.029	22	0.166	14	−4
19	江西	0.069	7	0.024	26	0.048	20	0.023	27	0.164	23	4
20	湖北	0.042	17	0.047	14	0.046	22	0.025	25	0.161	11	−9
21	黑龙江	0.069	7	0.027	24	0.025	27	0.038	17	0.160	22	1
22	甘肃	0.022	26	0.066	7	0.053	18	0.017	30	0.159	31	9
23	青海	0.035	24	0.043	16	0.043	23	0.032	19	0.153	18	−5
24	内蒙古	0.047	15	0.040	17	0.024	28	0.042	15	0.152	8	−16
25	山西	0.052	12	0.021	28	0.031	26	0.047	12	0.151	27	2
26	新疆	0.032	25	0.020	29	0.033	25	0.062	5	0.147	21	−5
27	广西	0.037	21	0.032	21	0.042	24	0.028	23	0.139	26	−1
28	安徽	0.022	26	0.035	19	0.057	17	0.024	26	0.138	25	−3
29	河南	0.049	14	0.010	30	0.019	29	0.018	29	0.097	20	−9
30	西藏	0.000	31	0.007	31	0.016	30	0.069	4	0.092	28	−2
31	吉林	0.037	21	0.022	27	0.011	31	0.021	28	0.091	12	−19

四 2012～2016年中国慈善进步指数排名特点

2012～2016年，共有15个省份进入中国慈善进步指数年度前十位。其中连续五年全部位列前十的省份有6个，分别为北京、上海、江苏、浙江、广东和宁夏。四次进入前十位的有福建和山东两省。天津和重庆三次进入前十位，辽宁两次。河北、湖南、四川和陕西均各有一次进入中国慈善进步指数前十位（见表2－7）。

表2－7　2012～2016年进入中国慈善进步指数排名前十位的省份

序号	省份	2012年	2013年	2014年	2015年	2016年	进入前十位次数
1	北京	是	是	是	是	是	5
2	上海	是	是	是	是	是	5
3	江苏	是	是	是	是	是	5
4	浙江	是	是	是	是	是	5
5	广东	是	是	是	是	是	5
6	宁夏	是	是	是	是	是	5
7	福建	否	是	是	是	是	4
8	山东	是	是	是	否	是	4
9	天津	是	否	否	是	是	3
10	重庆	是	是	是	否	否	3
11	辽宁	是	是	否	否	否	2
12	河北	否	否	否	是	否	1
13	湖南	否	否	是	否	否	1
14	四川	否	否	否	否	是	1
15	陕西	否	否	否	是	否	1

（一）东部地区慈善发展走在全国前列

东部地区慈善事业发展领先全国。北京、上海、江苏、浙江、广东、福建、山东、天津和河北 9 个东部省份曾在 2012～2016 年进入中国慈善进步指数排名前十位，且在 6 个连续五年进入全国前十位的省份中，东部地区占 5 个。西部地区各省份慈善事业发展水平差距较大，其中宁夏连续五年排名前十位，打破东部地区一枝独秀的格局。另外，西部地区的重庆、四川和陕西 3 个省份也在 2012～2016 年中国慈善进步指数排名中有不俗表现。东北地区中，辽宁慈善事业发展较为领先，曾在 2012 年和 2013 年位居全国前十，但近几年慈善事业发展势头并不明显。中部地区的湖南也曾在 2014 年跻身全国慈善进步指数前十位（见表 2－8）。

表 2－8　2012～2016 年中国慈善进步指数排名前十位省份分布

东部地区	中部地区	西部地区	东北地区
9 席： 北　京（☆☆☆☆☆） 天　津（☆☆☆） 河　北（☆） 上　海（☆☆☆☆☆） 江　苏（☆☆☆☆☆） 浙　江（☆☆☆☆☆） 福　建（☆☆☆☆） 山　东（☆☆☆☆） 广　东（☆☆☆☆☆）	1 席： 湖　南（☆）	4 席： 重　庆（☆☆☆） 陕　西（☆） 四　川（☆） 宁　夏（☆☆☆☆☆）	1 席： 辽　宁（☆☆）

注：☆为进入排名次数。

（二）慈善事业持续健康发展

综合考虑 2015 年和 2016 年中国慈善进步指数指标体系及测算方法，课题组在所有的三级指标中选取了 2016 年和 2017 年两版指标体系均有收录，且测算使用数据来源一致的 9 个三级指标，就 2014～2016 年我国慈善事业发展情况进行分析。这 9 个三级指标中，组织发展、贡献影响和社会参与二级指标下各有 3 个（见表 2－9）。未选取政策环境指标的原因是，其原本就采用逐年累加的积分方式，所以无法根据政策环境三级指标计算值来进行趋势分析。课题组用全国 31 个省份当年上述 9 个指标的 9 个平均值来代表当年全国慈善事业发展水平，分别比较 2014～2016 年这 9 个平均值的变化情况来判断我国慈善事业的发展趋势。

表 2 - 9　2014 ~ 2016 年全国各省份慈善发展平均水平

序号	三级指标	2014 年	2015 年	2016 年
1	每十万人拥有的基金会数（个）	0.2	0.4	0.47
2	每万人拥有的社会组织数（个）	4.43	4.81	5.12
3	每十万人拥有的社会工作机构数和设施数（个）	24.1	27.38	27.77
4	社会组织就业贡献率（%）	0.68	0.73	0.78
5	每十万人拥有的社会工作师和助理社会工作师数（个）	11.487	14.753	20.584
6	社会组织从业者中本科及以上学历的人数比例（%）	13.04	13.39	14.31
7	彩票公益金人均贡献额（元）	48.45	46.2	49.84
8	志愿服务参与率（人次/万人）	125.11	97.12	100.71
9	志愿服务持续度（小时/人次）	2.51	2.8	2.64

由表 2 - 9 可以明显看出，在纳入分析的 9 个三级指标中，有 6 个指标 2014 ~ 2016 年呈逐年上升的趋势。且这 6 个指标中组织发展和贡献影响各占 3 个，而社会参与二级指标下的 3 个三级指标均呈波动上升的趋势。这很有可能与科技发展对社会参与慈善活动的方式产生巨大影响有关。但是由于数据可得性等限制因素，2017 年慈善进步指数未能"将公益 + 互联网"等新型慈善参与模式纳入指标体系。课题组对此深感遗憾。但综合上述情况，课题组可以做出初步判断：我国慈善事业持续健康发展。

（三）地方经济水平影响慈善发展，但非绝对因素

2012 ~ 2016 年中国慈善进步指数省份排名较其人均 GDP 排名变动 5 个以内位次的省份数量分别是 18 个、16 个、16 个、12 个和 18 个（见表 2 - 10）。可以看出，2012 ~ 2016 年超过一半省份的慈善事业发展与经济发展比较适应，且 2016 年慈善事业发展与经济发展水平相适应的省份数量明显增加。

表 2-10 2012～2016 年中国慈善进步指数省份排名与其人均 GDP 排名差异

省份	2012年			2013年			2014年			2015年			2016年		
	慈善进步指数排名	人均GDP排名	排名差异	慈善进步指数排名	人均GDP排名	排名差异	慈善进步指数排名	人均GDP排名	排名差异	慈善进步指数排名	人均GDP排名	排名差异	慈善进步指数排名	人均GDP排名	排名差异
北京	1	2	1	1	2	1	1	2	1	1	2	1	1	1	0
天津	10	1	-9	11	1	-10	11	1	-10	6	1	-5	8	3	-5
河北	28	15	-13	17	16	-1	12	18	6	7	19	12	15	19	4
山西	25	19	-6	26	22	-4	27	24	-3	25	27	2	25	27	2
内蒙古	17	5	-12	21	6	-15	21	6	-15	30	6	-24	24	8	-16
辽宁	8	7	-1	7	7	0	19	7	-12	22	9	-13	18	14	-4
吉林	20	11	-9	27	11	-16	28	11	-17	29	12	-17	31	12	-19
黑龙江	24	17	-7	29	17	-12	29	20	-9	28	21	-7	21	22	1
上海	3	3	0	5	3	-2	2	3	1	2	3	1	2	2	0
江苏	2	4	2	2	4	2	3	4	1	3	4	1	5	4	-1
浙江	4	6	2	4	5	1	4	5	1	4	5	1	3	5	2
安徽	13	26	13	20	25	5	22	26	4	26	25	-1	28	25	-3
福建	12	9	-3	10	9	-1	10	8	-2	10	7	-3	6	6	0
江西	27	25	-2	25	26	1	24	25	1	11	24	13	19	23	4
山东	7	10	3	9	10	1	7	10	3	20	10	-10	10	9	-1
河南	31	23	-8	30	23	-7	30	22	-8	27	22	-5	29	20	-9

续表

省份	2012年			2013年			2014年			2015年			2016年		
	慈善进步指数排名	人均GDP排名	排名差异	慈善进步指数排名	人均GDP排名	排名差异	慈善进步指数排名	人均GDP排名	排名差异	慈善进步指数排名	人均GDP排名	排名差异	慈善进步指数排名	人均GDP排名	排名差异
湖北	15	13	-2	16	14	-2	14	13	-1	19	13	-6	20	11	-9
湖南	14	20	6	14	19	5	9	17	8	13	16	3	11	16	5
广东	5	8	3	3	8	5	5	9	4	5	8	3	4	7	3
广西	29	27	-2	28	27	-1	26	27	1	21	26	5	27	26	-1
海南	18	22	4	15	21	6	20	21	1	12	18	6	17	17	0
重庆	9	12	3	8	12	4	8	12	4	14	11	-3	13	10	-3
四川	11	24	13	12	24	12	15	23	8	15	23	8	9	24	15
贵州	19	31	12	22	31	9	18	30	12	18	29	11	16	29	13
云南	23	29	6	19	29	10	13	29	16	17	30	13	14	30	16
西藏	30	28	-2	31	28	-3	31	28	-3	31	28	-3	30	28	-2
陕西	16	14	-2	13	13	0	16	14	-2	9	14	5	12	13	1
甘肃	26	30	4	18	30	12	17	31	14	16	31	15	22	31	9
青海	22	21	-1	24	20	-4	25	19	-6	23	17	-6	23	18	-5
宁夏	6	16	10	6	15	9	6	15	9	8	15	7	7	15	8
新疆	21	18	-3	23	18	-5	23	16	-7	24	20	-4	26	21	-5

虽然经济发展水平与慈善事业发展水平有显著的相关性，但从个体省份的发展情况可以看出，经济发展水平并非慈善发展水平高低的决定性因素。宁夏作为连续五年位居全国慈善进步指数排名前十的省份，其2015年、2016年人均GDP都排在全国第15位。四川省虽然2015年、2016年人均GDP只排在全国第23位和第24位，但其在这两年的慈善进步指数排名中分列第15位和第9位。类似情况的省份还有甘肃、云南和贵州，其2015年和2016年慈善进步指数排名均比当年人均GDP排名高出10个以上位次。相反，也有一些省份慈善发展水平还远未跟上其经济发展水平。例如，吉林和内蒙古2015年和2016年人均GDP在全国各省份中的排名要比慈善进步指数排名高出至少15个位次。

（四）2016年我国各省份慈善事业发展不平衡

课题组对31个省份2012～2016年的慈善进步指数得分进行描述性统计分析，得出2016年我国各省份慈善事业发展非常不平衡。2016年31个省份中有20个省份指数得分集中在（0，0.2］区间（见图2-5），而排名第一位和第二位的北京、上海指数得分分别为0.758和0.468。各省份指数得分差距较大。

虽然2015年北京也表现出明显的优势，但是从各省份得分分布能明显看出，2015年我国各省份慈善发展水平较为均衡，分别有15个和14个省份的慈善进步指数得分落在（0.2，0.4］和（0，0.2］区间（见图2-6）。

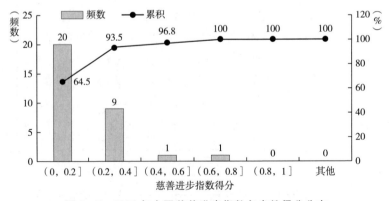

图2-5　2016年中国慈善进步指数各省份得分分布

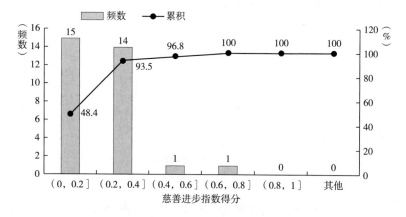

图 2－6　2015 年中国慈善进步指数各省份得分分布

　　这种发展中的不平衡是 2016 年我国慈善事业飞速发展过程中慈善相关领域在过渡和转型时期的特征。

五　中国慈善进步指数单项三级指标突出特点

（一）全国各地基本完成国家慈善相关政策本地化

　　国务院于 2014 年 12 月出台《国务院关于促进慈善事业健康发展的指导意见》，这是我国第一个由中央政府出台的指导和促进慈善事业发展的文件。我国各地政府积极贯彻和落实该指导意见，截至 2016 年底，全国 31 个省份中已有 29 个省份出台了相关地方文件，完成了该中央指导意见的本地化。

　　2016 年 8 月，中共中央办公厅和国务院办公厅联合印发《关于改革社会组织管理制度促进社会组织健康有序发展的意见》。该意见规范和促进了社会组织发展，对我国社会治理领域具有重大的意义。截至 2016 年 12 月底，自该意见出台以来不到四个月的时间，已有河北、山西、吉林、浙江、福建、广西和宁夏 7 个省份出台了相关地方性政策，以促进中央文件的落实，从而促进和规范社会组织发展。

（二）各地有序落实《慈善法》

截至 2016 年底，在《慈善法》施行后的短短四个月里，全国认定或登记慈善组织共计 612 个，慈善信托备案 22 个。其中，北京、湖南、云南、辽宁和山东在 2016 年完成了最多的慈善组织认定或登记工作，在慈善组织数单项指标中分列第 1~5 位。其中，北京市 2016 年有 325 个慈善组织，超过 2016 年全国各省份慈善组织总数的一半。2016 年全国 31 个省份中共有 12 个省份完成了不同数目的慈善信托备案工作。其中，北京完成 6 个，陕西完成 3 个，浙江和上海分别完成 2 个，江苏、安徽、福建、江西、四川、贵州和甘肃各完成 1 个。

另外，在《慈善法》相关的配套政策上，2016 年 31 个省份中有 15 个省份出台了慈善组织认定办事指南，山东、湖南和广东三省在出台慈善组织认定办事指南的同时，还单独出台了慈善组织登记办事指南。随着慈善组织认定登记工作的开展，全国已有 13 个省份出台了相应的慈善组织申请公开募捐资格办事指南。福建和山东两省还同时出台了开展公募活动备案有关指南。北京市 2016 年出台了该年度唯一的慈善信托相关政策——《北京市慈善信托管理办法》。

（三）社会组织健康发展

2012~2016 年全国社会组织总数、基金会总数逐年上升。2016 年，全国社会组织总数从 2015 年的 662425 个增长至 2016 年的 702405 个，增加了 39980 个，增长率约为 6.0%。基金会总数增加了 775 个，增长率为 16.2%（见图 2-7、图 2-8）。

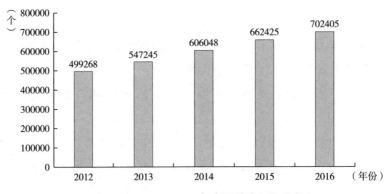

图 2-7　2012~2016 年全国社会组织总数

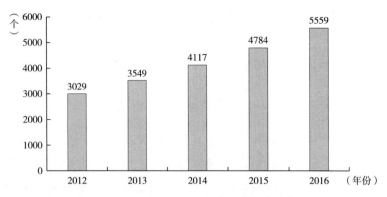

图 2 - 8　2012～2016 年全国基金会总数

从慈善进步指数单项指标来看，"每万人拥有的社会组织数"这一指标江苏、浙江、宁夏、甘肃 4 省份连续两年位居全国前五，且每万人拥有的社会组织数量在 7 个以上（见表 2 - 11）。北京拥有最多的人均基金会数量。在"每十万人拥有的基金会数"单项指标排名中，北京、上海和宁夏 2015 年和 2016 年连续两年位居前三。2016 年北京、上海、宁夏 3 省份每十万人拥有的基金会数分别为 2.4 个、1.4 个和 1.0 个，较 2015 年均有所增长。且全国各省份平均每十万人拥有的基金会数目由 2015 年的 0.4 个增长为 0.47 个。

表 2 - 11　2015 年、2016 年每十万人拥有的社会组织数排名前十位的省份

单位：个

排名	2015 年		2016 年	
	省份	每万人拥有的社会组织数	省份	每万人拥有的社会组织数
1	江苏	10.1	江苏	10.5
2	浙江	7.9	甘肃	8.7
3	宁夏	7.3	宁夏	8.5
4	甘肃	7.2	浙江	8.5
5	福建	6.2	海南	6.9
6	青海	6.2	福建	6.8
7	海南	5.9	青海	6.2
8	上海	5.5	上海	5.9
9	内蒙古	5.3	陕西	5.4
10	陕西	5.2	内蒙古	5.4

2016年，31个省份中28个省份的社会组织总数相比2015年有所增长，但天津、河南和四川3个省份的社会组织数量分别减少了75个、144个和563个，减少率分别为1.5%、0.5%和1.4%。

（四）北京、天津人均捐赠额最高

2015~2016年北京和天津两地人均捐赠额连续两年在31个省份中分列第1位和第2位。北京在稳居第一的同时，2016年人均捐赠额较2015年增长了11.3%，由人均688.60元增长至766.60元。虽然天津2015年和2016年均排在全国第二位，但其2016年人均捐赠额要低于2015年，从人均256.08元减少至242.67元，降低了5.2%。另外，西藏、山西、内蒙古、吉林4省份人均捐赠表现突出。虽然这4个省份的慈善进步指数总得分和社会参与二级指标得分均排在十名之后，但其在人均捐赠额这一单项三级指标中却连续两年位列前十（见表2-12）。

表 2-12 2015~2016 年人均捐赠额排名前十的省份

单位：元

排名	2015 年		2016 年	
	省份	人均捐赠额	省份	人均捐赠额
1	北京	688.60	北京	766.60
2	天津	256.08	天津	242.67
3	西藏	76.47	内蒙古	80.48
4	山西	70.69	吉林	61.16
5	内蒙古	57.85	山西	60.11
6	河北	47.18	河北	46.79
7	吉林	33.09	辽宁	40.54
8	海南	27.16	上海	36.52
9	辽宁	26.54	西藏	33.34
10	上海	25.80	海南	29.30

通过对比2015年、2016年人均GDP排名前十位省份，可以发现西藏、山西、河北、吉林、海南等省份人均捐赠额排名处在全国前列。相反，江苏、浙江、福建和广东等省份虽然总体慈善进步指数排名位居全国前十，但其人均捐赠额在2015年和2016年均未进入前十名（见表2-13）。

表 2 - 13　2015 ~ 2016 年人均 GDP 排名前十位省份

排名	2015 年	2016 年
1	天津	北京
2	北京	上海
3	上海	天津
4	江苏	江苏
5	浙江	浙江
6	内蒙古	福建
7	福建	广东
8	广东	内蒙古
9	辽宁	山东
10	山东	重庆

六　省级慈善政策创新度省份排名与特点

与 2016 年发布的"中国慈善进步指数 2016"一样，今年指数研究团队仍将三级指标省级政策创新度单独抽出，建立了评价省级慈善政策创新程度的指标体系。旨在通过该指标体系推动各省份地方慈善政策的创新，并为各地构建系统的慈善事业配套政策提供参考。

由于 2016 年慈善政策环境有了显著的发展，所以用于衡量 2015 年和 2016 年"省级慈善政策创新度"的子指标体系（见表 2 - 14 和表 2 - 15）略有不同。

（一）省级慈善政策创新度评价体系

对 2015 年省级慈善政策创新度的评价，课题组选取了"地方综合性慈善政策""社会组织直接登记""社会组织监管""社区社会组织""公益创投""志愿服务"六个维度，并且这六个维度在该慈善政策创新度评价体系下所占比重相同，各占 1/6。每个维度又下设不同数量的评价点，且每个维度下评价点的比重也采用平均分配的原则。

表 2-14　2015 年省级慈善政策创新度评价维度和评价点

三级指标	评价维度	占三级指标比重	评价点	占评价维度比重
2015 年省级慈善政策创新度	地方综合性慈善政策	1/6	是否出台	1
	社会组织直接登记	1/6	是否出台	1/2
			是否扩大组织范围	1/2
	社会组织监管	1/6	是否出台信息公开文件	1/3
			是否出台信用信息文件	1/3
			是否提出明确监管手段	1/3
	社区社会组织	1/6	是否出台社区社会组织相关文件	1/4
			是否明确社区社会组织备案制度	1/4
			是否发展社区基金会	1/4
			是否提出明确工作目标	1/4
	公益创投	1/6	是否出台公益创投文件	1
	志愿服务	1/6	是否出台综合性志愿服务地方法规	1/4
			是否有明确的志愿服务规模目标	1/4
			是否有志愿者登记政策	1/4
			是否有志愿者培训体系政策	1/4

　　2016 年，《慈善法》出台，慈善组织成为我国慈善事业发展的核心组成部分。课题组对省级慈善政策创新度评价体系做出了相应的调整：新增"慈善组织认定与登记""慈善组织公开募捐""慈善信托"三个维度，并且删去 2015 年评价体系中的"社会组织直接登记"和"志愿服务"这两

个维度。

表 2 – 15　2016 年省级慈善政策创新度评价维度和评价点

三级指标	评价维度	占三级指标比重	评价点	占评价维度比重
2016 年省级慈善政策创新度	地方综合性慈善政策	1/7	是否出台	1
	慈善组织认定与登记	1/7	是否出台本地文件	1/3
			是否出台慈善组织认定办事指南	1/3
			是否出台慈善组织登记办事指南	1/3
	慈善组织公开募捐	1/7	是否出台募捐相关政策	1/3
			是否出台申请募捐资格办事指南	1/3
			是否出台公开募捐备案有关文件	1/3
	社会组织监管	1/7	是否出台信息公开文件	1/4
			是否出台信用信息文件	1/4
			是否提出明确监管手段	1/4
			是否建立社会组织信息公开平台	1/4
	慈善信托	1/7	是否出台慈善信托相关文件	1
	社区社会组织	1/7	是否出台社区社会组织相关文件	1/4
			是否明确社区社会组织登记备案制度	1/4
			是否发展社区基金会	1/4
			是否提出明确工作目标	1/4
	公益创投	1/7	是否出台公益创投文件	1

省级慈善政策创新度的计分点均考量某省份是否出台相关政策，并且遵循可追溯原则。若某省份已出台相关政策，则该省份在该评价点得分为

1，若未出台则得分为0。由此，通过将各评价点得分加权求和得到评价维度得分，再一次加权求和获得该省份2015年省级慈善政策创新度三级指标的计算值。

通过上述计算，课题组得到2015年省级慈善政策创新度排名前十位的省份依次为天津、上海、江西、江苏、浙江、北京、陕西、湖南、宁夏和河北。2016年排名前十位的省份依次是北京、山东、上海、浙江、天津、福建、黑龙江、江西、内蒙古、江苏和湖南（并列第十位）。2012～2016年省级慈善政策创新度排名前十位的省份见表2－16。

表2－16　2012～2016年省级慈善政策创新度排名前十的省份

2012 年		2013 年		2014 年		2015 年		2016 年	
排名	省份	排名	省份	排名	省份	排名	省份	排名	省份
1	江苏	1	江苏	1	宁夏	1	天津	1	北京
2	宁夏	2	宁夏	2	江苏	2	上海	2	山东
3	上海	3	陕西	3	上海	3	江西	3	上海
3	广东	4	河北	4	湖南	4	江苏	4	浙江
5	湖南	5	湖南	5	陕西	4	浙江	5	天津
6	海南	6	上海	6	河北	6	北京	6	福建
7	陕西	6	广东	7	内蒙古	6	陕西	7	黑龙江
8	吉林	8	浙江	7	福建	8	湖南	7	江西
9	内蒙古	9	福建	9	江西	8	宁夏	9	内蒙古
10	黑龙江	9	云南	10	贵州	10	河北	10	江苏
10	浙江							10	湖南
10	四川								

（二）各省级慈善政策创新特点

1. 北京慈善政策创新力度大、进步快

由表2－16可以看出，北京2015～2016年在慈善政策创新方面有显著的进步。2015年北京首次进入慈善政策创新度排名全国前十位，而2016年更是一举跃居榜首。

具体来看，2015年北京在"社会组织监管"和"社区社会组织"两

个维度均出台了具有创新性的政策。在社会组织监管方面，北京是31个省份中唯一针对基金会、社会团体、民非分别出台相关的信息公开办法或指引，并公布明确的社会组织监管手段的省份；在社区社会组织相关政策创新方面，北京是三个同时出台社区社会组织相关文件、明确社区社会组织备案制度且提出明确社区社会组织相关工作目标的省份之一。其他两个省份分别为天津和福建。

2016年，北京在保持"社会组织监管"和"社区社会组织"两个维度的创新势头的同时，在其他多个维度上都有创新。最明显的是北京积极响应《慈善法》相关内容，出台了一系列有关"慈善组织认定与登记"、"慈善组织公开募捐"和"慈善信托"的文件。其中《北京市慈善信托管理办法》是全国首个慈善信托相关的地方政策文件。

2. 天津、浙江、福建和上海社区社会组织政策创新表现突出

天津、浙江和福建在社区社会组织相关政策创新四个评价点中的三个评价点都有所创新。三省份均在2016年底前出台相关文件促进或加强社区社会组织发展、明确社区社会组织备案管理制度和提出明确的社区社会组织建设工作目标。值得注意的是，全国31个省份中，上海是唯一在2016年底前就社区基金会发展出台相关文件的省份。

3. 山东、湖南和广东等省份在慈善组织认定和登记政策创新有亮点

在《慈善法》相关配套政策上，2016年有15个省份出台了慈善组织认定办事指南，山东、湖南和广东三省在出台慈善组织认定办事指南的同时还单独出台了慈善组织登记办事指南。伴随慈善组织认定登记工作的开展，全国已有13个省份出台相应的慈善组织申请募捐资格办事指南。福建和山东两省还同时出台了开展公募活动备案指南。由于各地及时出台慈善组织认定和登记办事指南，在2016年《慈善法》正式实施的四个月里，全国各省份认定或登记慈善组织共计612个，慈善信托备案22个。其中，北京、湖南、云南、辽宁和山东在2016年完成了最多的慈善组织认定或登记工作，北京市2016年认定了325个慈善组织，超过2016年全国各省慈善组织总数的一半。2016年全国共有12个省份开展慈善信托备案工作。

4. 全国各省份慈善政策仍有创新空间

2016年，各省份慈善政策创新除了在慈善组织和社会组织信息公开平

台建设这两个方面有超过 1/3 的省份出台相关政策创新，在其他各评价点上得分的省份均不超过 10 个。这就意味着，我国各地在相关慈善政策创新方面还有很大的进步空间。

特别是 2016 年《慈善法》实行以后，我国"依法行善"正处在探索前进的阶段。如前文所述，虽然某些省份在《慈善法》配套政策的创新和实践中已经取得了不错的成绩，但《慈善法》还需要全国及各地出台相应的配套政策才能得以全面落实，才能真正做到慈善事业规范有序地发展。

七　中国慈善事业发展趋势

2016 年是中国慈善史上的重要转折点，《慈善法》的正式实施令中国慈善事业进入一个"推动大转型、支持大发展、加快大融合、发挥大作用"的全新发展时期。

（一）推动大转型：《慈善法》明确"大慈善"模式，配套政策不断完善，慈善事业进入法治新时代，在社会治理中的重要性日益凸显

2016 年 8 月，中共中央办公厅和国务院办公厅联合印发《关于改革社会组织管理制度促进社会组织健康有序发展的意见》，不仅清晰界定了社会组织的定位，更是描绘出社会组织的发展蓝图：到 2020 年，政社分开、责权明确、依法自治的社会组织制度基本建立。

2016 年 9 月《慈善法》正式实施以来，《慈善组织认定办法》《慈善组织公开募捐管理办法》《公开募捐平台服务管理办法》《慈善信托管理办法》《志愿服务条例》等配套政策也相继颁布，这些政策和《慈善法》一起，让中国慈善事业发展有法可依，从而"以法促善，以法扬善"。

《慈善法》《境外非政府组织管理法》《民法总则》开创了中国慈善的新时代，三大法律的生效标志着"以法治善"体制的形成，将推动社会组织进入健康有序发展的新时期。

（二）支持大发展：法律政策为各界参与慈善提供了保障和税收激励，经济发展为慈善事业提供了更多资源，技术便利推动公众参与和行业优化，促进慈善进入快速发展期

组织发展方面，2012～2016年全国社会组织数量快速增长。2016年全国社会组织总数达70.2万个，比2015年增长约6%；其中基金会总数达5559个，比2015年增长16.2%。

大额捐赠方面，富人慈善规模不断扩大。"2016中国捐赠百杰榜"显示，2016年中国慈善大额捐赠实现多项突破，上榜人员慈善捐赠总额创新高，达379亿元，十亿元级捐赠人数和捐赠过亿元的人数再创新高，分别是5人和38人。2017年，香江社会救助基金会主席翟美卿成为中国内地首位卡内基慈善奖得主；国际公益学院全球善财领袖计划GPL学员董方军、游忠惠承诺将半数以上资产捐给慈善事业，正式成为签署"捐赠誓言"（Giving Pledge）的宣誓人；美的集团创始人何享健公布总额为60亿元人民币的捐赠计划。这些大额捐赠预示着"财富向善"时代来临。

公众参与方面，互联网推动更多公众参与捐赠和志愿服务。腾讯99公益日筹款记录连创新高，2017年突破13亿元，阿里巴巴、百度、京东等互联网企业也不断加大力度，将人工智能、人脸识别、VR等高科技应用于教育、环保、扶贫等多个公益慈善领域。"互联网＋第三部门"已经成为新动力，互联网不仅催生和激活了数以万计的自组织，更是降低了公益的门槛，让人人公益成为可能。

（三）加快大融合："善经济"理论转化为实践，社会价值投资理念得到认可和推广，技术和善因相互融合

2016年，越来越多企业家投身公益，将商业思维和技能带入慈善行业。例如，爱佑慈善基金会已经探索出一套有层级、有设计的资助体系，截至2016年底，资助机构数达到100家，其中30家机构年收入总额为1.67亿元，机构收入平均增长率为31.2%。2016年，蚂蚁金服与国际金

融公司（IFC）对通过社会企业金牌认证的传统农村小额信贷机构中和农信进行了 1.57 亿元人民币的股权投资。跨界融合、公益创投、影响力投资已经成为"热词"。

2017 年 12 月，首届"全球公益金融论坛暨 2017 社会影响力投资峰会"在深圳举行。国际公益学院联合蜂群物联网公益基金会，邀请全球公益金融与社会影响力投资领袖及金融、公益、实业等跨界代表，以"让投资成为向善的力量"为主题，探讨了普惠金融、金融扶贫、战略慈善、社会影响力投资、养老产业等内容。2017 年 12 月，社会价值投资联盟（深圳）发布全球首份上市公司社会价值评估报告，将义利并举的理念化为有体系的评估指标。

这些最新进展说明，社会影响力投资已渐入市场主流，社会价值引领经济价值的时代已经来临。这代表未来公益行业发展的新趋势。传统慈善在跨界合作和融合中既面临新机遇也面临新挑战，如何提出更具引领意义的社会价值，将会成为慈善行业面临的新命题。

（四）发挥大作用：党的十九大提出新发展阶段和新矛盾、新任务，大慈善对内将推动社会发展，成为实现百年目标的重要推手；对外将成为"一带一路"的重要组成部分，主动参与全球治理，共构"人类命运共同体"

2017 年党的十九大报告指出，我国社会主要矛盾已经转化为人民日益增长的美好生活需要和不平衡不充分的发展之间的矛盾。提出"构建人类命运共同体"的大目标，倡导"共商、共建、共享"的全球治理理念。"大慈善"的内涵与这一判断和主张不谋而合，慈善事业在"社会救助和保障"之外的功能越来越凸显。可以预见，未来将有更多民间力量积极"走出去"参与"一带一路"建设，在民生发展、教育、科技、人文、医疗、旅游、青年妇女等领域开展合作，打造形式多样的"民心相通"工程。

2017 年 11 月，由中国人民对外友好协会与清华大学等联合发起的"世界公益慈善论坛"第二届论坛在北京召开，400 多家机构的 500 余位嘉宾参会。论坛紧密围绕"协同合作"这一主题，探索支持联合国可持续发展目标（SDGs）、支持"一带一路"国际倡议、支持推进构建人类命运共同体的共商共建机制与措施，成为国际组织与中国公益慈善行业之间沟通与合作的重要机制。在大慈善的推动下，我国民间力量将在全球治理的议题上扮演日益重要的角色。

第三章　中国老年人政策进步指数

一　中国老年人政策发展形势与挑战

人口老龄化是 21 世纪以来中国社会变化的主要特征。截至 2017 年底，我国 60 周岁及以上、65 周岁及以上人口已经分别攀升至 24090 万人、15831 万人，相较 2016 年分别增加 1004 万人、828 万人，创 2010 年来历年老年人口增长新高，老龄化浪潮已加速来袭。面对紧迫形势，"十二五"以来，国家和地方着力优化老年人政策，不断推进实务创新，推动我国养老服务业发展，提升老年人的获得感、幸福感和安全感。但是，由于养老护理服务体系建设等一系列结构性问题尚未得到有效解决，未来我国还需要进一步优化老年人政策，进一步创新实务措施，进一步提升养老服务业的整体发展水平。

（一）中国养老服务业呈现良好发展趋势

1. 养老政策法规体系基本形成并在不断优化

2006 年《中国国民经济与社会发展第十一个五年规划纲要》首次提出"积极应对人口老龄化"以来，党和国家高度重视并做出一系列加强老龄工作和发展老龄事业的战略部署，推动养老政策顶层设计不断加强、养老产业市场更加开放，为养老服务业发展提供了良好的政策保障。截至 2017 年底，我国已经基本形成了以《老年人权益保障法》为统领，以国务院关于老龄事业和养老服务的专项规划等文件为骨干，以部委和地方性政策、国家和行业标准为支撑的政策法规体系。

"十二五"以来，我国养老服务业迈入快速发展期，我们陆续见证了《中华人民共和国老年人权益保障法》的修订、《国务院关于加快发展养老服务业的若干意见》的出台、《"十三五"国家老龄事业发展和养老体系建设规划》等多项养老服务业中长期发展规划的制定、100 余项部委层面的各类扶持养老服务业发展配套文件的公布。以 2017 年为例，仅国家层面就出台了 16 个养老政策文件，主要围绕"放管服"、智慧养老、医养结合和标准化体系建设等角度进行全国范围内的统筹布局，对养老服务业的产业化发展和服务质量的提升起到了很好的促进作用。2017 年国家层面发布的养老政策见表 3 - 1。

表 3 - 1　2017 年国家层面发布的养老政策

序号	领域	政策名称	发布时间
1	宏观规划	关于加快推进养老服务业放管服改革的通知	2017 年 1 月 23 日
2		"十三五"国家老龄事业发展和养老体系建设规划	2017 年 2 月 28 日
3		关于制定和实施老年人照顾服务项目的意见	2017 年 6 月 6 日
4	医养结合	关于促进中医药健康养老服务发展的实施意见	2017 年 3 月 7 日
5		关于深化"放管服"改革激发医疗领域投资活力的通知	2017 年 08 月 8 日
6		关于养老机构内部设置医疗机构取消行政审批实行备案管理的通知	2017 年 11 月日
7	养老金融	关于运用政府和社会资本合作模式支持养老服务业发展的实施意见	2017 年 8 月 14 日
8		关于加快发展商业养老保险的若干意见	2017 年 7 月 4 日
9	智慧养老	智慧健康养老产业发展行动计划（2017—2020 年）	2017 年 0 月 6 日
10		新一代人工智能发展规划	2017 年 7 月 8 日
11		关于开展智慧健康养老应用试点示范的通知	2017 年 7 月 27 日
12		关于进一步扩大和升级信息消费持续释放内需潜力的指导意见	2017 年 8 月 24 日

序号	领域	政策名称	发布时间
13	质量提升/标准化建设	养老服务标准化建设指南	2017 年 8 月 24 日
14		关于开展养老院服务质量建设专项行动的通知	2017 年 3 月 22 日
15		养老机构服务质量基本规范	2017 年 12 月 29 日
16	养老地产	关于支持北京市、上海市开展共有产权住房试点的意见	2017 年 9 月 14 日

资料来源：北京师范大学中国公益研究院养老研究中心数据库。

2. 老年人基本生活得到系统性保障，其中高龄津贴制度已实现省级全覆盖

民政部在 2018 年第二季度例行新闻发布会上宣布，截至 2018 年 4 月 25 日，经济困难的高龄老年人津贴制度已经实现省级全覆盖，养老服务补贴和护理补贴制度也已分别覆盖 30 个、29 个省份；根据民政部公布的最新数据，截至 2016 年底，全国享受高龄津贴的老年人数达到 2355 万人（占全部 80 周岁及以上老年人口总数的 76.27%），享受护理补贴的老年人数达到 40.49 万人，享受养老服务补贴的老年人数为 282.93 万人。此外，全国城乡居民基本养老金领取人数 2017 年底已达 15598 万人，占全国 60 周岁及以上老年人口的 64.75%；而且新型农村合作医疗、大病医保、老年人意外伤害险、养老机构综合责任保险、最低生活保障、计划生育家庭失独补助、商业养老保险等涉及老年人全方位保障的制度体系也正在全国范围内有序实施，推动老年人基本生活得到系统性保障。

以高龄津贴为例，在年龄标准方面，31 省份高龄津贴制度主要集中于 80～89 周岁、90～99 周岁、100 周岁及以上三个年龄阶段的老年群体，山西、内蒙古、辽宁、吉林、黑龙江、福建、山东、河南、四川、宁夏十省份将领取高龄津贴的老年群体进一步限定为低保、特困供养对象等低收入老人；在补贴金额方面，80 周岁及以下老年群体补贴金额上海最高，达到 150 元/人/月，80～89 周岁老年群体补贴金额宁夏最高，城乡分别为 400、220 元/人/月，90～99 周岁老年群体补贴金额西藏最高，达到 500 元/人/

月，100 周岁及以上老年群体补贴金额西藏仍然最高，达到 800 元/人/月；在资金来源方面，31 个省份高龄津贴发放资金以各级财政安排为主，不过北京、河南等地提出还可吸引社会资金参与的建议。

3. 长期护理保险制度实现关键突破，山东青岛等国家级试点表现突出

2016 年 7 月，人社部办公厅印发《关于开展长期护理保险制度试点的指导意见》，首次从国家层面批准河北承德、吉林长春、上海、江苏南通等 15 座城市开展长期护理保险制度试点，突破了 2016 年初全国只有北京（海淀区）、上海（徐汇区、金山区、普陀区）、江苏（南通市）、吉林（长春市）、山东（青岛市、东营市、潍坊市、日照市、聊城市）等地的地方探索局限，这标志着我国长期护理保险制度建设取得关键性突破。截至 2017 年底，已有上海、青岛、成都等 14 个城市出台了《关于开展长期护理保险制度试点的指导意见》的具体实施文件，吉林、山东两个重点联系省份也印发文件并做出部署，总参保人数超过 3800 万人。

根据上述部分试点地区的探索情况，从参保范围看，山东青岛、江苏南通两地均覆盖参加城镇职工基本医疗保险和城镇居民基本医疗保险的人群，北京海淀区试点的失能护理险则覆盖年满 18 周岁的居民及在海淀行政区域内各类合法社会组织工作的具有北京市户籍的人员，覆盖面均大于人社部指导标准；从保障对象上看，江苏南通覆盖重度失能人员，山东青岛覆盖失能和半失能两类人员，海淀区则覆盖轻度、中度、重度三类人群。值得注意的是，山东青岛为全国率先建立长期护理保险制度的城市，2017 年 1 月将失智老人纳入护理保障范围，进一步扩大了保障人群，其情感照护模式已经成为全国失智照护机构典范。

4. 养老床位建设取得突破性进展，并呈现从重增量转向重功能建设趋势

"十二五"以来，我国养老床位建设取得突破性进展，并呈现从重视增量建设转向重视功能建设的发展趋势。根据国家统计局相关数据，全国养老床位数量已经从 2012 年的 416.5 万张增长至 2016 年的 730.2 万张，每千名老年人拥有养老床位从 2012 年的 21.48 张增长至 2016 年的 31.6 张；截至 2017 年 11 月底，全国已有 93.4% 的养老机构提供了不同形式的医疗服务，养老机构护理型床位占比提升至 46.4%，养老机构护理水平得到良好保障。此外，现有养老机构和社区养老设施的服务功能也在逐渐发生变化，《中国民政统计年鉴2017》显示，截至2016年底，全国各类养老服务机构和设施已达14.0万个，从收住失能半失能老年人比例看，相较于2009年的20.9%，2016年底已增至33.9%（见图3-1）。

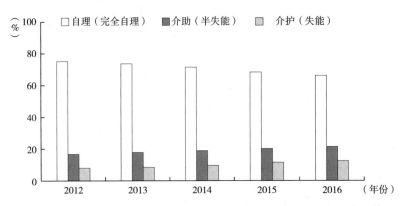

图3-1　2012～2016年我国各类养老服务机构和设施收住老年人自理情况

5. 社区居家养老服务设施增速显著，养老资源进一步向社区居家倾斜

《中国民政统计年鉴2017》显示，截至2016年底，从机构和设施数量上看，全国社区养老机构和设施总数已达34924个，社区互助型养老设施总数已达76374个，分别较上年增长33.98%和23.13%；从机构和设施床位数量上看，全国社区养老机构和设施床位总数已达1535425张，社区互助型养老设施床位总数已达771184张，分别较上年增长12.58%和9.08%。其中，截至2016年底，农村社区养老机构和设施、社区互助型设施的数量已分别达到21809个和70857个，占两项总数的62.45%和92.78%，床位数量也分别达到955953张和705414张，这说明以幸福大院等为主体的农村养老机构和设施建设逐步加强。

此外，从养老服务业发展全局的角度考虑，养老资源进一步向社区居家养老服务倾斜是近些年来的显著趋势。以正在推进中的全国居家和社区养老服务改革试点工作为例，民政部、财政部已经分别公布两次国家级试点城市名单，第一批和第二批分别为26个和17个城市。其中，截至2017年底，第一批26个试点城市中已有19个出台了实施方案或意见，居家和社区养老服务设施建设及社会化、连锁化运营是重点工作内容。此外，北京、山东威海、内蒙古呼和浩特、黑龙江哈尔滨、山东烟台、陕西西安等地还从法制建设、政府购买服务、居家养老驿站等角度强化了养老资源向社区居家养老服务的倾斜性态势。

6. 医养结合试点工作全面展开，四大实务创新是当前发展亮点

《国务院办公厅转发卫生计生委等部门关于推进医疗卫生与养老服务相结合指导意见的通知》正式发布以来，国家卫生计生委①、民政部等部门已经出台多项具体贯彻文件，内容涉及重点任务分工、医养结合服务机构许可、养老机构内设诊所改为备案制、遴选和实施 90 个国家级试点等（见表 3－2）。其中，两批试点工作的开展标志着医养结合工作的全面开展（见表 3－3）。

表 3－2　国家层面医养结合政策发展历程

序号	阶段	政策名称	发布时间	关键词
1	专项政策制定阶段	国务院关于加快发展养老服务业的若干意见	2013 年 9 月 13 日	积极推进医疗卫生与养老服务相结合
		国务院关于促进健康服务业发展的若干意见	2013 年 9 月 28 日	推进医疗机构与养老机构等合作发展社区健康养老服务
		国务院办公厅转发卫生计生委等部门关于推进医疗卫生与养老服务相结合指导意见的通知	2015 年 11 月 20 日	医养结合工作全面展开
2	具体实施阶段	民政部、卫计委关于做好医养结合服务机构许可工作的通知	2016 年 4 月 8 日	医养结合服务机构筹建指导工作
		国家卫计委办公厅、民政部办公厅关于印发医养结合重点任务分工方案的通知	2016 年 4 月 11 日	医养结合重点任务分工
		国家卫计委办公厅、民政部办公厅关于遴选国家级医养结合试点单位的通知	2016 年 5 月 17 日	遴选国家级试点

---

① 国家卫生计生委，现已改为国家卫生健康委员会，简称"国家卫生健康委"。

续表

序号	阶段	政策名称	发布时间	关键词
2	具体实施阶段	关于确定第一批国家级医养结合试点单位的通知	2016年6月17日	确定第一批试点
		关于确定第二批国家级医养结合试点单位的通知	2016年9月22日	确定第二批试点
		关于促进中医药健康养老服务发展的实施意见	2017年3月7日	养生保健与疾病治疗及康复相结合
		关于深化"放管服"改革激发医疗领域投资活力的通知	2017年8月8日	养老机构内设诊所实行备案制
		国家卫计委办公厅关于养老机构内部设置医疗机构取消行政审批实行备案管理的通知	2017年11月15日	养老机构内部设置医疗机构取消行政审批，实行备案管理

资料来源：北京师范大学中国公益研究院养老研究中心数据库。

表3-3　已经公布的前两批国家级医养结合试点地区名单

序号	省份	试点城市	序号	省份	试点城市
1	北京	东城、海淀、朝阳	11	浙江	杭州、嘉兴、温州
2	天津	南开、津南、北辰	12	安徽	池州、芜湖、合肥
3	河北	石家庄、邯郸、邢台、保定	13	福建	厦门、三明、漳州
4	山西	太原、大同、吕梁	14	江西	南昌、赣州、抚州
5	内蒙古	呼和浩特、鄂尔多斯、乌海	15	山东	青岛、烟台、威海
6	辽宁	沈阳、大连、辽阳	16	河南	郑州、洛阳、濮阳
7	吉林	长春、公主岭、梅河口	17	湖北	咸宁、随州
8	黑龙江	哈尔滨、齐齐哈尔、伊春	18	湖南	长沙、湘潭、岳阳
9	上海	徐汇、普陀、松江	19	广东	东莞、江门、广州、深圳
10	江苏	苏州、南通、南京	20	广西	南宁、贺州、百色

续表

序号	省份	试点城市	序号	省份	试点城市
21	海南	海口、三亚、儋州	26	陕西	安康、铜川、西安
22	重庆	九龙坡、垫江、沙坪坝	27	甘肃	兰州、庆阳、陇南
23	四川	雅安、攀枝花、德阳、广元	28	青海	西宁、海东、海南
24	贵州	贵阳、铜仁、遵义	29	新疆	乌鲁木齐、克拉玛依、巴音郭楞
25	云南	昆明、曲靖、西双版纳	30	宁夏	银川

资料来源：《关于确定第一批国家级医养结合试点单位的通知》（国卫办家庭函〔2016〕644号）、《关于确定第二批国家级医养结合试点单位的通知》（国卫办家庭函〔2016〕1004号）。

从各地推进医养结合政策的实务进展来看，主要有以下亮点：北京、山东、河南出台医养结合基本服务规范，有力保障了该项工作的有序进行；北京、河北、山西等24个省份已开展医养结合试点工作，其中西部省份进展相对较快；30个省份已出台将养老机构纳入医保定点结算的有关政策，北京、天津、上海、福建、山东（济南）等地已经开展了实质性的推进工作，其中上海市早在2017年5月就已实现全部养老机构内设医疗机构的联网结算；全国老龄办和国家中医药管理局签署战略合作协议，将共同推进中医药健康养老融合发展，北京、山西、陕西等地已经开始相关的试点探索。

此外，全国医养结合工作正在根据养老方式的不同演化成多元化的发展模式，比较常见的有养老机构增设医疗服务、医疗机构开展养老服务、建立医养结合型养老社区、医疗卫生服务延伸至社区及家庭等。未来随着医养结合工作的不断深入发展和老年人需求方式的转变，多元化特征将继续凸显。

7. 养老护理员培养体系基本形成，八类培养模式各具特点

根据《关于加快推进养老服务业人才培养的意见》等国家文件的要求，北京、天津、上海、江苏、浙江、安徽、福建、江西、山东、河南十省份已经开始在省级层面探索养老护理员的培养、培训工作，我国养老人才培养基本形成学历教育和职业培训并重的两大人才培养体系。学历教育方面，根据教育部最新统计资料，截至2018年5月底，老年服务与管理作

为中高职院校开设的主体养老服务类专业，目前已有173所院校开设，山东以26所的规模遥遥领先全国；职业培训方面，根据民政部职业技能鉴定中心公布的最新数据，2009～2016年，全国养老护理员已经累计鉴定合格32614人，占该时间段职业技能鉴定总人数的22.58%，而且每年养老护理员占比都在上升，2009年仅为6.7%，2016年已达70%。

此外，随着全国养老服务业发展，各级政府、中高等院校、养老企业和机构、社会组织、专业培训机构等多元主体都开始踊跃参与养老护理员队伍的培育工作，已经涌现出院校培养、政府依托基地培养、校企合作、校政合作、医企合作、养老企业和机构自行培养、社会组织培养、专业培训机构培养八类主要模式，产业色彩逐渐浓厚。

8. 全国养老服务标准体系初步建立，国标、行标、地标、企标均有出台

根据1988年12月29日颁布的《中华人民共和国标准化法》中关于标准等级的划分，截至2017年10月12日，国家层面已经出台养老服务国家标准和行业标准各18项，另有26个省份（不含港澳台地区）和少数养老服务机构、企业也开展了不同程度的养老服务标准建设工作。结合《关于加强养老服务标准化工作的指导意见》《关于印发〈养老服务标准体系建设指南〉的通知》等国家专项文件的要求，可以发现我国养老服务标准体系已初步建立，规范化建设将成为下一步主要方向。

具体而言，国标、行标、地标、企标都各具特点。其中，在国家标准方面，所有18项标准中，服务管理类标准有10项，占比约为55.56%；4项是强制性标准，占比约为22.22%，其余都是推荐性标准。行业标准方面，所有18项标准中，支撑保障类标准有10项，占比约为55.56%，服务提供标准有7项，占比约为38.89%。在地方标准方面，26个省份已经不同程度地开展地方标准体系建设，安徽、山东、北京三省份分别以16项、12项和11项的数量遥遥领先；所属类别方面，服务提供类标准在各地所有养老服务省级标准中占据绝对主体地位；推进领域方面，护理服务、医养结合、人才培育是各省份养老服务工作重点推进方向。在企业标准方面，绿康医养集团和盛泉集团是全国养老服务企业标准化建设领先单位。

9. 多元化主体投入养老服务，专注提升专业化服务水平成为显著趋势

2013 年养老服务业开始市场化发展以来，各类企业纷纷涉足，从 2014 年地产、保险、医疗服务、康复辅具等企业的蜂拥而入，到 2015 年医疗、康护、器械、互联网、大健康等企业的快速跟进，再到 2016 年至今国有大型企业、民营企业集团、跨国企业的资本介入与跨界涌入，逐年演变的市场竞争主角，彰显养老产业参与主体多元性的同时，也逐步显现养老产业未来竞争格局。随着 2017 年中央推动全面放开养老服务市场、先照后证制度降低各类服务主体准入门槛，社会力量在养老服务业的积极作用将进一步得到发挥。

此外，由于多元主体的广泛参与、新晋企业的不断增多，养老服务业的市场活力也正在逐步增强，竞争也愈加激烈。反映在 2017 年至今的产业市场，一个明显的趋势是大型企业开始关注提升专业化服务水平，将聚焦点放在市场细分领域。例如，宜华健康集团仅 2017 年就以参股、投资等多种方式进行 13 次资本运作，累计投资金额超过 18 亿元，目前已经确立向医疗养老产业发展的战略布局。未来涉老企业不管以何种商业模式切入养老产业，康复、护理等养老服务的专业技术能力将成为支撑养老企业发展的核心内生力量，并成为衡量和评定养老企业价值量级的核心指标，专业深耕、服务升级、建立品牌将是抢占大势制高点的关键。

10. 智慧健康养老产业成为国家布局重要方向，一批社会资本开始试水

随着互联网在老年人生活领域的渗透和发展，老年人的养老需求和支出结构在慢慢发生变化，政府、企业等对养老服务的创新也越来越活跃，一方面，以"虚拟养老院"为代表的"养老＋互联网"的服务创新仍在继续，养老机器人等智能化养老产品不断创新和迭代；另一方面，养老服务信息呈爆炸式增长，且多数为非结构化数据，对健康养老数据进行整合、管理势在必行。在此背景下，2017 年《智慧健康养老产业发展行动计划（2017—2020 年）》《关于印发"十三五"健康老龄化规划的通知》等文件的出台标志着智慧健康养老产业开始成为国家养老服务业发展布局的重要方向，已有一批社会资本开始试水智慧健康养老模式。例如，迪安诊断与阿里健康建立长期战略合作关系，共同探索"智慧养老运作模式"。

（二）中国养老服务业面临的紧迫形势及应对策略

在充分肯定我国养老服务业取得重大进展的同时，我们要清醒地看到，还有一些相当突出的结构性问题没有解决，亟须调整相应的老年人政策来应对新局面。

1. 长期护理保险制度体系顶层设计亟待建立

随着人口老龄化的不断发展和护理需求的日益增长，我国建立长期护理保险制度的必要性也日益增强。但是，国家层面只是在一些综合性和规划性养老政策中不断提及要探索建设长期护理保险制度，在制度体系方面还缺乏整体的顶层设计，尤其是关键的覆盖人群、筹资机制、需求评估、保险给付等环节还没有实现突破。例如，在人社部办公厅2016年公布的长期护理保险制度试点城市名单中，在覆盖人群方面，只有山东青岛、江苏南通两地扩展到参加城镇职工基本医疗保险和城镇居民基本医疗保险的人群，与国际社会根据医疗保险确定保障范围的做法基本一致；在筹资机制方面，国际社会通行做法是政府补贴、保险缴费和使用者负担共同筹资，其中使用者负担一般不超过20%，但试点城市政府大多采取从医保基金中划转的方式，这就严重挤压了护理保险制度的可持续发展机制，导致使用者负担加重，后期的支付标准也就随之不断降低；在需求评估方面，只有上海、青岛等地开展了针对老年人的护理需求分级和评估制度，其他地区仍在探索阶段，这就从关键前提角度阻碍了制度建设的进一步发展；在保险给付方面，国际社会一般采取实物支付、现金支付和混合支付三种方式，但在需求评估标准都尚未完全建立的试点城市中，讨论保险给付方式还为时尚早。

2. 养老护理服务体系建设过程中三个严重不对接问题亟须破解

在我国养老护理服务体系建设过程中，失能半失能老年人与社区不对接、养老机构与需要护理人员不对接、养老护理经费与所需人员不对接三大问题表现得最为严重。具体而言，失能半失能老年人与社区不对接表现为只有抽样数据，缺乏社区层面更具体的普查数据，会导致宏观需求与微观落实不对接，政府和社会力量很难给这些失能半失能老人提供针对性服务；养老机构与需要护理人员不对接表现为养老机构收住的老年人是以健康老年人或贫困人口为主，而不是以需要护理的失能、半失能老年人为主；养老护理经费与所需人员不对接表现为实际领取护理和服务补贴的老年人数和真正需要的失能半失能老年人总数差距巨大，如 2016 年末，享受护理、服务补贴的老年人数分别为 40.5 万人和 282.9 万人，远不足以对应 2015 年全国老龄办公布的 4063 万失能半失能老年人总数。

3. 推动民营养老机构发展的政策支持和落实力度与实际需求不相适应

养老服务业以民营为主是趋势，但民营养老机构的发展需要得到政府有力支持。国际社会的普遍经验是在建设土地、资金和人员培训方面对民营养老机构给予全方位的支持。但我国的支持系统在这几个方面还相当薄弱，尤其是针对鼓励民间机构发展的优惠政策落实情况不尽如人意。具体而言，在用地政策方面，虽然《养老服务设施用地指导意见》等国家主管部门文件中早已明确要向社会资本提供养老用地、用于营利性养老机构建设，但截至 2017 年 5 月，全国仅北京、天津、辽宁、黑龙江、江苏、浙江、安徽、山东、湖南、广东、四川、甘肃 12 个省份合计供应 73 宗，三年来覆盖面和供应宗数都远远不足以应对民营养老机构快速发展的需求；在资金支持政策方面，全国各省份基本已出台针对民办养老机构建设和运营补贴的相关政策，即便是补贴标准最高的北京市（社会资本投资建设的非营利性养老机构最高可拿到 5 万元/床位的建设补贴和每位不能完全自理老人每人每月 500 元的运营补贴），由于土地、房产、消防证件等难以解决的历史原因，社会资本也很难真正享受到；在人才培训方面，全国仅有北京、天津、上海等十几个省份明确提出要为养老机构护理人员提供相关补贴政策，不仅补贴标准较低（最高不超过 2500 元/人）、补贴类别单一，而且真正能够享受到的民营养老机构寥寥无几，主要面向对象还是公办养老机构。

4. 投融资体制与养老服务业海量发展需求不相适应

首先，我国在养老服务业方面的整体投入不足，缺乏制度化支持。目前，财政统计中尚无养老服务业支出指标，关于护理和长期照护的支出指标尚未形成。而据世界经济论坛发布的公报，发达国家长期照护支出占 GDP 的比例，在 2005 年平均为 1%，预估 2050 年将增至

2%～4%。日本老年人护理费用的90%由护理保险制度解决，英美等国家老年人长期照顾的费用超过半数由医疗保障体系解决。而我国养老服务筹资体制尚未建全。其次，投入结构不合理。整个养老服务体系建设的重点仍然停留于床位和院所的硬件建设，服务和护理的软件体系建设还没有摆上重要议事日程。最后，在促进民间力量发展养老服务业方面，有利于融资的优惠政策力度不足，影响养老服务业的快速发展。根本原因在于我国还未形成类似长期护理保险这样强有力的筹资制度。

从总体上看，我国养老服务业在产业转型中的重要地位尚未确立，数万亿元的养老服务业市场没有被激活，2.4亿名老年人的消费市场未能得到有效开发。为更好地应对这一局面，未来亟须在以下方面对有关老年人政策做出调整：① 确立养老服务及相关产业在国民经济体系中的重要地位；② 摸清养老护理需求，推动养老服务与老年人需求无缝对接；③ 建立长期护理保险制度，推动养老服务相关产业发展；④ 扩展投融资渠道，通过多种方式推动社会力量的广泛参与。

二　中国老年人政策进步指数指标体系

中国老年人政策进步指数由北京师范大学中国公益研究院和智睿养老产业研究院联合研发，运用科学的方法进行分析、评估和测算，形成从政策制定、政策实施、政策评估到趋势研判一体化的老年人政策发展水平评价模式，用数据来印证老年人政策创新和实施效果，为各地不断创新、不断优化老年人政策提供决策参考信息。

近年来，我国老龄事业和养老服务发展取得了显著成绩，老年人政策随着经济和社会的快速发展不断进步。2016年，课题组首次评价了2012～2014年中国老年人政策进步情况。此次评价的2015年和2016年，既是"十二五"的收官之年和"十三五"开局之年，又与之前的指数评价一起形成党的十八大以来的五年系统回顾。党的十九大报告提出"积极应对人口老龄化，构建养老、孝老、敬老政策体系和社会环境，推进医养结合，加快老龄事业和产业发展"。根据我国老年人政策的发展变化及国家提出的老年人政策发展方向，课题组在原有评价指标体系的基础上，形成包含"政策环境""老年社会服务""老年社会救助""老年社会保险""老年社会福利""老年教育与自治"6个二级指标，以及24个三级指标的中国老年人政策进步指数评价体系（见图3-2）。评价对象为除港澳台地区外的全国31个省份。中国老年人政策进步指数指标的基础数据主要来源于《中国统计年鉴》《中国民政统计年鉴》《中国卫生和计划生育统计年鉴》和其他公开信息。

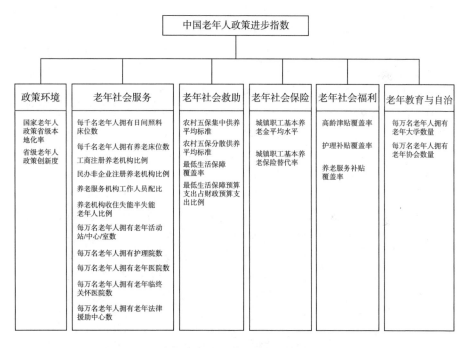

图3-2 中国老年人政策进步指数指标体系结构

三 2015~2016年中国老年人政策进步指数省份排名

2015~2016年，上海、浙江、福建、江苏、山西、北京、山东7个省份均进入前十位，黑龙江、贵州、天津、甘肃、云南、新疆分别有一次进入前十位（见表3-4）。

表 3 - 4　2015～2016 年中国老年人政策进步指数省份排名

排名	2015 年		2016 年	
	省份	分值	省份	分值
1	上海	0.467	上海	0.486
2	浙江	0.465	北京	0.397
3	福建	0.445	福建	0.388
4	江苏	0.405	浙江	0.381
5	山西	0.385	江苏	0.372
6	北京	0.385	甘肃	0.359
7	黑龙江	0.375	山西	0.352
8	山东	0.371	山东	0.350
9	贵州	0.366	云南	0.313
10	天津	0.340	新疆	0.313
11	新疆	0.340	陕西	0.312
12	甘肃	0.338	广东	0.308
13	云南	0.331	青海	0.297
14	青海	0.319	四川	0.295
15	内蒙古	0.314	天津	0.290
16	陕西	0.311	贵州	0.281
17	河南	0.309	河南	0.277
18	广东	0.303	黑龙江	0，226
19	河北	0.280	河北	0.265
20	四川	0.273	湖北	0.253
21	辽宁	0.253	广西	0.250
22	宁夏	0.251	宁夏	0.246
23	湖北	0.251	内蒙古	0.234
24	湖南	0.237	辽宁	0.229
25	安徽	0.231	江西	0.229
26	重庆	0.227	安徽	0.221
27	广西	0.219	吉林	0.201
28	海南	0.204	湖南	0.201
29	江西	0.190	海南	0.197
30	吉林	0.168	重庆	0.196
31	西藏	0.157	西藏	0.174

（一）2015 年中国老年人政策进步指数省份排名

2015 年中国老年人政策进步指数排名前十位的省份依次是上海、浙江、福建、江苏、山西、北京、黑龙江、山东、贵州、天津。从地区分布来看，东部地区 7 个省份，西部地区 1 个省份，中部地区 1 个省份，东北地区 1 个省份（见表 3 - 5）。

表 3 - 5　2015 年中国老年人政策进步指数省份排名分布

排名情况 ＼ 地区	东部地区	中部地区	西部地区	东北地区
第 1～10 位	7 个：上海、浙江、福建、江苏、北京、山东、天津	1 个：山西	1 个：贵州	1 个：黑龙江
第 11～20 位	2 个：广东、河北	1 个：河南	7 个：新疆、甘肃、云南、青海、内蒙古、陕西、四川	无
第 21～31 位	1 个：海南	4 个：湖北、湖南、安徽、江西	4 个：宁夏、重庆、广西、西藏	2 个：辽宁、吉林

1. 上海进步指数排名第一，多项政策全国领先

在评价年份中，上海老年人社会政策进步指数总分排名第一，在"老年社会服务""老年社会福利"方面有突出表现。2013 年上海市发布了老年照护等级评估的地方标准，2014 年开始探索由第三方专业评估机构对老年人身体状况进行评估，按照评估结果匹配相应的基本养老项目，2015 年在全市范围内全面施行老年照护统一需求评估制度。此外，2015 年出台的《社区居家养老服务规范实施细则（试行）》《关于印发〈关于全面推进本市医养结合发展的若干意见〉的通知》等一系列政策，反映了上海市政府能够充分响应中央政策的号召，及时落实相关政策，更新并完善自身的老年人社会服务体系。在"老年社会服务"方面，上海市民办非企业注册养

老机构比例、养老服务机构工作人员配比、每万名老年人拥有护理院数排名均为全国第一，具有较成熟的老年人社会服务体系。在"老年社会福利"方面，上海市护理补贴覆盖率排名第一，养老服务补贴覆盖率排名第二，上海市老年人能够充分享受到国家及政府提供的补贴待遇。但上海在"老年人教育与自治"方面得分较低，需要提高老年人教育与自治程度，丰富老年人的晚年生活和精神世界。

2. 北京持续推进居家养老和机构养老政策创新

在评价年份中，北京市持续关注居家养老和机构养老的创新改革，推出多项政策并抓紧落实。在居家养老方面，在2015年1月，北京出台《北京市居家养老服务条例》，成为全国首个开展居家养老服务立法的省份。2015年6月北京市发布《关于开展居家养老护理员培训试点工作的通知》，从队伍建设入手，完善人才培养体系；2015年11月《北京市养老服务设施专项规划》出台，提出到2020年，全市人均养老设施用地将达到0.25平方米；2015年12月《经济困难的高龄和失能老年人居家养老服务试点区老年人能力评估办法》明确了失能老年人评估标准和试点地区，保障有困难的老年人居家服务质量。在机构养老方面，2015年7月，《北京市养老机构公建民营实施办法》出台，在全国率先全面推开公办养老机构改制，加快推进养老服务社会化，实现养老服务资源优化配置，工商注册养老机构比例位居全国第五。此外，在养老服务补贴覆盖率、城镇职工基本养老金平均水平、农村五保集中供养平均标准、农村五保分散供养平均标准方面均位列全国前三，老年社会福利较好。

3. 苏浙闽位列全国前四，老年人政策体系发展稳健成熟

在评价年份中，浙江、福建、江苏分别位居第二、第三、第四。在"政策环境""老年社会服务""老年社会福利"等多项指标上排名相似且均位列全国前十，在"老年社会救助"方面排名均不甚理想，在第15名之外。在养老需求评估方面，浙江、江苏、福建相继建立了养老服务需求评估制度，对评估人员队伍、评估标准进行了制定。在医养结合、居家养老、机构养老方面三省表现突出，排名靠前，均相继建立了政策体系并开展实施。

从各省份具体情况来看，浙江老年社会福利制度完善，护理补贴覆盖率、养老服务补贴覆盖率均位居全国前五；在农村五保集中供养平均标准、农村五保分散供养平均标准、城镇职工基本养老金平均水平、每万名老年人拥有老年协会的数量等指标上较为突出，单项指标均位居全国第四；每万名老年人拥有老年大学 9 所，仅次于福建，位居全国第二。

江苏省护理院和老年医院建设在全国位居前列。2015 年，江苏高龄津贴覆盖率、护理补贴覆盖率位居全国第五；护理院达到 75 家，每万名老年人拥有护理院数位居全国第二；老年医院 302 家，每万名老年人拥有老年医院数位居全国第四；江苏省护理院和老年医院的数量为全国之最，护理院数占全国总数一半有余。江苏省出台了《关于开展社区老年人助餐点项目建设的通知》，开展社区老年人助餐点项目建设，全力推进居家养老和机构养老协同发展。

福建省在 2015 年加快各项政策出台，全力构建养老服务政策体系，政策创新度指数位居全国第二。2014 年《关于加强公建民营养老机构管理的意见》出台，重点推进机构养老的规范化建设。2015 年 3 月，福建制定《推进健康与养老服务工程建设行动计划（2015—2020 年）》，重点加强健康服务体系、养老服务体系和体育健身设施建设。《福建省养老护理从业人员岗位培训专项资金管理办法》《福建省民政厅、福建省财政厅关于做好全省 80 周岁以上低保老年人高龄补贴发放工作的通知》等政策的出台进一步细化了养老服务工作要求。福建省关注老年人精神生活建设，每万名老年人拥有的活动站、每万名老年人拥有的法律援助中心数量位居全国前三，老年大学总量及每万名老年人拥有的老年大学数量均位居全国第一。

4. 山东、山西全面推动老年社会保险及老年教育

在评价年份中，山东省率先试点长期护理保险制度，主要针对参加职工基本医疗保险的人员。2014 年 6 月，山东省公布了《关于开展职工长期护理保险试点工作的指导意见》，并于 2015 年 1 月起，在东营、潍坊、日照、聊城 4 市开展职工长期护理保险试点。其中人力资源社会保障部门统筹，财政部门、民政部门、国家卫生计生委等部门协助，合力推进长期护理保险实施。2012 年 7 月，《山西省人民政府办公厅关于加快推进全省社会养老服务体系建设的意见》提出"制定统一的津贴标准，按月向符合条件的老年人计发高龄津贴"。2015年11月，《山西省人民政府办公厅关于建立全省经济困难的高龄与失能老年人补贴制度及提高百岁以上老年人补贴标准的通知》出台，这是山西省建立的第一个省级层面高龄、失能老年人补贴制度。全省统一补贴制度的建立，对保障高龄和失能老年人共享改革发展成果、有效应对人口老龄化趋势具有十分重要的意义。

此外，山西和山东在老年教育与自治方面分别名列第一和第二。《山西省人民政府关于加快发展养老服务业的意见》《山东省人民政府关于加快发展养老服务业的意见》均对老年教育有所鼓励，引导相关行业积极拓展老年文化娱乐、老年教育、精神慰藉等服务。在具体指标上表现也较为突出，山西省每万名老年人拥有老年协会数量名列第一，山东省名列第二。

5. 西部省份老年社会救助覆盖率领跑全国

在老年社会救助方面，甘肃、云南、黑龙江、新疆、贵州占据前五名，其中有4个西部省份，总排名也在前十位左右。甘肃省养老政策层层递进。2014年，《甘肃省民政厅 甘肃省老龄工作委员会办公室关于加快推进全省居家养老服务网络平台建设的实施意见》出台，积极打造居家养老服务网络平台，着力构建以居家为基础的养老服务体系。2015年，《甘肃省民政厅关于印发〈甘肃省养老服务评估暂行办法〉的通知》出台，对老年人养老服务需求进行评估，评估结果可作为政府购买居家养老服务、申请养老服务及护理等补贴、确定照料护理等级、开展健康管理的重要依据。《居家养老服务管理规范》（DB62/T 2582—2015）、《社区养老服务管理规范》（DB62/T 2583—2015）相继出台，促进了养老服务标准化、规范化发展。甘肃省在老年人需求评估、最低生活保障覆盖率、最低生活保障预算支出占财政预算支出比例三个方面位居全国第一。

2014年10月，云南印发《云南省人民政府关于促进健康服务业发展的实施意见》，研究推出老年养护新险种，探索开展老年人住房反向抵押养老保险试点，在金融养老方面有所突破，2105年度排名位居全国第三。在老年社会救助和福利方面，云南省每万名老年人拥有老年法律援助中心数位居第一，最低生活保障覆盖率、最低生活保障预算支出占财政预算支出比例这两方面均位列全国第二。在评价年份中，新疆于2015年出台了

《新疆维吾尔自治区人民政府关于加快推进居家养老服务工作的实施意见》。在老年社会救助方面，每万名老年人拥有老年法律援助中心数位列第三，最低生活保障覆盖率位居全国第五。在老年教育方面，新疆表现突出，每万名老年人拥有老年大学数量位居全国第四。

2015 年老年人政策进步指数省份排名见表 3 – 6。

表 3 – 6　2015 年老年人政策进步指数省份排名

排名	省份	政策环境	老年社会服务	老年社会救助	老年社会保险	老年社会福利	老年教育与自治	总分	人均GDP排名	与人均GDP排名比较
1	上海	0.712	0.488	0.373	0.460	0.477	0.123	0.467	3	2
2	浙江	0.809	0.417	0.319	0.620	0.194	0.601	0.465	5	3
3	福建	0.735	0.396	0.248	0.452	0.174	0.845	0.445	7	4
4	江苏	0.917	0.397	0.276	0.385	0.166	0.197	0.405	4	0
5	山西	0.380	0.418	0.299	0.777	0.044	0.562	0.385	27	22
6	北京	0.706	0.306	0.413	0.503	0.177	0.402	0.385	2	– 4
7	黑龙江	0.622	0.417	0.451	0.368	0.085	0.190	0.375	21	14
8	山东	0.717	0.308	0.209	0.610	0.111	0.492	0.371	10	2
9	贵州	0.458	0.313	0.437	0.224	0.384	0.441	0.366	29	20
10	天津	0.800	0.311	0.409	0.269	0.025	0.210	0.340	1	– 9
11	新疆	0.350	0.360	0.448	0.525	0.083	0.351	0.340	20	9
12	甘肃	0.440	0.288	0.677	0.369	0.089	0.322	0.338	31	19
13	云南	0.162	0.393	0.526	0.370	0.108	0.407	0.331	30	17
14	青海	0.486	0.188	0.394	0.682	0.350	0.163	0.319	17	3
15	内蒙古	0.656	0.286	0.431	0.413	0.078	0.054	0.314	6	– 9
16	陕西	0.324	0.238	0.377	0.427	0.367	0.327	0.311	14	– 2
17	河南	0.584	0.325	0.276	0.406	0.023	0.219	0.309	22	5
18	广东	0.350	0.369	0.289	0.356	0.149	0.171	0.303	8	– 10
19	河北	0.368	0.300	0.222	0.457	0.100	0.264	0.280	19	0

排名	省份	政策环境	老年社会服务	老年社会救助	老年社会保险	老年社会福利	老年教育与自治	总分	人均GDP排名	与人均GDP排名比较
20	四川	0.440	0.264	0.331	0.000	0.202	0.311	0.273	23	3
21	辽宁	0.422	0.256	0.295	0.383	0.013	0.192	0.253	9	-12
22	宁夏	0.241	0.264	0.401	0.407	0.053	0.205	0.251	15	-7
23	湖北	0.285	0.265	0.287	0.409	0.094	0.208	0.251	13	-10
24	湖南	0.270	0.223	0.361	0.252	0.076	0.322	0.237	16	-8
25	安徽	0.267	0.250	0.268	0.219	0.145	0.194	0.231	25	0
26	重庆	0.162	0.272	0.214	0.420	0.067	0.242	0.227	11	-15
27	广西	0.162	0.269	0.322	0.265	0.077	0.155	0.219	26	-1
28	海南	0.303	0.254	0.205	0.183	0.071	0.074	0.204	18	-10
29	江西	0.123	0.170	0.305	0.226	0.047	0.418	0.190	24	-5
30	吉林	0.458	0.095	0.324	0.211	0.010	0.042	0.168	12	-18
31	西藏	0.000	0.168	0.313	0.497	0.081	0.000	0.157	28	-3

（二）2016 年中国老年人政策进步指数省份排名

2016 年中国老年人政策进步指数排名前十位的省份依次是：上海、北京、福建、浙江、江苏、甘肃、山西、山东、云南、新疆。从地区分布来看，东部占 6 席，中部 1 席，西部 3 席（见表 3-7）。

表 3-7　2016 年中国老年人政策进步指数省份排名分布

地区　　　排名情况	东部地区	中部地区	西部地区	东北地区
第 1~10 位	6 个：上海、北京、福建、浙江、江苏、山东	1 个：山西	3 个：甘肃、云南、新疆	无

排名情况　　地区	东部地区	中部地区	西部地区	东北地区
第11～20位	3个：广东、天津、河北	1个：河南	5个：陕西、青海、四川、贵州、湖北	1个：黑龙江
第21～31位	1个：海南	3个：江西、安徽、湖南	5个：广西、宁夏、内蒙古、重庆、西藏	2个：辽宁、吉林

1. 上海多项老年人政策领跑全国

在评价年份中，上海政策环境、老年社会服务、老年社会福利等指标位居第一，引领全国。在老年人政策方面，上海市政府印发《上海市长期护理保险试点办法》，并围绕护理保险出台了老年照护统一需求评估体系建设意见、需求评估实施办法、长期护理保险服务项目清单和相关服务标准及规范等一系列政策。此外，上海市还印发了《上海市老年教育发展"十三五"规划》《关于推进本市"十三五"期间养老服务设施建设的实施意见》，并且是目前全国唯一出台老年教育规划的省份。在老年人社会服务方面，民办非企业注册养老机构比例、养老服务机构人员配比、养老机构收住失能半失能老年人比例等指标均位居全国第一。从收住老人的健康情况来看，上海市养老机构收住老年人中75.67%为失能半失能。围绕构建养老服务行业监管体系，上海市在2015年试点的基础上，2016年起在全市推行养老机构等级评定工作。在老年社会福利方面，为切实增加老年人社会福利，上海市于2016年建立起与经济社会发展水平相适应的统一的老年综合津贴制度，年满65周岁的老年人，可以享受老年综合津贴。上海市高龄津贴、护理补贴及养老服务补贴等方面都位居全国前列。

2. 北京持续推动居家养老政策创新和老年社会福利

2015～2016年，北京市老年人政策创新集中围绕社区居家养老服务展开。北京市于2015年出台了《北京市居家养老服务条例》，成为全国首个开展居家养老服务立法的省份。随后，北京市编制完成《北京市养老服务设施专项规划》，明确提出"9064"养老发展目标，并提出到2020年，全市人均养老设施用地将达到0.25平方米。北京在全国率先全面推开公办养老机构改制，推出养老机构公建民营实施办法。围绕居家养老服务条例和养老服务设施规划，北京市开展了一系列试点工作，包括开展居家养老护理员培训试点工作、开展经济困难的高龄和失能老年人居家养老服务和老年人能力评估试点工作、开展养老助餐服务体系试点、依托养老照料中心开展社区居家养老服务、支持居家养老服务发展"十条政策"、开展社区养老服务驿站建设等。在老年人社会福利方面，北京通过"九养"政策，在全国较早建立了居家养老服务补贴、高龄津贴制度，率先建立95周岁及以上老年人补助医疗制度，老年社会福利排名仅次于上海，位居第二。

3. 福建两年稳居第三，多项政策有序推进

评价年份中，福建连续两年位居全国第三。2015年，福建制定《推进健康与养老服务工程建设行动计划（2015—2020年）》，重点加强健康服务体系、养老服务体系和体育健身设施建设。紧接着，推进了包括社区居家养老服务设施建设、养老综合基地建设、农村幸福院在内的养老服务工程包。2016年，福建在全省范围内开展养老服务业综合改革试点工作，突出重点，供给侧结构性改革注重质量效能，由一般服务向精准服务、急难服务、有效接续服务转变；重点做实社区居家养老服务和家庭养老支持政策与措施。2016年，围绕推进城乡社区居家养老专业化服务，福建制定了城乡社区居家养老专业化服务组织落地实施方案和"十三五"社区居家养老服务补短板实施方案。开展了遴选医养结合试点，加强医疗机构与养老机构合作。此外，在老年教育与自治方面，福建每万名老年人拥有老年大学20所，位居全国第一。

4. 江苏、浙江持续位列前五，老年社会服务和老年教育与自治较为突出

江苏和浙江两省连续两年位居前五。浙江每千名老年人拥有日间照料床位数、每千名老年人拥有养老床位数、每万名老年人拥有老年人活动站数、每万名老年人拥有护理院数以及每万名老年人拥有老年大学数等指标较为突出，单项指标均位居全国前三。其中，老年大学总量位居全国第一，达到11816所；每万名老年人拥有老年大学12所，仅次于福建，居全

国第二。2016 年，浙江还推进养老机构公建民营规范化，以及开展既有住宅加装电梯试点工作，推动开展了居家养老服务知名机构（企业）、知名民办养老机构（含公建民营）和养老服务行业领军人物的遴选。

在评价年份中，江苏排名较为稳定。在老年社会服务方面，江苏省护理院和老年医院建设在全国位居前列，尤以护理院建设最为突出。2016年，江苏全省护理院达到 105 家，占全国总量的近一半。护理院总量和每万名老年人拥有护理院数均居全国第一。在政策环境方面，江苏省于 2015年 12 月出台了《江苏省养老服务条例》，开展社区老年人助餐点项目建设。2016 年制定了江苏省"十三五"养老服务业发展规划，并出台专项文件加强空巢独居老人关爱工作。

5. 山东、山西连续位列前十，因地制宜推动政策创新

在评价年份中，山东省除了持续推动长期医疗护理保险试点，2016 年还出台养老服务业转型升级实施方案，致力于把养老服务业培育成一个强大的服务产业，打造"孝润齐鲁·安养山东"品牌。围绕医养结合、公办养老机构改革及政府购买养老服务等工作，山东省分别出台了专项文件。2016 年，山东省老年协会数量达到 68665 所，每万名老年人拥有老年协会达到 37 所，位居全国第一。

山西省在评价年份中加大力度推进社会力量发展养老服务业。2015年，山西出台全省扶持养老服务业发展财政贴息暂行办法及支持社会力量发展养老服务业若干措施。2016 年，山西省就完善社会力量投资建设非营利性养老机构有关问题出台了专项文件，并开展养老机构公建民营试点工作。此外，山西省在社区居家养老服务设施建设和老年教育与自治等方面较为突出，每万名老年人拥有老年活动站/中心/室数达到 39.34 个，位居全国第一。全省有日间照料床位 17856 张，每万名老年人拥有日间照料床位 3.8 张，位居全国第四。每万名老年人拥有老年临终关怀医院数位居全国第二。每万名老年人拥有老年大学数量、每万名老年人拥有老年协会数量等单项指标靠前，分别位居全国第四和第三。

6. 甘肃、云南、新疆等西部省份，老年社会救助覆盖率全国领先

在评价年份中，甘肃省多项养老政策密集出台。2015 年，甘肃省围绕城乡社区老年人日间照料中心建设，出台《关于进一步规范社区老年人日

间照料中心建设管理工作的通知》和《甘肃省城乡社区老年人日间照料中心建设省级补贴资金管理办法》，确定全省居家养老服务网络平台建设第二批试点地区。紧接着，围绕社会办养老服务机构一次性建设补贴资金管理、鼓励民间资本参与养老服务业发展、老年人入住公办养老机构评估、养老服务评估、养老服务机构综合责任保险等出台了专项文件。2016 年，甘肃省制定《甘肃省"十三五"养老服务体系建设规划》，出台经济困难的高龄失能老年人补贴制度，还印发甘肃省示范城市社区老年人日间照料中心标准。在老年社会救助方面，甘肃最低生活保障覆盖率位居全国第一。

2016 年，云南印发了《云南省养老服务体系建设"十三五"规划》，并就医养结合出台了《关于推进医疗卫生与养老服务相结合实施意见》。在老年社会服务方面，云南省工商注册养老机构比例较为突出，全省登记的 412 家养老机构中，16 家机构进行工商登记，工商注册登记比例位居全国第二，仅次于海南省。老年社会救助和福利方面，云南最低生活保障覆盖率位居全国第三，高龄津贴覆盖率位居全国第五。每万名老年人拥有老年大学和老年协会数量等单项指标也都位居前十。

在评价年份中，新疆于 2015 年出台了《关于加快推进居家养老服务工作的实施意见》。2016 年，新疆就医养结合出台了专项文件。在老年社会服务方面，每万名老年人拥有老年活动站/中心/室数达到 33.29 个，位居全国第二，仅次于山西省。每万名老年人拥有老年法律援助中心 3.6 个，位居全国第一。在老年社会救助方面，最低生活保障覆盖率位居全国第四。2016 年老年人政策进步指数省份排名见表 3 - 8。

表 3 - 8　2016 年老年人政策进步指数省份排名

排名	省份	政策环境	老年社会服务	老年社会救助	老年社会保险	老年社会福利	老年教育与自治	总分	人均GDP排名	与人均GDP排名比较
1	上海	1.189	0.460	0.012	0.393	0.527	0.116	0.486	3	2
2	北京	0.921	0.304	0.000	0.422	0.436	0.385	0.397	2	0
3	福建	0.631	0.345	0.042	0.403	0.192	0.890	0.388	7	4

续表

排名	省份	政策环境	老年社会服务	老年社会救助	老年社会保险	老年社会福利	老年教育与自治	总分	人均GDP排名	与人均GDP排名比较
4	浙江	0.532	0.394	0.053	0.523	0.183	0.683	0.381	5	1
5	江苏	0.884	0.367	0.060	0.337	0.254	0.206	0.372	4	-1
6	甘肃	0.451	0.371	0.600	0.320	0.070	0.347	0.359	31	25
7	山西	0.407	0.341	0.227	0.731	0.099	0.533	0.352	27	20
8	山东	0.694	0.302	0.106	0.528	0.120	0.516	0.350	10	2
9	云南	0.344	0.312	0.447	0.254	0.112	0.458	0.313	30	21
10	新疆	0.318	0.337	0.358	0.462	0.134	0.302	0.313	20	10
11	陕西	0.455	0.209	0.204	0.376	0.382	0.477	0.312	14	3
12	广东	0.669	0.341	0.050	0.300	0.163	0.169	0.308	8	-4
13	青海	0.430	0.200	0.322	0.597	0.384	0.078	0.297	17	4
14	四川	0.478	0.232	0.256	0.002	0.416	0.372	0.295	23	9
15	天津	0.688	0.321	0.053	0.235	0.058	0.250	0.290	1	-14
16	贵州	0.316	0.220	0.379	0.178	0.279	0.440	0.281	29	13
17	河南	0.691	0.243	0.188	0.359	0.025	0.207	0.277	22	5
18	黑龙江	0.458	0.261	0.296	0.331	0.096	0.169	0.266	21	3
19	河北	0.477	0.280	0.135	0.401	0.085	0.201	0.265	19	0
20	湖北	0.340	0.288	0.152	0.346	0.098	0.264	0.253	13	-7
21	广西	0.439	0.268	0.229	0.227	0.097	0.163	0.250	26	5
22	宁夏	0.452	0.231	0.302	0.355	0.050	0.136	0.246	15	-7
23	内蒙古	0.300	0.274	0.246	0.386	0.095	0.047	0.234	6	-17
24	江西	0.465	0.148	0.278	0.189	0.054	0.435	0.229	24	0
25	辽宁	0.366	0.257	0.164	0.352	0.028	0.188	0.229	9	-16
26	安徽	0.315	0.234	0.170	0.202	0.148	0.212	0.221	25	-1
27	吉林	0.497	0.193	0.227	0.189	0.015	0.050	0.201	12	-15
28	湖南	0.468	0.148	0.249	0.202	0.071	0.154	0.201	16	-12
29	海南	0.379	0.228	0.084	0.169	0.109	0.091	0.197	18	-11
30	重庆	0.168	0.230	0.119	0.366	0.069	0.253	0.196	11	-19
31	西藏	0.000	0.095	0.196	0.645	0.408	0.000	0.174	28	-3

四　2012～2016年中国老年人政策进步指数排名特点

纵观2012～2016年中国老年人政策进步指数排名结果，五年指数变化呈现如下特点。

（一）东部地区老年人政策持续引领全国

2012～2016年，在东部地区10个省份中，北京、上海、山东、浙江、福建5个省份连续五年进入全国前十名。其中，北京于2012～2013年连续两年位列全国第一，上海于2015～2016年连续两年位列全国第一，2014年浙江位列全国第一。中部地区6个省份中，山西省于2013～2016年连续进入全国前十位，成为唯一进入前十位的中部地区省份。西部地区12个省份中，共有5个省份进入前十位，其中甘肃省除2015年外皆进入前十位，成为西部地区进入前十位次数最多的省份。东北地区3个省份中，吉林和黑龙江分别于2012年和2015年进入前十位（见表3-9和表3-10）。

表3-9　2012～2016年中国老年人政策进步指数排名前十位省份分布

东部地区	中部地区	西部地区	东北地区
8席：	1席：	5席：	2席：
北　京（☆☆☆☆☆）	山　西（☆☆☆☆）	甘　肃（☆☆☆☆）	吉　林（☆）
天　津（☆）		陕　西（☆☆☆）	黑龙江（☆）
河　北（☆）		新　疆（☆☆☆）	
上　海（☆☆☆☆☆）		云　南（☆☆）	
江　苏（☆☆☆）		贵　州（☆）	
浙　江（☆☆☆☆☆）			
福　建（☆☆☆☆☆）			
山　东（☆☆☆☆☆）			

注：☆为进入前十位次数。

表 3 – 10 2012～2016 年老年人政策进步指数排名地区分布

省份	2012 年	2013 年	2014 年	2015 年	2016 年	省份	2012 年	2013 年	2014 年	2015 年	2016 年
东部地区（10 个）						西部地区（12 个）					
北京	1	1	2	6	2	内蒙古	22	21	16	15	23
天津	15	14	14	10	15	广西	31	29	29	27	21
河北	21	9	12	19	19	重庆	17	20	18	26	30
上海	8	2	3	1	1	四川	16	16	17	20	14
江苏	14	11	5	4	5	贵州	18	13	6	9	16
浙江	3	3	1	2	4	云南	9	19	19	13	9
福建	10	8	7	3	3	西藏	30	28	30	31	31
山东	2	4	4	8	8	陕西	7	5	9	16	11
广东	24	23	26	18	12	甘肃	5	6	8	12	6
海南	28	31	31	28	29	青海	13	12	20	14	13
						宁夏	11	22	23	22	22
						新疆	4	7	11	11	10
中部地区（6 个）						东北地区（3 个）					
山西	12	10	10	5	7	辽宁	26	15	28	21	25
安徽	29	26	21	25	26	吉林	6	30	24	30	27
江西	19	24	15	29	24	黑龙江	20	17	13	7	18
河南	25	25	22	17	17						
湖北	27	27	27	23	20						
湖南	23	18	25	24	28						

（二）排名前十位的省份变动小、较稳定，吉林等 4 个省份排名浮动较大

对比 2012～2016 年指数排名结果，半数省份老年人政策发展比较平稳，其中排名前十位的省份浮动最小，2012～2016 年排名浮动在 5 个以内位次的省份共 10 个，从地区分布来看东部地区占 6 个，西部地区占 3 个，中部地区占 1 个。在排名浮动较大的省份中，吉林、河北 2 个省份有一次进入前十位，广东排名大幅上升，辽宁排名大起大落。整体来看，各省排名在区间范围内呈波动发展态势。其中，东部地区省份排名更为稳定。

吉林、河北曾有一次进入前十位，排名波动。吉林于2012年进入前十位，居第6位。2013年起，吉林排名呈波动发展态势，2013年跌出前十位，后来逐渐平稳发展。河北于2012年排名第21位，于2013年进入前十位，居第9位。后开始逐渐稳定在第10～20位。

广东排名前期轻微波动，后期大幅上升。广东省排名于2012～2014年在第23～26位波动，从2014年开始，广东排名大幅上升，2015年居第18位，2016年跃居第12位。从2016年的具体指标来看，广东省政策创新度居全国第8位，高龄津贴覆盖率居全国第4位，工商注册养老机构比例、养老服务机构工作人员配比、养老机构收住失能半失能老年人比例等指标排名靠前，分别居全国第3位、第3位和第4位。这些都有效拉升了广东在全国的排名。

辽宁省排名前期波动较大，但后期渐渐平稳。2012～2014年，辽宁省排名波动较大，分列第26位、第15位和第28位。后期辽宁排名波动幅度变小，2015～2016年分列第21位和第25位。从单项指标来看，2012～2016年，辽宁单项指标中16个指标呈上升趋势，但增幅不大。在全国老年人政策快速发展的情况下，单项指标的增速也是影响排名的重要因素。

（三）老年人政策逐步与经济发展水平相适应，但经济不是决定因素

从2012～2016年老年人政策进步指数排名来看，2012年人均GDP排名超过指数排名的省份有17个，2013年下降为13个，2014年有14个，2015年有15个，2016年有15个，且2016年江苏、江西、安徽三省与当年GDP排名仅相差1位（见表3-11）。整体来看，老年人政策逐渐与当地经济发展水平相适应。

但也可以发现，老年人政策的进步并不取决于经济发展水平。沿海地区在社会政策方面做出了与经济发展水平相匹配的推动，但也应该看到，一些经济发展水平相对滞后的省份，在老年人政策的创新、突破和执行方面走在全国前面，如甘肃、山西、云南、新疆、陕西等。这正是社会政策进步指数的奥妙所在。经济水平不是衡量国家与地区发展的唯一指标，更不是阻碍社会进步的理由。老年人政策进步是可以通过各方共同努力而实现的。

表3-11　2012~2016年老年人政策进步指数排名与其人均GDP排名差异

省份	2012年			2013年			2014年			2015年			2016年		
	老年人政策指数排名	人均GDP排名	排名差异	老年人政策指数排名	人均GDP排名	排名差异	老年人政策指数排名	人均GDP排名	排名差异	老年人政策指数排名	人均GDP排名	排名差异	老年人政策指数排名	人均GDP排名	排名差异
北京	1	2	1	1	2	1	2	2	0	6	2	-4	2	2	0
天津	15	1	-14	14	1	-13	14	1	-13	10	1	-9	15	1	-14
河北	21	15	-6	9	16	7	12	18	6	19	19	0	19	18	-1
山西	12	19	7	10	22	12	10	24	14	5	27	22	7	27	20
内蒙古	22	5	-17	21	6	-15	16	6	-10	15	6	-9	23	6	-17
辽宁	26	7	-19	15	7	-8	28	7	-21	21	9	-12	25	14	-11
吉林	6	11	5	30	11	-19	24	11	-13	30	12	-18	27	12	-15
黑龙江	20	17	-3	17	17	0	13	20	7	7	21	14	18	21	3
上海	8	3	-5	2	3	1	3	3	0	1	3	2	1	3	2
江苏	14	4	-10	11	4	-7	5	4	-1	4	4	0	5	4	-1
浙江	3	6	3	3	5	2	1	5	4	2	5	3	4	5	1
安徽	29	26	-3	26	25	-1	21	26	5	25	25	0	26	25	-1
福建	10	9	-1	8	9	1	7	8	1	3	7	4	3	7	4
江西	19	25	6	24	26	2	15	25	10	29	24	-5	24	23	-1
山东	2	10	8	4	10	6	4	10	6	8	10	2	8	9	1
河南	25	23	-2	25	23	-2	22	22	0	17	22	5	17	20	3

续表

省份	2012 年			2013 年			2014 年			2015 年			2016 年		
	老年人政策指数排名	人均 GDP 排名	排名差异	老年人政策指数排名	人均 GDP 排名	排名差异	老年人政策指数排名	人均 GDP 排名	排名差异	老年人政策指数排名	人均 GDP 排名	排名差异	老年人政策指数排名	人均 GDP 排名	排名差异
湖北	27	13	-14	27	14	-13	27	13	-14	23	13	-10	20	11	-9
湖南	23	20	-3	18	19	1	25	17	-8	24	16	-8	28	16	-12
广东	24	8	-16	23	8	-15	26	9	-17	18	8	-10	12	8	-4
广西	31	27	-4	29	27	-2	29	27	-2	27	26	-1	21	26	5
海南	28	22	-6	31	21	-10	31	21	-10	28	18	-10	29	17	-12
重庆	17	12	-5	20	12	-8	18	12	-6	26	11	-15	30	10	-20
四川	16	24	8	16	24	8	17	23	6	20	23	3	14	24	10
贵州	18	31	13	13	31	18	6	30	24	9	29	20	16	29	13
云南	9	29	20	19	29	10	19	29	10	13	30	17	9	30	21
西藏	30	28	-2	28	28	0	30	28	-2	31	28	-3	31	28	-3
陕西	7	14	7	5	13	8	9	14	5	16	14	-2	11	13	2
甘肃	5	30	25	6	30	24	8	31	23	12	31	19	6	31	25
青海	13	21	8	12	20	8	20	19	-1	14	17	3	13	19	6
宁夏	11	16	5	22	15	-7	23	15	-8	22	15	-7	22	15	-7
新疆	4	18	14	7	18	11	11	16	5	11	20	9	10	22	12

注：老年人政策指数省份排名高于其人均 GDP 排名的，排名差异为正值；老年人政策指数省份排名低于其人均 GDP 排名的，排名差异为负值。

五　中国老年人政策进步指数单项指标突出省份

（一）老年社会服务：东部省份表现较突出，上海多项指标位居第一

从二级指标"老年社会服务"的排名来看，上海、浙江、江苏、山西、福建、广东、云南、新疆8个省份连续两年位列前十。在民办非企业注册养老机构比例、养老服务机构工作人员配比、养老机构收住失能半失能老年人比例及每万名老年人拥有护理院数四项指标排名中，上海优势明显。2015年和2016年，上海市民办非企业注册养老机构比例、养老服务机构工作人员配比、养老机构收住失能半失能老年人比例三项指标连续两年均位居第一。其中，上海民办非企业注册养老机构比例两年均为94.76%，养老服务机构工作人员配比两年分别为30.7%和30.4%，养老机构收住失能半失能老年人比例两年分别为72.59%和75.67%。2015年，上海市每万名老年人拥有护理院0.058个，位居第一；2016年，上海市每万名老年人拥有护理院0.061个，位居第二。山西在每万名老年人拥有老年活动站/中心/室数量及每万名老年人拥有老年临终关怀医院数量两项指标的排名中，连续两年位居前列。2015年，山西每万名老年人拥有老年活动站/中心/室42.46个，位居第一；每万名老年人拥有老年临终关怀医院0.15个，位居第一。2016年，山西每万名老年人拥有老年活动站/中心/室数39.34个，位居第一；每万名老年人拥有老年临终关怀医院0.14个，位居第二。从养老服务机构工作人员配比的排名来看，上海、广东、广西、河北、天津5个省份连续两年分列前五，均达到1∶5以上，2015年分别为30.7%、28.3%、27.2%、23.5%和23.2%，2016年分别为30.4%、27.9%、26.5%、25.6%和23.4%。此外，从两年的排名上升幅度来看，甘肃最为显著，从2015年的第16位，上升13个位次，2016年位居第三。

（二）老年社会救助：西部省份社会救助覆盖率和支出比例显著

从二级指标"老年社会救助"的排名来看，甘肃、云南、贵州、新

疆、青海、宁夏、黑龙江 7 个省份连续两年稳居前十。从排名的变化来看，江西在社会救助方面排名上升 11 个位次，发展最快；安徽、河南、河北、山西、山东、海南、重庆、四川、青海排名上升也在 5 个位次以上。从三级指标"最低生活保障覆盖率"来看，排名前三的是甘肃、青海、云南，分别达到 15.12%、11.45% 和 10.74%。从三级指标"最低生活保障支出占财政预算支出比例"来看，排名前三的是甘肃、云南、贵州，分别达到 2.92%、2.35% 和 1.95%。甘肃、云南连续两年分列第一、第二。

（三）老年社会保险：东部和西部省份表现更为突出

从二级指标"老年社会保险"的排名来看，山西、西藏、青海、山东、浙江、新疆、北京、福建、河北、上海 10 个省份稳居前十。从排名变化来看，连续两年排名前十位的省份没有变化，仅西藏上升 5 个位次，其余各省份变化不大。从三级指标"城镇职工基本养老金平均水平"来看，排名前三位的是西藏、北京、上海，分别达到 3908 元/月、3573 元/月、3479 元/月。从三级指标"城镇职工基本养老保险替代率"来看，排名前三位的是山西、青海、山东，分别达到 61.8%、52.73% 和 51.88%。山西、青海在上述老年社会保险指标表现突出，连续两年排名前三位，西藏更是上升 5 个位次后位居第二。

（四）老年社会福利：陕西、青海、上海高龄津贴制度引领全国

从二级指标"老年社会福利"的排名来看，上海、北京、四川、青海、陕西、贵州、江苏、福建、浙江 9 个省份稳居前十。从排名的变化来看，西藏、陕西上升速度最快，分别上升 15 个、10 个位次。从三级指标"高龄津贴覆盖率"来看，排名前三位的是青海、陕西、上海，分别达到 375.23%、364.6% 和 206.74%。由于青海、陕西已经将高龄津贴拓展至 70 岁，上海更是建立起面向 65 岁以上老年人的综合津贴，以 80 岁老年人为基数，覆盖率均超过 100%。从"护理补贴覆盖率"来看，排名前三位的是西藏、上海、江苏，分别达到 1.53%、0.77% 和 0.5%。从"养老服务补贴覆盖率"来看，排名前三位的是北京、四川、上海，分别达到 7.3%、6.2% 和 3.87%。上海在上述老年社会福利指标表现突出，连续两

年排名第一，西藏上升了 15 个位次排在第 4 位。

（五）老年教育与自治：福建、浙江、山西 3 个省份发展最好

从二级指标"老年教育与自治"的排名来看，北京、山西、浙江、福建、江西、山东、贵州、云南、陕西 8 个省份连续两年位列前十。其中，福建、浙江、山西连续两年稳居前三位，体现了这三个省份在老年教育与自治方面稳固的优势。在"每万名老年人拥有老年大学数量"指标中，北京、山西、浙江、安徽、福建、重庆、贵州、云南 8 个省份连续两年位列前十，福建连续两年稳居首位，2015 年和 2016 年每万名老年人拥有的老年大学数量分别为 21.58 所、20.56 所。在"每万名老年人拥有老年协会数量"指标中，山西、浙江、福建、江西、山东、贵州、云南、陕西、甘肃 9 个省份连续两年位居前十。山东 2016 年每万名老年人拥有老年协会 36.77 个，较 2015 年上升 1 个位次，跃居榜首。

六 省级老年人政策创新亮点省份

在二级指标"政策环境"中，课题组将三级指标"省级老年人政策创新度"单独抽出，构建评价指标体系，通过评价省级层面出台的老年人政策在全国的领先创新程度，从而推动地方政策的创新。根据 2015～2016 年的老年人政策发展趋势，创新性政策指标主要选取对养老服务业发展影响较大的 10 个指标作为衡量内容，包括省级政府、办公厅或委办厅局推动开展的老年人需求评估政策、长期护理保险政策、高龄津贴政策、居家社区养老服务发展政策、公办养老机构改革政策、医养结合政策、老年宜居环境政策、金融支持养老政策、养老服务人才队伍建设政策和养老服务标准化政策。

为更加准确地对省级行政单位的创新政策进行衡量，课题组将上述每个指标进行指标细化，形成政策创新评价点。根据 2015～2016 年及 2015 年以前政策创新的情况，在 10 个评价维度的基础上分别下设 31 个评价点（2015 年）和 33 个评价点（2016 年）。在"省级老年人政策创新度"指标下，每个评价维度各占 10% 的比重。每个评价维度下的评价点平均分配分值见表 3-12。

表 3 - 12　2015 年、2016 年省级政策创新度评价维度和评价点

三级指标	评价指标维度	评价点
省级老年人政策创新度	老年人需求评估	是否制定统一的评估标准 是否制定建立评估人员队伍计划 是否要求建立评估信息平台 是否明确评估试点地区
	长期护理保险	是否确定开展长期护理保险制度试点 试点文件是否将生活照料纳入护理险（2016 年）
	高龄津贴	是否出台全省文件 是否扩大覆盖面 是否提高补贴标准
	居家社区养老服务发展	是否编制居家社区养老服务设施规划 是否出台居家社区养老服务地方规定 是否要求开展居家社区养老服务改革试点 是否出台建立老年人助餐服务体系的专项文件 是否明确社区居家养老服务设施开展社会化运营
	公办养老机构改革	是否确定公办养老机构改革过渡时间 是否明确政府运营的养老床位数占比 是否制定养老机构或设施公建民营实施办法
	医养结合	否制定医养结合基本服务规范 是否将养老机构纳入医保定点结算 是否确定开展医养结合试点 是否出台促进中医药健康养老服务发展的专项文件
	老年宜居环境	是否出台适老化改造的专项规划 是否明确适老化改造的专项资金
	金融支持养老	是否出台金融支持养老服务发展的专项文件 是否设立产业投资引导基金
	养老服务人才队伍建设	是否出台养老服务人才队伍建设专项文件（2016 年） 是否明确从业人员补贴标准 是否明确培训补贴或职业技能鉴定补贴标准 是否明确中高职、普通本科学生入职奖补标准 是否有养老护理员培训计划
	养老服务标准化	是否制定养老机构人员配比标准 是否制定养老机构等级评定标准 是否出台社区居家养老服务规范

（一）省级老年人政策创新度排名

2016 年老年人政策创新指数排名前十位省份依次是上海、北京、江苏、山东、河南、天津、广东、福建、浙江和吉林。其中，东部地区 8 个省份，东北地区及中部地区各 1 个。

2015 年老年人政策创新指数排名前十位省份依次是：江苏、浙江、天津、福建、山东、上海、北京、内蒙古、黑龙江和河南。其中，东部地区 7 个省份，西部地区、东北地区及中部地区各 1 个。

2015~2016 年，江苏、浙江、天津、福建、山东、上海、北京和河南 8 个省份连续两年排在省级老年人政策创新度的前十位。广东、吉林、内蒙古和黑龙江 4 个省份曾有一年位列前十（见表 3–13）。

表 3–13 2015~2016 年省级老年人政策创新度排名前十位省份

2015 年		2016 年	
排名	省份	排名	省份
1	江苏	1	上海
2	浙江	2	北京
3	天津	3	江苏
4	福建	4	山东
5	山东	5	河南
6	上海	6	天津
7	北京	7	广东
8	内蒙古	8	福建
9	黑龙江	9	浙江
10	河南	10	吉林

（二）省级老年人政策创新特点

1.8 个省份开展老年人需求评估，上海已为 2.9 万名老年人派送服务

在评价年份中，北京、天津、上海、浙江、福建、广东、四川、甘肃 8 个省份出台政策明确要求开展老年人需求评估工作。上海推动老年人照护等级评估政策力度最大。2013 年上海发布老年照护等级评估的地方标

准，2014 年开始探索由第三方专业评估机构对老年人的身体状况进行评估，按照评估结果匹配相应的基本养老项目，2015 年上海在全市范围全面施行老年照护统一需求评估制度，2016 年又发布《关于印发〈上海市长期护理保险需求评估实施办法（试行）〉的通知》。全面施行老年照护统一需求评估制度以来，所有新增的养老服务设施，凡属于养老基本公共服务的，老年人提出的申请一律经过统一需求评估。截至 2017 年 4 月 25 日，上海老年照护统一需求评估累计申请人数量已达到 39386 人，已评估 35756 人。其中，派送社区居家养老服务 17820 人；派送高龄老人医疗护理计划 2945 人；已经入住养老机构 7239 人，另有轮候 1040 人；已经入住护理机构 893 人，另有轮候 276 人。

2. 上海、山东实施长期护理保险，失能老人护理保障初见成效

在评价年份中，上海、山东 2 个省份建立长期护理保险制度，主要是针对生活困难老人和失能老人发放护理补贴。上海作为全国首批开展长期护理保险试点的城市之一，2016 年正式发布了《上海市长期护理保险试点办法》和《上海市长期护理保险试点办法实施细则（试行）》，根据规定，60 周岁及以上的享受职工养老保险退休人员或居民养老保险人员，本人按照规定提出需求评估申请后，符合条件的可以由定点护理服务机构为其提供相应的护理服务，并按规定报销护理费用。试点阶段，评估等级不同的老年人享受的社区居家照护服务从每周不超过 3 小时到每周不超过 7 小时，参保人员在社区居家照护的护理服务费用，由长期护理保险基金支付 90%，个人自负 10%。参保人员在养老机构发生的长期护理保险费用，按在养老机构入住的天数报销，由长期护理保险基金支付 85%，个人自付 15%。山东省则公布了《关于试行职工长期护理保险制度的意见》，先期在青岛等六市开展试点，其他市 2017 年要选择 1~2 个县启动实施，利用三年左右时间在全省全面建立职工长期护理保险制度。

3. 7 个省份上调高龄津贴标准，海南标准最高、上海范围最广

在评价年份中，除湖北、广西、重庆、四川等 4 个省份外，全国有 27 个省份出台了建立高龄津贴的省级文件，天津、河北、上海、贵州、陕西、青海、宁夏 7 省份上调了高龄津贴标准。从高龄津贴标准来看，海南仍居全国首位，各年龄段每月补贴标准为 80~89 周岁为 109~175 元、

90～99 周岁为 209～300 元、100 周岁及以上为 609～1000 元。从覆盖范围来看，我国高龄津贴制度普遍以年满 80 周岁作为领取条件，陕西是全国第一个在省级层面建立 70 周岁以上高龄补贴制度的省份。2012 年起，陕西、青海相继调低了全省高龄老人生活保健补贴发放的年龄门槛，发放年龄由以前的 80 周岁降低为 70 周岁。2016 年，上海率先建立起面向 65 周岁以上老年人口的综合津贴，提高了老年人的福利水平。

4.23 个省份出台社区居家养老服务规范，上海最为细致全面

在评价年份中，23 个省份共计出台了 33 项省级社区居家养老服务相关规范性文件，其中 31 项为地方标准形式，2 项是民政文件形式。从规范的细节程度看，上海、浙江、贵州、河南、广东等地区的地方标准所做的规定更为细致全面。各地区相继出台社区居家养老服务相关规范性文件，改变了过去只依靠服务人员经验来提供服务的状况，为养老企业、组织、培训机构等培训新人及已从业人员提供了参照标准。上海市在 2010 年已出台地方标准《社区居家养老服务规范》，在此基础上对上海市社区居家养老服务的各项内容及要求做了进一步细化，于 2015 年出台《社区居家养老服务规范实施细则（试行）》，其中对多项服务规定了时间、温度、次数等可量化标准，极大地增强了实用性和可操作性。

5.9 个省份出台公建民营实施指导意见，广西对运营主体要求最严

在评价年份中，全国已有北京、上海、天津、山西、浙江、福建、广西、四川、贵州 9 个省份出台了养老机构公建民营实施指导意见。从经验和资金门槛来看，运营方须具备专业养老服务管理经验和与之相匹配的资金实力，这两个条件均在 9 个省份公建民营实施指导意见有明确要求，天津和贵州还进一步明确运营养老服务经验在两年以上。除上面两条门槛条件以外，广西还规定了四个条件：一是具有医疗康复或养老服务行业资质，二是直接服务于服务对象的工作人员符合相关规定的配备标准，三是有不少于 30 万元人民币的注册资金，四是最近三年内无违法违规记录。

6.24 个省份确定开展医养结合试点，京、鲁、豫出台服务规范

在评价年份中，北京、天津、河北等 24 个省份开展医养结合试点

工作。全国除西藏外的 30 个省份均已出台将养老机构纳入医保定点结算的有关政策。2016 年 11 月，北京市卫计委、市民政局等多部门联合发布《关于推进医疗卫生与养老服务相结合的实施意见》，明确提出新建的 200 张及以上床位的养老机构，应建设配套的内设医疗机构，符合条件的可按规定纳入基本医疗保险定点范围。从各地实际进展情况来分析，除北京、上海等发达地区相对突出外，大多数省份还处于政策鼓励阶段。

在中医药与养老结合方面，北京、陕西已出台专项文件支持此项服务开展。北京市于 2016 年 9 月出台《北京中医药健康养老试点工作实施方案》，提出将以市二级、三级中医医院为核心，联合辖区社区卫生服务机构、街道养老照料中心、社区养老服务驿站组建中医药健康养老服务联合体，并将东城、西城等六区作为试点，启动中医健康养老社区示范工程。2015 年，陕西出台《陕西省人民政府办公厅关于促进中医药健康服务发展的实施意见》，鼓励公立中医医院积极参与社区养老和居家养老服务，在社区设置中医馆（堂），与区域内养老机构建立医养协作关系，开展上门诊视、健康查体、保健咨询等服务。

从医养结合服务规范出台情况来看，北京、山东、河南走在前列。2015 年 12 月，山东发布《医疗养老结合基本服务规范》（DB37/T 2721 - 2015），这是国内首个养老服务行业领域的"医养结合"标准。该标准对养老服务与医疗服务结合的形式进行了划分。此外，该标准还对保障医疗养老结合服务的医保定点设立、机构资质审批、人员执业资质、人员管理、政府多部门协调联动工作机制等关键问题提出要求。这为山东省医疗卫生与养老服务结合工作的有序开展提供了有力的技术支撑，也起到了全国示范作用。

7. 北京、上海、四川等 6 个省份出台适老化改造专项规划，打造宜居环境

在评价年份中，北京、内蒙古、上海、江西、四川、青海 6 个省份出台适老化改造的专项规划，全国 16 个省份明确适老化改造的专项资金。在适老化改造的专项规划方面，内蒙古出台《内蒙古自治区资助农村牧区敬老院改造提升工程项目实施方案》，强调重点工作为"二改""五设""三完善""一提升"，即改善卫生间及厨房餐厅；设立公共浴室、洗衣房、活动室、医务室及特殊护理房；完善供暖措施、安全防护措施及健身康复措施；提升服务能力。在适老化改造专项资金方面，四川提出省内各地区应整合部门资金，加强对老年人家庭及居住区公共设施无障碍改造的资金投入。自 2012 年起，上海市政府实事项目"为低保困难老年人家庭提供居室适老改造服务"明确用市级福利彩票公益金每年为 1000 户老年人完成改造，每户改造资金平均约为 2 万元。

8. 江苏等 4 个省份出台养老融资专项文件，16 个省份提出设立投资引导基金

在评价年份中，吉林、江苏、河南及湖南 4 个省份发布省级专项文件，明确以金融方式支持养老服务业发展。具体包括《吉林省级养老服务业发展引导专项资金管理暂行办法》和《关于金融支持养老服务业发展的意见》《河南省人民政府关于推广运用政府和社会资本合作模式的指导意见》及《关于信贷扶持养老服务业发展的指导意见》。在投融资扶持具体方式上，北京、吉林、江苏等 16 个省份在省级政策文件中提出设立投资引导基金。其中，吉林出台的《吉林省级养老服务业发展引导专项资金管理暂行办法》明确了资金使用范围和补贴标准。例如，贫困居家失能老人护理补贴，按每人每年 1200 元补贴；贫困老人入住机构补贴，根据贫困老人生活自理程度，分别按照生活自理的每人每年 1200 元、半自理的每人每年 2400 元、不能自理的每人每年 3600 元给予补贴。补贴资金由省与县各承担 50%。另外，对养老服务业重点产业项目贷款，给予一次性一定额度的贴息。

9. 北京、天津等 17 个省份出台多项政策促进养老人才队伍专业化

在评价年份中，17 个省份出台有关促进养老服务人才专业化建设的政策文件。2016 年，北京出台《关于加强养老服务人才队伍建设的意见》专项文件，着力培养护理人才、养老专业人才、养老管理人才，打造梯次分明、结构合理的养老服务人才队伍。在中高职、普通本科学生入职奖补方面，浙江、山东 2 个省份明确标准。2016 年，山东出台《山东省养老服务业转型升级实施方案》，提出对从事养老服务工作的本科、专科毕业生给予奖励，与符合条件的养老服务机构签订 5 年以上劳动合同、实际工作满 3 年后分别给予 2 万元和 1.5 万元的一次性补助。技工学院、高级技工学校毕业生享受专科毕业生补助政策。延长设立养老服务专业奖补政策至2020年。

针对养老护理员的政策补贴及培训计划，多个省份已开始实施。12个省份开展养老护理员培训计划，另外部分省份提供护理员从业补贴和培训及职业鉴定补贴。在从业人员补贴方面，北京、天津、内蒙古、江苏、山东5个省份已有明确标准。山东、江苏、浙江、广东以入职时间和学历为标准发放入职补贴，内蒙古、山东、广东、江苏按入职时间或养老护理员等级发放从业人员奖励或岗位津贴；在培训补贴或职业技能鉴定补贴方面，北京、天津、吉林、黑龙江、山东、湖南、福建、江西、海南、贵州、宁夏11个省份已明确标准。其中，北京、天津、上海、广东、山东、江苏、福建按照养老护理员等级发放200～2500元不等的培训补贴（含职业鉴定补贴）。从补贴类别和补贴金额来看，江苏对养老服务人才建设支持力度最大。江苏对取得国家养老护理员技师、高级工、中级工、初级工职业资格证书后，在养老机构护理岗位连续从业2年以上的人员，分别给予每人3000元、2000元、1000元、500元一次性补贴。

10. 机构与社区居家养老服务标准化体系逐步形成

在评价年份中，21个省份制定本地区内养老机构人员配比标准及养老机构星级评定标准，15个省份出台社区居家养老服务规范标准。在养老机构人员配比方面，黑龙江、上海、内蒙古、安徽、湖北、广东、广西、重庆、陕西、宁夏、新疆11个省份已做出规定。相对其他省份，黑龙江对此项标准要求较高，规定工作人员与正常服务对象的比例为1∶4，与生活不能自理老人的比例为1∶1.5。另外，在《养老机构分类与编码》（20120699－T－314）等国家标准的指导下，北京、河北、内蒙古、辽宁、黑龙江、上海等14个省份已制定省级养老机构等级评定标准，其中北京于2004年最先出台。从社区居家养老服务规范情况来看，天津、河北、山西、辽宁、吉林、上海等15个省份已颁布相关规范标准。从出台时间看，江苏省2001年9月5日发布的《社区服务养老服务规范》是所有标准中最早的，显示该省在积极应对人口老龄化方面的高度前瞻性。而山东在社区居家养老服务标准体系化方面最为细致，标准内容涵盖从体系建设到人员管理等细分领域的多个方面。

七 中国老年人政策发展趋势

整体来看，2015～2016年，国家高度重视人口老龄化问题，养老、医疗社会保障制度改革深度推进，长期照护保障制度建设积极探索。在此期间，国家出台《关于全面放开养老服务市场提升养老服务质量的若干意见》，进行养老服务业供给侧改革，鼓励社会各界力量参与提供养老服务。同时，在医养结合、社区居家养老等领域颁布具体政策支持养老服务发展，如《国务院办公厅转发卫生计生委等部门关于推进医疗卫生与养老服务相结合指导意见的通知》《民政部 财政部关于中央财政支持开展居家和社区养老服务改革试点工作的通知》。在国家政策指引下，地方不断创新老年人政策，大力推进老年人政策实施，从而使我国老年人的政策环境更加优化，老年人的社会保障和服务水平大幅提升，老年人的获得感明显增强。未来，在巩固发展成果的基础上，我国养老服务将呈现六大趋势。

（一）老年人政策创新和落实力度将不断加强

2012～2016年，从中国老年人政策进步指数三级指标数值变化情况来看，将31个省份的24个三级指标加总，共得到744个数值。纵观五年数据，呈现持续上升、波动上升的411个，占55.24%，其中每千名老年人拥有床位数、农村五保集中和分散供养水平、城镇职工基本养老金平均水平、养老机构收住失能半失能老年人比例等三级指标数值上升趋势最为突出；呈现基本平稳的16个，占2.15%；呈现持续下降、波动下降的317个，占42.61%（见图3-3）。

从区域分布来看，中部地区上升指标占指标总量的64.58%，超过其他地区。东北地区上升指标所占比例相对最低，占41.67%（见表3-14）。

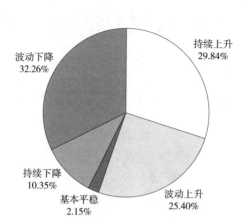

图 3 - 3　2012 ~ 2016 年老年人政策进步指数变化趋势分布

表 3 - 14　2012 ~ 2016 年分地区老年人政策进步指数变化趋势

地　　区	上升指标所占比例（%）
全　　国	55. 78
东部地区	56. 67
中部地区	64. 58
西部地区	52. 78
东北地区	41. 67

　　纵观 2012 ~ 2016 年各地老年人政策的发展情况，省级老年人政策创新重点从加强养老供给总量建设向更加注重养老服务供需匹配转变，从注重机构养老服务向强调构建社区居家养老综合照顾服务体系转变，从重硬件向重服务转变，从重规模建设向重功能和质量提升转变等。一系列政策创新的发展变化，体现出地方政府在创新老年政策的同时，更加强调政策的落实、推进老年人福利和服务的可及性，尤其是上海在一系列政策转变中做出的重大创新，构建起全市统一的老年照护等级评估体系，通过老年人能力评估，在社区层面开放申请窗口，匹配各类养老服务，将专业化的力量引入社区、引入家庭，真正让国家政策在社区层面得到贯彻落实，在全国起到引领作用。

（二）老年社会保障将从提标扩面向多支柱、全覆盖、可持续发展

从 2012～2016 年的老年人政策进步指数二级指标数值来看，老年社会福利、老年社会保险、老年社会救助方面的水平逐步提高，其上升趋势的比例分别达到 79.57%、62.90% 和 57.26%，尤其体现在农村五保供养水平、城镇职工退休人员基本养老金等绝对水平的逐年提高。2012～2016年，我国城镇职工退休人员基本养老金持续上调，2015 年我国首次统一提高全国城乡居民养老保险基础养老金最低标准。2016 年，城镇职工退休人员基本养老金更是迎来"12 连涨"。此外，我国在社会保险扩大覆盖面方面取得的成绩得到国际社会的高度认可，2016 年 11 月国际社会保障协会第 32 届全球大会授予中国政府"社会保障杰出成就奖"。在评价年份中，我国各项福利和服务制度正在逐步建立完善，如高龄津（补）贴、居家养老服务补贴、护理补贴等，覆盖范围逐步扩大。由此可见，党的十八大以来，我国老年人社会保障在提标扩面方面已取得显著进展。

党的十九大报告提出，完善城镇职工基本养老保险和城乡居民基本养老保险制度，尽快实现养老保险全国统筹，完善统一的城乡居民基本医疗保险制度和大病保险制度。《"十三五"国家老龄事业发展和养老体系建设规划》提出，到 2020 年，多支柱、全覆盖、更加公平、更可持续的社会保障体系更加完善。我国老年人的基本生活、基本医疗、基本照护等需求得到切实保障。从老年人的发展特点来看，未来基本医疗和照护需求将显著增加，我国需要在基本生活保障和医疗保障的基础上，进一步健全基本照护需求保障。

（三）医养融合的老年健康服务体系建设将快速提升

在《国务院办公厅转发卫生计生委等部门关于推进医疗卫生与养老服务相结合指导意见的通知》指导下，各省份积极做出工作部署，加快推进医养融合服务。其中，23 个省份已出台医养融合专项文件。另外，从具体指标中也能看出其上升趋势。从每万名老年人拥有护理院数来看，北京、辽宁、吉林、上海、江苏、浙江、安徽、福建、江西、山东、河南、湖

北、湖南、广东、重庆、四川、贵州、云南 18 个省份逐年上升，尤以江苏省表现突出。2016 年，江苏每万名老年人拥有护理院数排名第一位，共建设护理院 105 家，在绝对数量上亦在全国排名第一。从每万名老年人拥有老年医院数来看，内蒙古、上海、浙江、福建、江西、广西、海南、贵州、云南、甘肃、新疆 11 个省份呈上升趋势，西部省份进展明显。《"十三五"卫生与健康规划》提出，从提高老年人健康素养、健全老年健康服务体系、推动医疗卫生与养老服务融合发展等三个方面发展老年健康服务，连续性的健康服务体系将得到进一步发展。2017 年 11 月，国家卫生计生委印发《关于养老机构内部设置医疗机构取消行政审批实行备案管理的通知》也将在一定程度上促进医养融合的老年健康服务体系发展。

（四）社会力量在养老服务中的主体作用将进一步发挥

养老服务供给结构开始发生变化，服务水平有所提高。2013 年，国务院印发《关于加快发展养老服务业的若干意见》，提出充分发挥社会力量的主体作用。2015 年，国家发改委办公厅、民政部办公厅、老龄委办公室综合部联合发布《关于进一步做好养老服务业发展有关工作的通知》，从体系建设、资金投入等方面大力推动养老服务业发展。31 个省份相继出台鼓励社会力量参与发展养老服务业的政策举措，从社会办养老机构数量和比例来看，政策引导作用开始发挥。2014～2016 年，19 个省份的工商注册的养老机构绝对数量有明显增长，20 个省份的民办非企业注册养老机构绝对数量呈上升趋势。四川在 2013 年还未有工商注册的养老机构，截至 2016 年，已增长至 85 家。在养老机构的结构比例上，社会办养老机构比例同样大幅提升，其中 24 个省份工商注册养老机构的比例、7 个省份民办非企业养老机构注册的比例实现有效增长。

（五）满足老年人社会参与和精神文化需求将成为各地重点任务之一

2015～2016 年，在老年活动、维权、教育与自治方面，部分指标在绝对数量增长的同时，与老年人口相比较的相对数量则呈明显下降趋势，如每万名老年人拥有老年活动站/中心/室数、每万名老年人拥有老年法律援助中心数、每万名老年人拥有老年大学数量、每万名老年人拥有老年协会数量，在 31 个省份 124 个二级指标数值变化趋势中，仅有 28 个指标变化为上升趋势，占 22.58%。这说明在我国快速老龄化的背景下，老年人参与社会、学习能力提升等方面的发展速度已经滞后于老年人口的增长速度，尤其是随着 20 世纪 50 年代和 60 年代出生的人逐步进入老年，老年人社会参与和精神文化需求将进一步凸显，注重老年人精神文化建设、开发老年人力资源将成为各地"十三五"期间工作的重点之一。

（六）养老服务标准体系建设将得到进一步加强

2015～2016 年，地方养老服务标准体系建设力度明显加强。随着全球人口老龄化程度的不断加深，养老服务标准化建设工作逐步成为世界主要国家和地区发展养老服务业的重要措施。从我国现有探索情况看，在《关于加快发展养老服务业的若干意见》《关于加强养老服务标准化工作的指导意见》等中央文件的推动下，国家、行业、地方、企业养老服务标准正在陆续建立。在所有省级养老服务标准中，护理服务、医养结合、人才培育是目前各地养老服务工作重点创新推进的领域。民政部出台的《关于印发〈养老服务标准体系建设指南〉的通知》再一次从国家角度提出要在构建依据、建设思路、体系框架等方面进一步统一和规划养老服务的标准化体系建设。标准化体系建设、加强行业监管将是提升我国养老服务质量、推进养老服务专业化的重要途径。

第四章 中国儿童政策进步指数

一 中国儿童政策发展形势与挑战

我国现代儿童福利与保护发展正进入快速发展时期，国家规划与政策凸显儿童优先，推进机会均等与城乡公平。2015~2016年是中国现代儿童福利与保护发展的重要转折点，困境儿童保障和农村留守儿童关爱保护两大政策出台，标志着我国儿童福利与保护体系全面转型升级。同时，基层儿童福利与保护体系全面推开，农村留守儿童关爱保护机制普遍建立，多地提标扩面推进困境儿童保障，政府协同社会力量救助大病儿童成效凸显，以儿童保护为重点的现代儿童福利服务体系建设加速推进。

当前，我国儿童福利与保护面临的最紧迫问题是儿童、家庭与社会支持系统之间信息资源不匹配，迫切需要解决"最后一公里"问题。进一步加强现代儿童福利与保护体系建设，一是要以基层儿童服务支撑体系建设为工作重点，在村（居）委会设立专职儿童工作人员和儿童活动场所，培训儿童主任提升专业服务能力；二是要完善行政管理体系与财政投入机制，尽快将困境儿童工作保障经费纳入各级财政预算；三是要进一步加强儿童分类托底保障制度建设，将事实无人抚养儿童纳入孤儿保障范围，建立儿童津贴标准的自然增长机制，完善儿童大病救助机制，对白血病儿童实行托底保障。加速建立具有世界先进水平的中国儿童福利服务体系，使全体儿童的权益得到更加有效的保障。

（一）中国儿童政策转型升级加速推进

1. 顶层现代儿童福利体系设计向普惠型发展

继2010年孤儿生活保障津贴后，国务院于2016年出台困境儿童保障和农村留守儿童关爱保护两大政策，标志着我国儿童福利与保护体系从补缺型向普惠型发展。2016 年 2 月 4 日，国务院出台《关于加强农村留守儿童关爱保护工作的意见》，6 月 13 日，再次出台《加强困境儿童保障工作的意见》，开启了我国儿童福利与保护制度的新时代。两份文件与 2010 年国务院办公厅出台的《关于加强孤儿生活保障工作的意见》，成为我国儿童福利与保护体系建设最重要的三个文件。三个文件相互递进，内涵从保障孤儿弃婴到帮助困境儿童，保障的内容由基本生活、基本生存向教育、医疗、救护、康复、服务等拓展，标志着我国儿童福利与保障制度进入一个新的发展阶段。

国家规划与政策凸显儿童优先，推进机会均等与城乡公平。国家"十三五"推进基本公共服务均等化规划，首次将困境儿童和农村留守儿童写入社会服务清单，并列为社会福利的重点任务，明确由民政部和财政部牵头，地方人民政府负责。国家"十三五"民政事业规划也再次强调落实困境儿童优先原则，全面提升儿童福利与保护服务水平，推动健全农村留守儿童关爱服务体系和救助保护机制。2014 年以来，中央部委每年出台的儿童福利政策文件均保持在 30 个以上。2016 年，在儿童福利和保护的生活保障、教育发展、医疗健康、救助保护、人才队伍五大领域共出台 33 项政策文件，尤其在留守儿童、大病儿童、孤残儿童等各类困境儿童的救助保护和津贴保障方面取得了突破。

2. 村级儿童主任制度全面建立，儿童福利服务框架初步建成

2016 年 6 月份，继孤儿保障政策后，国务院再次出台加强困境儿童保障工作意见，从解救"孤"到帮助"困"，保障的内容由基本生活向教育、医疗、救护、康复、服务等拓展，并且要求在全国村（居）民委员会设立儿童福利督导员或儿童权利监察员开展困境儿童保障工作，标志着我国儿童福利制度进入一个新的发展阶段，我国儿童福利制度保障范围已由弃婴、孤儿向困境儿童全面拓展。截至 2016 年 12 月，全国已有 29 个省份出台了困境儿童分类保障政策。其中，北京、天津、江苏等 15 个省份出台了省级困境儿童分类保障政策，在全省范围内推动建立困境儿童福利津贴和儿童保护制度。

3. 全国开展农村留守儿童关爱保护专项行动

2016 年，农村留守儿童关爱保护机制全面建立，明确设立专职儿童主任和儿童活动场所。民政部等八部门从 2016 年 11 月起至 2017 年底，在全国联合开展农村留守儿童"合力监护、相伴成长"关爱保护专项行动，切实解决农村留守儿童摸底排查工作中发现的突出问题，着重加强对无人监护、父母一方外出另一方无监护能力、失学辍学、无户籍农村留守儿童等重点对象的干预帮扶。力争到 2017 年底将所有农村留守儿童纳入有效监护范围，杜绝农村留守儿童无人监护现象，有效遏制监护人侵害农村留守儿童权益行为，切实兜住农村留守儿童人身安全底线。

4. 政府协同社会救助大病儿童格局初步形成

我国医保体系不断完善，已经形成由基本医保、城乡大病医保和医疗救助三部分构成的医疗保障体系。我国农村地区和城镇地区分别于 2003 年和 2007 年启动基本医疗保险制度，后于 2003 年和 2009 年分别开展医疗救助工作，大病医保工作于 2012 年开始试行，并于 2015 年底在全国铺开，对城市和农村大病儿童的医疗费用进行二次报销。2016 年 1 月，城镇居民基本医疗保险与新农合实行并轨，逐步形成城乡统筹的基本居民医保制度。

基本医疗保障体系逐步完善的同时，儿童医保覆盖范围日益拓展。一是如期完成城乡居民医疗保障体系的建立，30 个省份已下发文件，将新农合与城居保整合为城乡居民基本医保制度，有力推动城乡儿童大病救助的公平发展。二是高医保覆盖率为儿童提供基本医疗保障。我国基本医保参保覆盖率稳定保持在 95% 以上，部分省份的儿童参保率十分突出，陕西省儿童医保的覆盖率达到 98.5%。三是 8 个省份出台针对儿童的基本医疗保险和大病保险政策，天津、上海、河南和重庆下发文件要求给予儿童降低基本医保起付线和提高报销比例的优惠政策，北京、山西、广东、重庆和宁夏则在政策中要求提高儿童大病保险的支付比例，在保障儿童享受基本医保制度之外，还为儿童提供更优惠的医保政策。

儿科建设力度不断加大，缓解儿童医疗资源短缺问题。2016 年，国家卫计委等六部委联合发文要求推进高等院校儿科医学人才的培养，在全国 39 所举办"5+3"一体化医学教育的高校开展一体化儿科医生培养，扩大儿科学专业研究生招生规模，继续推进农村定向医学生免费培养工作。与此同时，国家"十三五"规划提出到 2020 年，将每千名儿童床位数增加至 2.2 张；同时发展儿科医师队伍，使每千名儿童儿科执业（助理）医师数达到 0.69 名；每个乡镇卫生院和社区卫生服务机构至少配备 1 名全科医生提供规范的儿童基本医疗服务，以满足儿童医疗卫生需求。

社会力量日益成为儿童医疗救助的一支重要力量。2016 年，中国儿童大病救助联盟成员机构通过逾 25 个救助项目，收到 1.14 万名患儿的救助申请，募集 2.74 亿元救助资金，年度实际救助患儿 1.26 万人次，覆盖病种 76 个，支出 3.73 亿元救助资金，人均救助资金约 3 万元。自成立以来，联盟以联合救助为目标，建立了统一救助信息采集标准，2016 年联合救助白血病患儿 18 例，支出 170 万元，人均救助额度达 9.4 万元。在覆盖范围上，救助工作覆盖全国 31 个省份，其中，受助患儿数量最多的地区为河南省，占患儿总数的 11.2%；其次是山东省、河北省和广东省，分别占总数的 9.7%、7.4% 和 6.1%。从地区分布来看，联盟救助患儿中，超过 1/3 集中在东部地区。

5. 政府购买与社会捐赠激发社会组织活力

2016 年，中央财政 6331 万元购买儿童类专业服务创历史新高，留守儿童项目资金额占比最高。截至 2016 年，中央财政购买社会服务已经进入第五年，儿童类项目占比较高。2012 年政府购买儿童类社会服务项目金额 5725 万元，占当年资金额度的 29.47%；2013 年儿童类项目资金 3941 万元，低于 2012 年；2014 年以后逐渐回升；2016 年儿童类项目资金创历史新高，达到 6331 万元，占当年资金总额的 32.4%（见图 4-1）。

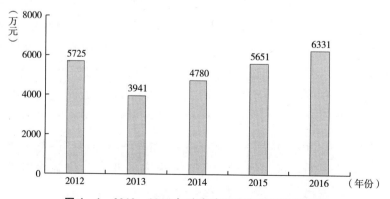

图 4-1　2012~2016 年政府购买儿童类项目资金额

专业社工类项目受到政府购买青睐。在 2016 年获得中央财政支持的 439 个社会组织服务项目中，儿童类项目有 141 个，购买项目中有很大比例是专业社工组织服务相关项目。在儿童类的 141 个项目中，社会工作服务示范项目有 26 个，占儿童类项目的 18.4%，获得资金 1212 万元，占儿童类项目资金的 19.1%（见图 4-2）。

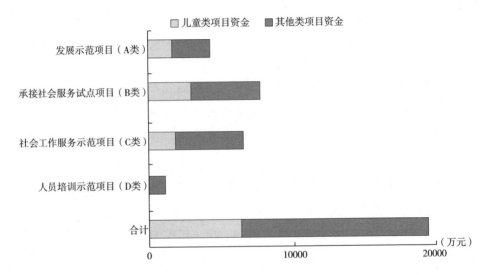

图 4-2　2016 年中央财政支持社会服务中儿童类项目金额情况

政府购买项目惠及大量残疾儿童和留守儿童。从服务儿童类型来看，以残疾儿童为服务对象的社会服务项目数所占比例最高，达到 28%，其次是留守儿童、务工人员随迁子女和大病儿童，分别占 26%、11% 和 7%。其他还包括以孤儿、单亲家庭儿童、少数民族地区儿童等类型儿童为服务对象的项目，占 28%。从购买服务金额来看，中央财政购买留守儿童社会服务项目金额达到 1702 万元，占儿童类社会服务项目资金总额的 26.9%；购买孤儿、残疾儿童社会服务项目金额为 1502 万元，占比达到 23.7%；购买务工人员随迁子女社会服务项目金额为 687 万元，占比为 10.9%；购买大病儿童社会服务项目金额为 535 万元，占比为 8.5%（见表 4-1）。

表4－1　2016年中央财政购买社会服务中各类型儿童项目数量、金额及所占比例

服务对象	购买项目		项目金额	
	数量（个）	占比（%）	金额（万元）	占比（%）
孤儿、残疾儿童	40	28	1502	23.7
留守儿童	37	26	1702	26.9
务工人员随迁子女	15	11	687	10.9
大病儿童	9	7	535	8.5
其他	40	28	1905	30.1
合计	141	100	6331	100

　　2016年，儿童类社会捐赠额超过3.4亿元，聚焦医疗健康和教育领域。2016年，儿童公益领域百万元以上捐赠超过87笔，千万元以上捐赠达到13笔，捐赠总额超过3.4亿元。其中，单笔最高捐赠为中国孔子基金会传统文化教育分会向陕西省国家级贫困地区中小学捐赠的3000万元善款，用于提升陕西省贫困地区小学教育硬件水平。从捐赠流向来看，儿童公益捐赠向儿童医疗健康领域、教育领域倾斜较多。从捐赠方式来看，以企业、捐赠为主，基金会、个人捐赠次之。从捐赠接受者来看，基金会接受捐赠所占比重最大。从捐赠趋势来看，捐赠额在11月达到高峰，元旦春节后企业单位捐赠高峰期结束，并在3月回落到全年中的最低点（见图4－3）。

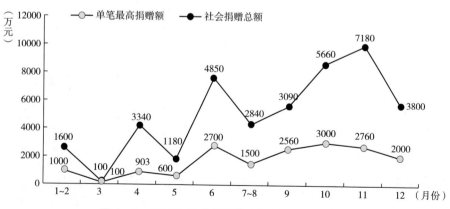

图4－3　2016年儿童领域社会捐赠金额变化趋势

资料来源：北京师范大学中国公益研究院监测整理。

6. 困境儿童教育发展与公平加速推进

教育投入不断加大，多项指标提前达成。2016 年，国家财政性教育经费为 29991.45 亿元，与 1991 年的 617.83 亿元相比，增长了 47 倍多。历年全国财政性教育经费支出占全国 GDP 比例呈上升趋势，从 1991 年的 2.81% 逐年增至 2016 年的 4.22%，连续第五年保持在 4% 以上（见图 4 - 4）。学前教育取得显著进展，学前三年毛入园率呈稳步增长趋势，从 2011 年的 62.3% 增长至 2016 年的 77.4%，提前达到《教育规划纲要（2010 - 2020 年）》设定的 2020 年目标。高中阶段教育毛入学率也逐年增长，从 2011 年的 84% 增长至 2016 年的 87.5%。整体而言，我国公共教育资源的快速扩大，为适龄儿童入学提供了基本条件保障。

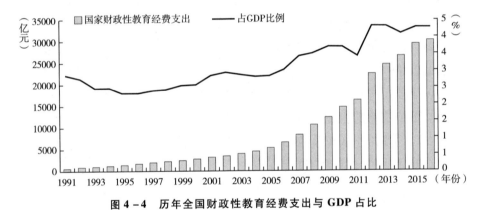

图 4 - 4　历年全国财政性教育经费支出与 GDP 占比

资料来源：根据《中国统计年鉴》《中国教育统计年鉴》《中国教育经费统计年鉴》数据整理。

义务教育政策向贫困儿童倾斜。2016 年 12 月，教育部等 6 部门联合印发《教育脱贫攻坚"十三五"规划》，以国家扶贫开发工作重点县和集中连片特困地区县为重点、以建档立卡等贫困人口为重点，到 2020 年，贫困地区教育总体发展水平显著提升，实现建档立卡等贫困人口教育基本公共服务全覆盖。

（二）儿童服务支撑体系建设亟待加强

随着经济社会持续快速发展，儿童福利服务水平明显提升，但仍严重滞后于经济发展水平，无法满足儿童多元化、多样性需求，主要面临三个方面的挑战。

1. 基层儿童工作人员短缺，培养机制亟待完善

按照国务院困境儿童保障政策要求，全国将建成一支由66.2万名兼职或专职儿童福利督导员组成的基层儿童福利服务专业工作队伍。目前，培养渠道单一，仅靠高校专业人才教育、社工职业水平考试认证等培养体系，难以完成66.2万人规模的人才培养，更无法提供实务型儿童福利服务专业技能培训。

2008年以来，我国通过社会工作职业水平考试的持证社会工作人员数量虽然逐年增长，但整体数量仍然不足。截至2016年底，全国持证社会工作者共计28.8万人，其中，社会工作师6.9万人，助理社会工作师21.9万人。从数量来看，自2008年社会工作职业水平考试开展以来，通过考试认证体系培养了近30万名社会工作者。目前，我国社会工作人员队伍规模超过40万人，即便持证社会工作人员全部从事社会工作，也至少有20万名从事社会工作的人员没有经过考试认证。2008～2016年社会工作人员数量变化见图4-5。

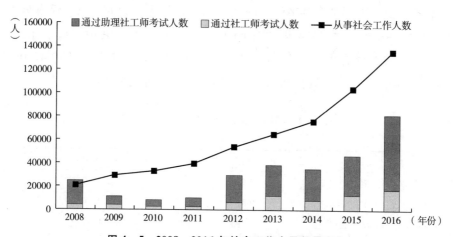

图4-5　2008～2016年社会工作人员数量变化

资料来源：根据《中国民政统计年鉴》数据整理。

全国有66.2万个村（居）民委员会，按照国务院困境儿童保障政策要求，66.2万名兼职或专职儿童福利督导员的建设，不仅规模庞大，而且对社会工作实务水平要求很高，需要具备儿童福利知识和专业服务技能。因此，落实国务院困境儿童保障政策，亟待健全社会工作人员培养机制。2016年分地区村委会、居委会儿童福利督导人员分布情况见图4-6。

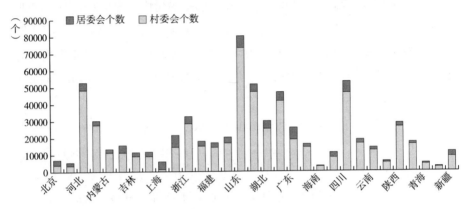

图4-6 2016年分地区村委会、居委会儿童福利督导人员分布情况

资料来源：根据《中国民政统计年鉴2017》数据整理。

儿童领域专业人员培养机制亟待加强。我国社会工作发展快速但仍处于起步阶段，儿童领域社工并未被区分出来。若以我国儿童福利机构的儿童社工为例，我国拥有资格认证的儿童社会工作人员为860人，仅占员工总数的5.8%。美国2014年共有65.0万名在职社工，其中，从事儿童、家庭、学校领域的社工达到30万人，约占美国在职社工总人数的47.0%（见表4-2），儿童领域社会工作在美国社会工作占有重要地位。

表4-2 2014年美国社工类别和从业人数

单位：人，%

社工类别	从业人数	比例
儿童、家庭、学校社工	305200	47.0
医疗与公共卫生社工	160100	24.6
精神健康与物质成瘾社工	117800	18.1
其他类型社工	66400	10.2
合　计	649500	100

资料来源：2012~2013年 Dashboard Indicator. CSWE，GADE，参见 www.gadephd.org。

2. 儿童福利资金投入不足，与经济社会发展水平不相适应

近年来，我国儿童福利支出总量保持平稳，2016 年达到 56.3 亿元。但相对我国 GDP 总量，国家用于儿童福利的财政投入占比仍然较低。困境儿童生活补助标准与经济社会发展水平相比存在较大差距。从基本生活保障标准较高的孤儿基本生活费标准来看，集中供养孤儿每人每月 1184 元，仅达到我国城市居民人均消费支出水平的 61.6%；散居供养孤儿每人每月 831 元，不足城市居民人均消费支出水平的一半，基本与农村居民人均消费支出水平持平。此外，特困供养儿童和享受低保儿童月人均生活补贴标准与我国经济社会发展水平相比也不相适应。

孤儿救助保障范围过窄，从根本上限制了国家对孤儿的救助保障力度。根据规定，目前全国各地发放儿童福利证、领取孤儿基本生活补贴的孤儿仅包括失去父母双方的儿童。而那些父母一方因遭遇死亡、重伤、失踪、服刑、重病等丧失抚养能力，而另一方也由于种种原因不能履行抚养义务的儿童，其生活处境和父母双亡的孤儿相似，却被排除在孤儿保障制度之外。世界各国孤儿人口占儿童总人口比例平均为 8%，很多国家将失去一方父母的儿童，也纳入孤儿保障制度范围。相比而言，我国孤儿保障范围过于狭窄，严格限定须父母双方均死亡，应进一步放宽孤儿认定标准和程序，尽快将更多事实无人抚养儿童纳入孤儿保障范围。

3. 儿童保护医疗教育等方面服务能力与实际需求不相适应

近年来农村留守儿童恶性事件频发，不断冲击人们的道德底线，对我国儿童服务提出了更高要求。从全国首次农村留守儿童摸底排查数据来看，4% 的农村留守儿童处于无人监护状态；少数农村留守儿童存在辍学或尚未登记户口的情况。2017 年 5 月，贵州毕节 2 名留守儿童丧生于火灾；2017 年 1 月，云南镇雄 17 岁留守少年春节期间喝农药自杀；2015 年 6 月，贵州省毕节市七星关区田坎乡 4 名留守儿童在家中服用农药自杀；2015 年 7 月，宁夏一幼儿园 12 名女童遭性侵，其中有 11 名受害者为留守儿童；2014 年 1 月，广西兴业 13 岁留守女童两年间遭 10 多名当地村民多次性侵；2012 年 11 月，5 名流浪儿童在毕节市七星关区一处拆迁工地旁边的垃圾箱内死亡。为此，亟待明确细化基层儿童服务专业化标准和工作规范。

校园欺凌案件屡屡发生，呈现低龄化、群体化、反复性等特点。教育部 2016 年抽样调查数据显示，校园欺凌发生率为 33.4%。其中，经常被欺凌的比例为 4.7%，偶尔被欺凌的比例为 28.7%。2016 年，全国检察机关受理校园涉嫌欺凌和暴力犯罪案件 1988 人，批准逮捕 1180 人。国际社会经验显示，加强专项治理和专门立法的同时，要特别注重动员社会力量参与，形成合力，采取更富针对性的治理措施。美国在公益组织倡议下，掀起全国反校园暴力月活动，很多学校在 10 月的某一天要求学生穿蓝色衣服上学，以示反对校园暴力。澳大利亚鼓励支持建立各类救助组织以应对欺凌行为，如"反欺凌网络组织"和"澳大利亚无欺凌计划"，以帮助学校了解欺凌现象，为学校制定相关政策，提供教师培训的指导大纲。

儿科医疗资源缺口大。一是儿科医生严重不足。国家卫计委等六部委 2016 年发布的《关于印发加强儿童医疗卫生服务改革与发展意见的通知》显示，我国每千名儿童的儿科医生数约为 0.49 人，低于世界主要发达国家每千名儿童 0.85 ~ 1.3 名儿科医生的数量。二是儿科床位数占比偏低。2015 年，我国总床位数为 701.52 万张，其中，儿科床位数 46.46 万张，儿科床位数占总床位数的 6.62%。儿科床位占比与儿童人口占比相差甚远。三是儿童医院资源短缺。2015 年，我国医疗卫生机构数量共计 98.35 万个，其中医院数量为 2.76 万个，而儿童医院数量仅为 114 个，占总医院数比例仅为 0.42%。

重残儿童教育公平问题日益突出。国家统计局数据显示，2007 ~ 2014 年，义务教育阶段未入学残疾儿童人口从 22.3 万人降至 8.5 万人。近年来，尽管我国未入学残疾儿童数量显著减少，但由于残疾程度较重、家庭经济困难、无特教班、交通不便等原因，仍有 8.5 名万学龄残疾儿童无法接受义务教育，残疾儿童义务教育阶段入学率为 72.7%，但仍有 37% 的残疾儿童失学。

公办幼儿园供需矛盾仍然突出，千万幼儿没有入园机会。2016 年，是全面实施二孩政策的第一年，实施以来效果比较明显，全国新出生人口 1867 万人，与 2015 年相比增长 11%，其中，二孩为 800 万人，占比为 45%，成为 2000 年以来出生人口最高的年份。根据 2013 年实行的《幼儿园教职工配备标准（暂行）》，幼儿园教职工与幼儿比应为 1:5 ~ 1:7，而

2016 年全国教育事业发展统计公报显示，实际教职工与幼儿比为 1∶17，与规定差距悬殊。学前教育毛入学率为 77.4%，虽比 2015 年度提高了 2.4 个百分点，但仍有近 23%，即约 1000 万名幼儿没有入园机会。民办幼儿园占各类幼儿园总数的比例超六成，但大部分民办幼儿园在人才队伍、经费保障和教育质量等方面与公办幼儿园相比，仍存在较大差距。

当前，我国儿童福利与保护面临的最紧迫问题是，儿童、家庭与社会支持系统之间信息资源不匹配，迫切需要解决"最后一公里"问题。进一步加强现代儿童福利与保护体系建设，一是要以基层儿童服务支撑体系建设为工作重点，在村（居）委会设立专职儿童工作人员和儿童活动场所，培训儿童主任提升专业服务能力。二是要完善行政管理体系与财政投入机制，尽快将困境儿童工作保障经费纳入各级财政预算。三是要进一步加强儿童分类托底保障制度建设，将事实无人抚养儿童纳入孤儿保障范围，建立儿童津贴标准的自然增长机制，完善儿童大病救助机制，对白血病儿童实行托底保障。加速建立具有世界先进水平的中国儿童福利服务体系，使全体儿童的权益得到更加有效的保障。

二　中国儿童政策进步指数指标体系

中国儿童政策进步指数由"政策环境""生活保障""教育发展""医疗健康""救助保护"5 个二级指标，以及 25 个三级指标构成。在 25 个三级指标中，独家研发指标 16 个，占比为 64%。2015 ～ 2016 年儿童政策评价工作在 2012 年、2013 年和 2014 年儿童政策进步指数的基础之上，根据儿童政策发展新形势进行优化升级。相比之下，三级指标数量由 21 个增加至 25 个。其中，原指标全部保留，并新增 4 个指标，即在"生活保障""教育发展""医疗健康""救助保护"二级指标下，分别新增"儿童福利经费占社会福利总支出比例""城乡义务教育阶段师生比""人均儿科床位数""每万人口流浪儿童救助人次数"4 个三级指标（见图 4 - 7），从而增加儿童福利保障经费投入水平、城乡义务教育公平、儿科医疗资源建设方面的新评估维度。除

"政策环境"的 2 个三级指标外，其他 23 个三级指标的基础数据来源于《中国统计年鉴》《中国卫生和计划生育统计年鉴》《中国民政统计年鉴》和公开信息。

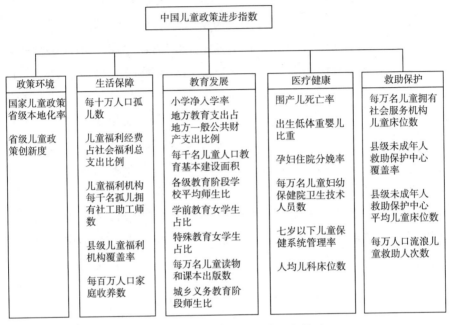

图 4-7 中国儿童政策进步指数体系

三　2015～2016 年中国儿童政策进步指数省份排名

本部分首先着重对 2015～2016 年连续两年进入中国儿童政策进步指数排名前十位的省份进行描述，然后分别对 2015 和 2016 年儿童政策进步指数的排名展开更为详细的分析，主要包括省份排名、单项指标突出省份、地区内部差异，以及儿童事业发展与经济发展匹配程度等。

2015～2016 年，浙江、北京、江苏、上海、湖北、重庆、陕西、天津 8 个省份连续两年位列儿童政策进步指数前十。其中，东部地区占 5 席，西部地区占 2 席，中部地区占 1 席。此外，山东和新疆在 2015 年、广东和宁夏在 2016 年也曾进入前十位（见表 4-3）。

表 4 - 3 2015～2016 年儿童政策进步指数省份排名

排名	2015 年		2016 年	
	省份	分值	省份	分值
1	北京	0.592	北京	0.616
2	上海	0.540	浙江	0.601
3	浙江	0.538	江苏	0.530
4	江苏	0.506	湖北	0.507
5	湖北	0.491	上海	0.498
6	重庆	0.473	山东	0.497
7	山东	0.465	重庆	0.494
8	天津	0.451	湖南	0.482
9	宁夏	0.433	四川	0.477
10	黑龙江	0.423	陕西	0.475
11	湖南	0.420	福建	0.466
12	四川	0.415	广东	0.465
13	陕西	0.406	云南	0.446
14	广东	0.403	安徽	0.427
15	贵州	0.400	黑龙江	0.424
16	山西	0.386	山西	0.421
17	河南	0.383	河南	0.420
18	河北	0.383	天津	0.411
19	甘肃	0.378	甘肃	0.411
20	内蒙古	0.374	广西	0.409
21	安徽	0.373	江西	0.405
22	辽宁	0.369	辽宁	0.405
23	福建	0.366	河北	0.403
24	广西	0.361	宁夏	0.401
25	吉林	0.354	贵州	0.397
26	江西	0.350	内蒙古	0.395
27	云南	0.348	吉林	0.335
28	青海	0.307	新疆	0.281
29	新疆	0.297	青海	0.273
30	海南	0.278	海南	0.258
31	西藏	0.241	西藏	0.152

（一）2015 年中国儿童政策进步指数排名

2015 年儿童政策进步指数排名前十位的省份依次是北京、上海、浙江、江苏、湖北、重庆、山东、天津、宁夏、黑龙江。从地区分布来看，在排名前十位的省份中，东部地区占 6 席，西部地区占 2 席，中部地区、东北地区各占 1 席。在排名第 11～20 位的省份中，西部地区占 5 席，东部地区占 2 席，中部地区占 3 席。在排名第 21～31 位的省份中，东部地区占 2 席，西部地区占 2 席，东北地区占 2 席（见表 4-4）。

表 4-4　2015 年中国儿童政策进步指数省份排名分布

地区 排名情况	东部地区	中部地区	西部地区	东北地区
第 1～10 位	6 个：北京、上海、浙江、江苏、山东、天津	1 个：湖北	2 个：重庆、宁夏	1 个：黑龙江
第 11～20 位	2 个：广东、河北	3 个：湖南、山西、河南	5 个：四川、贵州、陕西、甘肃、内蒙古	无
第 21～31 位	2 个：福建、海南	2 个：安徽、江西	5 个：广西、云南、青海、新疆、西藏	2 个：辽宁、吉林

从单项三级指标来看，湖南出台《湖南省"残疾孤儿手术康复明天计划"拓展工作方案》，较早建立起散居孤儿"明天计划"医疗救助制度，江苏南京出台《困境未成年人寄养家庭评估标准》，在全国率先推行困境儿童家庭寄养评估标准化建设工作。北京、天津、河北、辽宁、吉林、黑龙江、上海、江苏、浙江、安徽、福建、江西、河南、湖北、陕西 15 个省份孕妇住院分娩率达到 100%，北京、上海、内蒙古、江苏、浙江、福建、山东、河南 8 个省份小学净入学率达到 100%。

2015 年儿童政策进步指数排名与人均 GDP 排名比较有 10 个省份高出 5 个及以上位次，分别是湖北（8）、重庆（5）、宁夏（6）、黑龙江（11）、湖南（5）、四川（11）、贵州（14）、山西（11）、河南（5）、甘肃（12）。其中，西部地区 5 个，中部地区 4 个，东北地区 1 个（见表 4-5）。

表 4-5　2015 年儿童政策进步指数省份排名

排名	省份	政策环境	生活保障	教育发展	医疗健康	救助保护	总分	人均 GDP 排名	与人均 GDP 排名比较
1	北京	0.524	0.196	0.719	0.827	0.586	0.592	2	1
2	上海	0.678	0.257	0.718	0.706	0.204	0.540	3	1
3	浙江	0.869	0.266	0.653	0.758	0.012	0.538	5	2
4	江苏	0.696	0.187	0.649	0.690	0.194	0.506	4	0
5	湖北	0.540	0.099	0.507	0.758	0.496	0.491	13	8
6	重庆	0.979	0.195	0.463	0.671	0.023	0.473	11	5
7	山东	0.480	0.167	0.633	0.740	0.111	0.465	10	3
8	天津	0.627	0.334	0.624	0.535	0.005	0.451	1	-7
9	宁夏	0.367	0.296	0.411	0.633	0.387	0.433	15	6
10	黑龙江	0.416	0.144	0.492	0.744	0.155	0.423	21	11
11	湖南	0.518	0.110	0.454	0.654	0.286	0.420	16	5
12	四川	0.497	0.101	0.457	0.636	0.312	0.415	23	11
13	陕西	0.184	0.079	0.529	0.889	0.057	0.406	14	1
14	广东	0.437	0.114	0.426	0.702	0.221	0.403	8	-6
15	贵州	0.730	0.092	0.436	0.569	0.138	0.400	29	14
16	山西	0.351	0.087	0.561	0.601	0.168	0.386	27	11
17	河南	0.309	0.123	0.541	0.617	0.153	0.383	22	5
18	河北	0.415	0.080	0.554	0.648	0.029	0.383	19	1
19	甘肃	0.329	0.091	0.524	0.601	0.196	0.378	31	12
20	内蒙古	0.303	0.159	0.447	0.731	0.014	0.374	6	-14
21	安徽	0.400	0.136	0.463	0.560	0.202	0.373	25	4
22	辽宁	0.309	0.117	0.487	0.655	0.095	0.369	9	-13

排名	省份	政策环境	生活保障	教育发展	医疗健康	救助保护	总分	人均GDP排名	与人均GDP排名比较
23	福建	0.277	0.155	0.516	0.650	0.014	0.366	7	−16
24	广西	0.415	0.153	0.373	0.551	0.250	0.361	26	2
25	吉林	0.238	0.081	0.542	0.645	0.035	0.354	12	−13
26	江西	0.243	0.115	0.447	0.609	0.173	0.350	24	−2
27	云南	0.313	0.209	0.448	0.524	0.111	0.348	30	3
28	青海	0.314	0.109	0.357	0.517	0.130	0.307	17	−11
29	新疆	0.140	0.091	0.557	0.425	0.080	0.297	20	−9
30	海南	0.250	0.088	0.260	0.593	0.066	0.278	18	−12
31	西藏	0.000	0.403	0.400	0.086	0.257	0.241	28	−3

（二）2016年中国儿童政策进步指数排名

在2016年儿童政策进步指数排名中，北京、浙江、江苏、湖北、上海、山东、重庆、湖南、四川、陕西依次位列前十。排名前十位省份中，与2015年相比，湖南、四川和陕西是新进入前十位的，天津、宁夏和黑龙江出了前十位。从地区分布来看，在排名前十位的省份中，东部地区占5席，西部地区占3席，中部地区占2席。在排名第11~20位的省份中，东部地区、中部地区和西部地区各占3席，东北地区占1席。在排名第21~31位的省份中，西部地区占6席，东部地区和东北地区各占2席，中部地区占1席（见表4-6）。指数排名与2015年对比提升较快的有4个省份，分别是云南（14）、福建（12）、安徽（7）、广东（5），指数排名下降5个及以上位次的6个省份分别是黑龙江（−5）、天津（−10）、河北（−5）、宁夏（−15）、贵州（−10）、内蒙古（−6）。

从单项三级指标来看，青海出台了关于完善城乡义务教育经费保障机制和实行15年免费教育的实施意见，全面推进15年免费教育。西藏、浙江、天津、山东等省份城乡义务教育师资力量差距较小。其中，西藏和江苏的城乡师资配备差距基本不存在。

表 4 - 6　2016 年中国儿童政策进步指数省份排名分布

排名情况＼地区	东部地区	中部地区	西部地区	东北地区
第 1~10 位	5 个：北京、浙江、江苏、上海、山东、	2 个：湖北、湖南	3 个：重庆、四川、陕西	无
第 11~20 位	3 个：福建、广东、天津、	3 个：安徽、山西、河南、	3 个：云南、甘肃、广西	1 个：黑龙江
第 21~31 位	2 个：河北、海南	1 个：江西	6 个：宁夏、贵州、内蒙古、新疆、青海、西藏	2 个：辽宁、吉林

指数排名与人均 GDP 排名差异较大的省份仍集中在中西部地区。2016年，儿童政策进步指数排名与人均 GDP 排名比较有 9 个省份高出 5 个及以上位次，分别湖北（7）、湖南（8）、四川（15）、云南（17）、安徽（11）、黑龙江（7）、山西（11）、甘肃（12）、广西（6）。其中，西部地区和中部地区各占 4 席，东北地区占 1 席（见表 4 - 7）。

表 4 - 7　2016 年儿童政策进步指数省份排名

排名	省份	政策环境	生活保障	教育发展	医疗健康	救助保护	总分	人均 GDP 排名	与人均 GDP 排名比较
1	北京	0.865	0.194	0.697	0.800	0.486	0.616	1	0
2	浙江	0.972	0.507	0.633	0.764	0.029	0.601	5	3
3	江苏	0.618	0.361	0.638	0.693	0.217	0.530	4	1
4	湖北	0.613	0.232	0.498	0.755	0.372	0.507	11	7
5	上海	0.445	0.348	0.627	0.692	0.213	0.498	2	- 3
6	山东	0.376	0.427	0.613	0.730	0.129	0.497	9	3
7	重庆	0.975	0.298	0.462	0.666	0.043	0.494	10	3
8	湖南	0.601	0.213	0.436	0.682	0.463	0.482	16	8

续表

排名	省份	政策环境	生活保障	教育发展	医疗健康	救助保护	总分	人均GDP排名	与人均GDP排名比较
9	四川	0.721	0.236	0.443	0.651	0.322	0.477	24	15
10	陕西	0.427	0.193	0.529	0.907	0.088	0.475	13	3
11	福建	0.755	0.338	0.492	0.639	0.015	0.466	6	−5
12	广东	0.737	0.212	0.453	0.688	0.178	0.465	7	−5
13	云南	0.744	0.236	0.465	0.533	0.248	0.446	30	17
14	安徽	0.589	0.235	0.464	0.569	0.219	0.427	25	11
15	黑龙江	0.333	0.180	0.458	0.787	0.179	0.424	22	7
16	山西	0.494	0.207	0.537	0.599	0.141	0.421	27	11
17	河南	0.482	0.231	0.498	0.621	0.148	0.420	20	3
18	天津	0.536	0.396	0.510	0.477	0.029	0.411	3	−15
19	甘肃	0.525	0.057	0.540	0.612	0.216	0.411	31	12
20	广西	0.500	0.317	0.359	0.593	0.216	0.409	26	6
21	江西	0.581	0.145	0.433	0.617	0.177	0.405	23	2
22	辽宁	0.444	0.157	0.505	0.640	0.137	0.405	14	−8
23	河北	0.444	0.208	0.531	0.637	0.017	0.403	19	−4
24	宁夏	0.169	0.228	0.386	0.670	0.437	0.401	15	−9
25	贵州	0.581	0.123	0.454	0.574	0.188	0.397	29	4
26	内蒙古	0.337	0.220	0.439	0.737	0.042	0.395	8	−18
27	吉林	0.150	0.143	0.485	0.612	0.062	0.335	12	−15
28	新疆	0.106	0.081	0.517	0.405	0.123	0.281	21	−7
29	青海	0.187	0.043	0.367	0.491	0.142	0.273	18	−11
30	海南	0.106	0.155	0.232	0.577	0.059	0.258	17	−13
31	西藏	0.000	0.021	0.363	0.071	0.263	0.152	28	−3

四 2012～2016年中国儿童政策进步指数排名特点

对2012～2016年儿童政策进步指数的排名分析，主要从三个维度展开，即儿童政策进步指数地区发展、排名波动，以及各省份儿童政策进步指数的排名与人均GDP排名的比较。

31个省份儿童政策进步指数排名整体稳定，呈现东部地区较好、中部地区和东北地区居中，西部地区较低但有亮点的局面。2012～2016年，北京、浙江、江苏、湖北、上海、重庆6个省份连续五年位列儿童政策进步指数前十。其中，东部地区占4席，中部地区和西部地区各占1席。此外，山东和天津曾4次进入前十位，陕西曾3次进入前十位，广东、黑龙江、宁夏3个省份曾2次进入前十位，新疆、湖南、四川3个省份曾1次进入前十位。

（一）东部地区儿童政策走在全国前列，浙江、北京稳居前三

2012～2016年中国儿童政策进步指数排名进入前十位的省份有15个。从地区分布来看，东部地区占7席，分别是浙江、北京、上海、江苏、山东、天津、广东。西部地区占5席，分别是重庆、陕西、宁夏、新疆、四川。中部地区占2席，分别是湖北、湖南。东北地区占1席，即黑龙江（见表4-8）。

表4-8 2012～2016年儿童政策进步指数排名前十位省份分布

东部地区	中部地区	西部地区	东北地区
7席： 北 京 （☆☆☆☆☆） 江 苏 （☆☆☆☆☆） 上 海 （☆☆☆☆☆） 浙 江 （☆☆☆☆☆） 天 津 （☆☆☆☆） 山 东 （☆☆☆☆） 广 东 （☆☆）	2席： 湖 北 （☆☆☆☆☆） 湖 南 （☆）	5席： 重 庆 （☆☆☆☆☆） 四 川 （☆） 陕 西 （☆☆☆） 宁 夏 （☆☆） 新 疆 （☆）	1席： 黑龙江 （☆☆）

注：☆为进入排名次数。

2012～2016 年，东部地区 10 个省份中，浙江 2012～2014 年连续三年蝉联全国首位，2015 年位居第三，2016 年位居第二。北京则 2012～2014 年连续三年稳居全国排名第二位，2015～2016 年位列全国第一。中部地区 6 个省份中，湖北排名最高，连续五年进入全国前五位，排名分别为第 4 位、第 5 位、第 4 位、第 5 位、第 4 位，成为中部地区唯一且连续五年进入前十位的省份。西部地区 12 个省份中，重庆排名最高，分别为第 5 位、第 6 位、第 5 位、第 6 位、第 7 位，成为西部地区唯一连续五年稳居全国前十位的省份。东北地区 3 个省份，黑龙江排名最高，分别为第 14 位、第 14 位、第 8 位、第 10 位、第 15 位，成为唯一曾进入前十位的东北地区省份（见表 4-9）。

表 4-9 2012～2016 年儿童政策进步指数排名地区分布

省份	2012 年	2013 年	2014 年	2015 年	2016 年
东部地区（10 个）					
北京	2	2	2	1	1
天津	8	9	9	8	18
河北	23	24	25	18	23
上海	3	4	6	2	5
江苏	6	3	3	4	3
浙江	1	1	1	3	2
福建	16	17	21	23	11
山东	7	11	7	7	6
广东	12	7	10	14	12
海南	29	26	28	30	30
中部地区（6 个）					
山西	13	18	17	16	16
安徽	19	19	14	21	14
江西	20	25	24	26	21
河南	15	20	16	17	17
湖北	4	5	4	5	4
湖南	17	13	15	11	8

续表

省份	2012 年	2013 年	2014 年	2015 年	2016 年
西部地区（12 个）					
内蒙古	18	21	22	20	26
广西	27	27	19	24	20
重庆	5	6	5	6	7
四川	25	15	13	12	9
贵州	30	29	30	15	25
云南	28	22	20	27	13
西藏	31	31	31	31	31
陕西	9	8	11	13	10
甘肃	22	30	23	19	19
青海	26	23	29	28	29
宁夏	11	10	18	9	24
新疆	10	12	27	29	28
东北地区（3 个）					
辽宁	21	28	26	22	22
吉林	24	16	12	25	27
黑龙江	14	14	8	10	15

（二）整体排名较稳定，四川排名五年来持续升高

对比 2012～2016 年指数排名结果，多数省份位次未出现明显变动，2012～2016 年排名浮动在 5 个及以内位次省份共 12 个。这表明，近三分之一省份儿童政策发展比较平稳。从地区分布来看，这 12 个省份中，东部地区占 6 席、中部地区占 3 席、西部地区占 3 席。在排名浮动较大的省份中，四川排名持续升高，从 2012 年的第 25 位升至 2016 年的第 9 位。整体来看，各省排名呈波动发展态势，东部地区和中部地区省份排名更为稳定。

四川排名大幅提升。2012～2016 年，四川指数排名分别为第 25 位、第 15 位、第 13 位、第 12 位、第 9 位，排名大幅提升后保持稳定。2012～

2015 年，县级未成年人救助保护中心覆盖率、出生低体重婴儿比重等指标排名连续四年进入全国前十位。2015 年县级未成年人救助保护中心覆盖率为 36.6%，仅次于湖北，排名全国第二位。

贵州 2015 年排名前进较快。2012~2016 年，贵州儿童政策进步指数排名分别为第 30 位、第 29 位、第 30 位、第 15 位、第 25 位，与 2012~2014 年相比，2015 年和 2016 年排名大幅提升。2012~2016 年，每千名儿童教育基本建设面积、出生低体重婴儿比重两个指标排名连续四年位列全国前五。2016 年，地方教育支出占地方一般公共财政支出比例位居全国第三，县级儿童福利机构覆盖率、儿童福利经费占社会福利总支出比例、特殊教育女学生占比等多项指标跃居全国前十位。

甘肃 2013~2016 年排名稳步提升。2012~2016 年，甘肃儿童政策进步指数排名分别为第 22 位、第 30 位、第 23 位、第 19 位、第 19 位，自 2013 年以来连续四年稳步提升并靠近前十。2012~2016 年，县级未成年人救助保护中心平均儿童床位数、每十万人口孤儿数等指标连续四年进入全国前十位。

（三）湖北、安徽等中西部省份指数排名显著高于人均 GDP 排名

2012~2016 年，儿童政策进步指数排名与人均 GDP 排名比较，保持在 5 个及以内位次浮动的省份分别达到 16 个、19 个、13 个、15 个和 14 个。这说明半数省份的儿童政策进步指数程度与经济社会发展水平比较适应。

分地区来看，东部地区儿童政策进步指数与人均 GDP 发展水平比较一致，指数排名显著高于人均 GDP 排名的省份主要集中在西部地区和中部地区，如湖北、黑龙江、山西、四川、甘肃等省份，特别是湖北省，连续五年指数排名高于人均 GDP 排名 5 个以上位次，表明这些省份儿童政策进步走在经济社会发展的前面（见表 4-10）。

2012~2016 年，湖北儿童政策进步指数排名分别为第 4 位、第 5 位、第 4 位、第 5 位、第 4 位，稳居全国前五位，而该省 2012~2016 年人均 GDP 全国排名稳定在第 13 位左右。2012~2016 年，湖北县级未成年人救助保护中心覆盖率连续五年位列全国第一，每万名儿童妇幼保健院卫生技术人员数、每万名儿童社会服务机构床位数、出生低体重婴儿比重等指标排名连续五年进入前十位。

表4-10　2012～2016年儿童政策进步指数排名与人均GDP排名差异

省份	2012年			2013年			2014年			2015年			2016年		
	儿童政策进步指数排名	人均GDP排名	排名差异	儿童政策进步指数排名	人均GDP排名	排名差异	儿童政策进步指数排名	人均GDP排名	排名差异	儿童政策进步指数排名	人均GDP排名	排名差异	儿童政策进步指数排名	人均GDP排名	排名差异
北京	2	2	0	2	2	0	2	2	0	1	2	1	1	1	0
天津	8	1	-7	9	1	-8	9	1	-8	8	1	-7	18	3	-15
河北	23	15	-8	24	16	-8	25	18	-7	18	19	1	23	19	-4
山西	13	19	6	18	22	4	17	24	7	16	27	11	16	27	11
内蒙古	18	5	-13	21	6	-15	22	6	-16	20	6	-14	26	8	-18
辽宁	21	7	-14	28	7	-21	26	7	-19	22	9	-13	22	14	-8
吉林	24	11	-13	16	11	-5	12	11	-1	25	12	-13	27	12	-15
黑龙江	14	17	3	14	17	3	8	20	12	10	21	11	15	22	7
上海	3	3	0	4	3	-1	6	3	-3	2	3	1	5	2	-3
江苏	6	4	-2	3	4	1	3	4	1	4	4	0	3	4	1
浙江	1	6	5	1	5	4	1	5	4	3	5	2	2	5	3
安徽	19	26	7	19	25	6	14	26	12	21	25	4	14	25	11
福建	16	9	-7	17	9	-8	21	8	-13	23	7	-16	11	6	-5
江西	20	25	5	25	26	1	24	25	1	26	24	-2	21	23	2
山东	7	10	3	11	10	-1	7	10	3	7	10	3	6	9	3
河南	15	23	8	20	23	3	16	22	6	17	22	5	17	20	3

续表

省份	2012年 儿童政策进步指数排名	2012年 人均GDP排名	2012年 排名差异	2013年 儿童政策进步指数排名	2013年 人均GDP排名	2013年 排名差异	2014年 儿童政策进步指数排名	2014年 人均GDP排名	2014年 排名差异	2015年 儿童政策进步指数排名	2015年 人均GDP排名	2015年 排名差异	2016年 儿童政策进步指数排名	2016年 人均GDP排名	2016年 排名差异
湖北	4	13	9	5	14	9	4	13	9	5	13	8	4	11	7
湖南	17	20	3	13	19	6	15	17	2	11	16	5	8	16	8
广东	12	8	-4	7	8	1	10	9	-1	14	8	-6	12	7	-5
广西	27	27	0	27	27	0	19	27	8	24	26	2	20	26	6
海南	29	22	-7	26	21	-5	28	21	-7	30	18	-12	30	17	-13
重庆	5	12	7	6	12	6	5	12	7	6	11	5	7	10	3
四川	25	24	-1	15	24	9	13	23	10	12	23	11	9	24	15
贵州	30	31	1	29	31	2	30	30	0	15	29	14	25	29	4
云南	28	29	1	22	29	7	20	29	9	27	30	3	13	30	17
西藏	31	28	-3	31	28	-3	31	28	-3	31	28	-3	31	28	-3
陕西	9	14	5	8	13	5	11	14	3	13	14	1	10	13	3
甘肃	22	30	8	30	30	0	23	31	8	19	31	12	19	31	12
青海	26	21	-5	23	20	-3	29	19	-10	28	17	-11	29	18	-11
宁夏	11	16	5	10	15	5	18	15	-3	9	15	6	24	15	-9
新疆	10	18	8	12	18	6	27	16	-11	29	20	-9	28	21	-7

注：儿童政策进步指数排名高于人均 GDP 排名的，排名差异为正值；儿童政策进步指数排名落后于人均 GDP 排名的，排名差异为负值。本节下同。

五　中国儿童政策进步指数单项三级指标突出省份

在本节，课题组对儿童政策进步指数指标体系的 25 个三级指标做了专门分析梳理，重点介绍在单项三级指标上有突出优势的省份。

（一）河南、广西儿童生活保障单项指标位居在全国前列

从二级指标"生活保障"的排名来看，浙江、山东、天津、江苏、上海、广西、福建、重庆 8 个省份连续两年位列前十。其中，东部地区占 6 席，西部地区占 2 席。其中，山东和河南儿童福利经费占社会福利总支出的比例领跑全国，分别达到 26% 和 21%。广西、云南每百万人口家庭收养数分别达到 81.4 和 26.3，位列全国第 2 和第 4。

（二）山西、吉林各级教育阶段学校平均生师比走在前列

从二级指标"教育发展"的排名来看，浙江、上海、山东、北京、江苏、河北、山西、甘肃 8 个省份连续两年位列前十。其中，东部地区占 6 席，中部地区和西部地区各占 1 席。其中，山西教育发展较为突出，在各级教育阶段学校平均生师比、学前教育女学生占比、特殊教育女学生占比 3 个单项指标排名全国前十位。吉林、黑龙江在各级教育阶段平均生师比指标排名中优势突出，吉林、黑龙江在各级教育阶段平均生师比分别达到 12.3、13.0，显著低于全国平均水平的 21.34。此外，辽宁、内蒙古各级教育阶段平均生师比指标排名也比较靠前。

（三）陕西医疗健康指数排名进入前两位

从二级指标"医疗健康"的排名来看，北京、陕西、浙江、湖北、山东、广东、上海、江苏 8 个省份连续两年位列前十。其中，东部地区占 6 席，中部地区占 1 席，西部地区占 1 席。陕西医疗健康表现较为突出，出生低体重婴儿比重、每万名儿童妇幼保健卫生技术人员数、七岁以下儿童保健系统管理率等单项指标排名均在全国前十位。内蒙古每万名儿童妇幼保健院卫生技术人员水平排名也比较靠前，每万名儿童妇幼保健院卫生技

术人员数连续两年进入前十位。

（四）湖南、宁夏未成年人救助保护设施建设优势突出

从二级指标"救助保护"的排名来看，北京、湖北、湖南、广东、上海、宁夏6个省份连续两年位列前十。其中，东部地区占3席，中部地区占2席，西部地区占1席。其中，湖南县级未成年人救助保护中心覆盖率达到40%以上，仅低于湖北，连续两年位居全国第二。四川县级未成年人救助保护中心覆盖率达到37.7%，位居全国第三。

六 省级儿童政策创新度排名与特点

为推动地方创新儿童政策，研究团队将三级指标"省级儿童政策创新度"从"中国儿童政策进步指数"指标体系中单独抽出，构建评价省级儿童政策创新度的指标体系。2015～2016年"省级儿童政策创新度"选取了儿童领域重要政策事项作为衡量内容，将建立困境儿童生活保障制度、建立留守儿童关爱保护机制、推进教育公平与发展、医疗保障政策向儿童倾斜、规范儿童福利服务机构管理5个事项作为四级指标，在每个四级指标下设评价点，评价点平均分配分值（见表4-11）。

每个评价点在衡量政策创新时采取"有计1，无计0"的方式进行打分，所有评价点采取时间追溯方式，即只要在该评价年度及以前有相关省级政策文件出台的，该评价点计"1"分，无则计"0"分。在计算权重时，同一个评价指标下对应的评价点，按照平均分配的方式进行赋权。同时，每年的原数据计算值采用累积计分方式。

表4-11 省级儿童政策创新度评价指标和评价点

指标	评价指标	评价点
省级儿童政策创新度	建立困境儿童生活保障制度	是否出台困境儿童生活补贴发放标准
		是否要求建立流浪、打拐解救儿童收养安置机制
		是否明确规定设立儿童主任/督导员岗位
		是否将特困儿童/事实无人抚养儿童纳入保障范围
		是否出台农村学前教育阶段学生营养改善计划

指标	评价指标	评价点
省级儿童政策创新度	建立留守儿童关爱保护机制	是否进一步扩展关爱保护范围
		是否明确规定配备关爱保护专干/儿童主任/督导员
		是否制定关爱保护专干/儿童主任/督导员工作规范
		是否明确规定在基层建立儿童之家/关爱保护中心
		是否规定纳入财政预算
	推进教育公平与发展	是否出台随迁人员子女义务教育保障政策
		是否出台流动人员子女参加高考相关措施
		是否出台政策减免学前教育费用政策
		是否出台政府鼓励/规范民办幼儿园管理相关规定
		是否出台政策减免高中阶段教育费用
	医疗保障政策向儿童倾斜	基本医保政策是否明确规定降低儿童医疗起付线、报销比例
		大病保险政策是否明确规定降低儿童医疗起付线、报销比例
		是否出台医疗救助政策在救助对象、救助病种上向儿童倾斜
	规范儿童福利服务机构管理	是否设立儿童福利机构养护实施标准
		是否出台政策要求建立儿童福利服务指导中心
		是否出台政策规定"明天计划"向散居孤儿拓展
		是否出台儿童寄养收养评估工作规范

（一）省级儿童政策创新度排名

2015～2016年，重庆、浙江、北京、四川、湖北、江苏和湖南7个省份连续两年位列儿童政策创新度前十，其中东部地区占3席，西部地区2席，中部地区占2席。上海、贵州、天津、福建、云南、广东6个省份也曾位列前十。

1. 2015年省级儿童政策创新度排名

2015年，省级儿童政策创新度排名前十位的省份是重庆、浙江、上海、贵州、江苏、天津、北京、湖北、湖南和四川。其中，东部地区占5席，西部地区占3席，中部地区占2席。

2. 2016年省级儿童政策创新度排名

2016年，省级儿童政策创新度排名前十位的省份是重庆、浙江、北

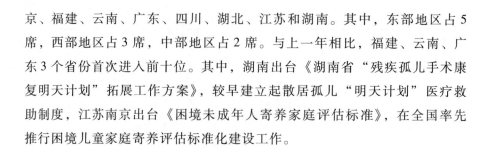

京、福建、云南、广东、四川、湖北、江苏和湖南。其中，东部地区占 5 席，西部地区占 3 席，中部地区占 2 席。与上一年相比，福建、云南、广东 3 个省份首次进入前十位。其中，湖南出台《湖南省"残疾孤儿手术康复明天计划"拓展工作方案》，较早建立起散居孤儿"明天计划"医疗救助制度，江苏南京出台《困境未成年人寄养家庭评估标准》，在全国率先推行困境儿童家庭寄养评估标准化建设工作。

（二）省级儿童政策创新度特点

1.24 个省份出台困境儿童保障实施方案，加强人员资金配备

2016 年 6 月，国务院印发《关于加强困境儿童保障工作的意见》，明确提出基层儿童福利和保护服务体系建设的工作要求。据不完全统计，目前已有 29 个省份 74 个地区具体出台了困境儿童分类保障相关政策。其中，河北、内蒙古等 24 个省份出台了省级困境儿童分类保障政策。从地区分布来看，东部地区占 9 席，中部地区占 5 席，西部地区占 7 席，东北地区占 3 席。经济发展水平较高的东部地区困境儿童分类保障工作走在前列，经济发展水平较差的中西部和东北地区困境儿童分类保障工作亮点也十分突出。

在人员配备方面，河北、内蒙古、辽宁等 10 个省份设立基层儿童专干。由专人担（兼）任儿童福利督导员（儿童权利监察员或儿童救助保护督导员），负责困境儿童保障政策宣传和日常工作，通过全面排查、定期走访及时掌握困境儿童家庭、监护、就学等基本情况，指导监督家庭依法履行抚养义务和监护职责，并通过村（居）民委员会向乡镇人民政府（街道办事处）报告情况。

在补贴方面，天津事实无人抚养儿童补贴标准最高，福建孤儿补贴涨幅最大。北京、天津、河北等 9 个省份明确将事实无人抚养儿童纳入孤儿生活保障范围，7 个省份进行了孤儿基本生活费提标。事实无人抚养儿童月人均救助标准前三位省份分别为天津（2340 元）、北京（1800 元）、浙江（1052.38 元）。集中养育和散居孤儿每人每月基本生活费标准前三位省份分别为北京（2000 元）、上海（1900 元）、浙江（1754 元）和天津（2340 元）、北京（1800 元）、上海（1700

元）。从孤儿基本生活费涨幅来看，福建省最高，两项标准均比上年提高了50%，分别从每人每月1000元、600元提高至1500元、900元（见图4-8）。

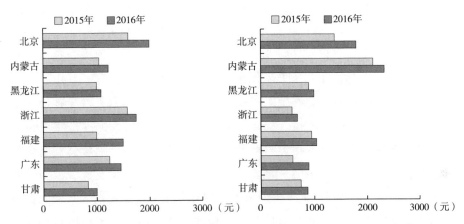

图4-8 2015~2016年7个省份集中（左）和散居（右）孤儿基本生活费标准

在资金来源方面，北京、天津、江苏、山东、湖南、云南、陕西7个省份明确提供财政支持。其中，北京、天津困境儿童保障资金纳入市、区两级财政预算；山东、陕西困境儿童保障资金由省、市、县三级财政共同负担，特别是山东明确了省级财政对东、中、西部地区分别补助20%、30%、40%；北京、云南、陕西探索福彩公益金等形式予以扶持。

2. 31个省份出台政策推进农村留守儿童关爱保护

2016年2月，国务院下发《关于加强农村留守儿童关爱保护工作的意见》，目前31个省份均已出台地方措施。具体来看，地方政策呈现以下两个特点。

一是三成省份要求配备专员，四成省份将建设机构设施。国务院意见要求，配齐配强工作人员，确保事有人干、责有人负。北京、辽宁、江苏、浙江、安徽、江西、山东、湖南、海南、西藏、甘肃11个省份要求配备儿童主任（关爱保护督导员/儿童保护专干）负责农村留守儿童关爱保护工作。北京、山西、上海、江苏、浙江、福建、河南、湖南、海南、贵州、云南、甘肃、宁夏13个省份提出在村委员会建立儿童之家（儿童关爱保护中心）。其中，北京、江苏、浙江、湖南、海南、甘肃6个省份同时要求配备儿童主任（关爱保护督导员/儿童保护专干）并建设儿童之家（关爱保护中心）。

二是近七成省份明确经费支持，三成省份纳入财政预算。北京、天津、山西等21个省份按照国务院要求做好农村留守儿童关爱保护工作的资金保障工作。山西、内蒙古、浙江、安徽、福建、江西、河南、重庆、贵州9个省份将农村留守儿童关爱保护工作经费纳入财政预算。其中，江西省统筹使用本级财政资金和上级专项资金；内蒙古使用中央财政补助资金为工作开展提供支撑；安徽、福建、河南、重庆、贵州5个省份将农村留守儿童关爱保障经费纳入地方财政预算；山西、山东结合福彩公益金多渠道筹措资金。山西、内蒙古、浙江、安徽、福建、山东、重庆、云南、陕西、甘肃、青海、新疆12个省份将农村留守儿童关爱保护纳入政府购买服务范围，积极引导支持社会力量通过承接政府购买服务、慈善捐赠等方式为农村留守儿童提供关爱服务。

3. 基本医疗保障体系逐步完善，儿童医保覆盖率持续较高

我国医保体系不断完善，已经形成由基本医保、城乡大病医保和医疗救助三部分构成的医疗保障体系。目前，全国31个省份均已下发文件，将新农合与城居保整合为城乡居民医疗保障，有力推动城乡儿童大病救助的公平发展。

高医保覆盖率为儿童提供基本医疗保障。数据显示，我国基本医保的参保人数超过13亿，参保覆盖率稳定保持在95%以上，基本实现应保尽保；个别省份的儿童参保率突出，如陕西省儿童医保的覆盖率达到98.5%，基本覆盖省内儿童群体。

8个省份出台针对儿童的基本医疗保险和大病保险政策。除保障儿童享受我国基本医保制度外，一些地区还为儿童提供更优惠的医保政策。例如，天津、上海、河南和重庆下发文件要求给予儿童降低基本医保起付线和提高报销比例的优惠政策；北京、山西、广东、重庆和宁夏则在政策中要求提高儿童大病保险的支付比例。

4. 12个省份探索"9＋N"免费教育，进一步推动教育公平

20个省份实施"9＋N"免费普通教育，促进学前和高中阶段教育的普及。据不完全统计，20 个省份实施"9 + N"免费教育，其中，西部地区有内蒙古、广西、四川、贵州、云南、西藏、陕西、甘肃、青海、宁夏、新疆 11 个省份，东部地区有福建、山东、广东、海南 4 个省份，中部地区有山西、河南、湖南 3 个省份，东北地区有辽宁、吉林 2 个省份。广西、西藏、青海、新疆率先实现 15 年免费教育全覆盖（从义务教育扩展至学前三年和高中三年），陕西实现 13 年免费教育全覆盖（从义务教育扩展至学前一年和高中三年），湖南、甘肃实现 12 年免费教育全覆盖（含义务教育和高中三年），其他省份在部分地区实施 12 ~ 15 年不等的免费教育。

青海省政府教育经费投入力度大，为教育发展与公平提供了充分保障，率先实现 15 年免费教育全覆盖。2016 年 4 月，青海省政府印发《关于完善城乡义务教育经费保障机制和实行 15 年免费教育的实施意见》。从 2016 年春季开学起，青海省财政下达专项资金 17.7 亿元，先对部分地区贫困家庭学生学前三年、义务教育九年、普通高中和中职三年实施 15 年免费教育，并在"十三五"末基本覆盖全省。从地方财政性教育经费投入情况来看，青海省财政性教育经费投入占地方 GDP 比例达到 8%，仅低于西藏，位列全国第二，比全国财政性教育经费占 GDP 比例的 4.15% 高出近一倍。

5. 未成年人国家监护干预制度落实取得实质性进展

截至 2017 年 6 月，已有 22 起国家监护干预的成功实践案例（见表 4 - 12），申请主体为地方民政部门和村居委会。其中，2014 年 1 起，2015 年 4 起，2016 年 11 起，2017 年上半年 6 起。18 起案例由民政部门担任监护人，4 起由村居委会担任监护人。

从儿童监护权转移后安置情况来看，22 起案件中，至少 6 起将儿童安排进入类家庭环境，充分考虑了儿童身心发展需要。福建仙游案中，村委会最终以托管的方式，委托莆田 SOS 儿童村代为照顾被监护儿童。江苏徐州案中，民政部门采取家庭寄养、补贴等方式将被监护儿童安置进入家庭寄养，法院选派法官定期探望。广东深圳案、四川泸州案、海南琼海案也都将儿童安置在家庭寄养。

表4－12　地方22起关于侵犯未成年人权益而被撤销监护人资格的典型案例

序号	案件	申请人	撤销事由	判决指定监护人
1	福建仙游案	村民委员会	长期被母亲虐待	村民委员会
2	江苏徐州案	区民政局	被生母遗弃、生父虐待，生父入狱	区民政局
3	浙江乐清案	市民政局	母亲离家出走，父亲多次性侵女儿	市民政局
4	海南琼海案	市救助站	母亲精神恍惚有吸毒史，生父不详	市救助站
5	四川泸州案	区民政局	母亲患精神病，父亲性侵女儿，获刑入狱	区民政局
6	山东滕州案	市民政局	父母出卖亲生女婴	临时监护人
7	四川自贡案	市救助站	生母遗弃新生儿，拒绝抚养义务	区民政局
8	江西遂川案	县救助站	生父不详，生母患有精神疾病	县福利院
9	湖南常德案	市救助站	母亲沉溺吸毒，疏于管教女儿	市救助站
10	广西贺州案	区民政局	生父不详，生母去世，继父多次虐待和性侵继女，获刑入狱	其他近亲属
11	江苏宿迁案	社区居委会	生母离家出走，生父患有酒毒性人格改变，且教唆儿子进行乞讨和违法犯罪行动	社区居委会
12	广东深圳案	居委会	父亲失踪，母亲精神残疾	居民委员会
13	江苏泰州案	市救助站	生父不详，生母遗弃婴儿不愿抚养	市救助站
14	浙江金华案	县民政局	生母将刚新生婴儿从厕所窗户扔下，获刑入狱	县民政局
15	湖南长沙案	区民政局	生父多次性侵女儿	区民政局
16	江苏南京案	区民政局	再婚生父病逝，继母要求变更抚养权，生母拒绝抚养	区民政局

续表

序号	案件	申请人	撤销事由	判决指定监护人
17	浙江遂昌案	县民政局	生母诱骗女儿与情夫发生性关系	—
18	江苏常州案	市福利院	养父不履行监护责任	市福利院
19	黑龙江鹤岗案	市救助站	生父精神障碍，经常殴打儿童，父母均出走	市救助站
20	湖北利川案	市民政局	生母去世，生父多次性侵女儿，获刑入狱	市民政局
21	江西万载案	村委会	父母离婚，生父病逝，生母生活困难，无力抚养两个女儿	县福利院
22	江苏淮安案	县福利院	父亲系低保户，母亲长期患病卧床，无力承担儿童抚养费用	县福利院

从社会力量参与角度来看，22 起案件中，至少有 11 起由儿童社工机构和专业人员介入，为儿童提供心理辅导和安全评估。福建仙游案中，莆田市阳光青少年事务服务中心派专职心理咨询工作人员长期跟进儿童的行为习惯，促进其尽快融入正常生活。江苏徐州案、四川泸州案等案例中，当地社工组织也都介入，为儿童提供心理辅导，参与儿童安排方案的制定。可见，地方落实国家监护干预政策法规取得实质性进展，民政部门和村（居）委员会承担起重要监护职责。

七　中国儿童政策发展趋势

2012 年以来，我国儿童政策进入前所未有的重要发展阶段，儿童生活保障水平显著提高，教育公平加速推进，健康状况日益改善，救助保护设施不断优化。2016 年是中国现代儿童福利与保护发展的重要转折点，困境儿童保障和农村留守儿童关爱保护两大政策出台，标志着我国普惠型儿童福利与保护体系全面转型升级。同时，基层儿童福利与保护体系在全面推开，农村留守儿童关爱保护机制普遍建立，多地提标扩面推进困境儿童保障，政府协同社会力量救助大病儿童成效显著，以儿童保护为重点的现代儿童福利服务体系建设加速推进。随着《反家庭暴力法》、国务院《关于加强困境儿童保障工作意见》和《关于加强农村留守儿童关爱保护工作的意见》等法律政策的贯彻实施、地方儿童政策的不断创新，以及普惠型儿童福利制度建设的稳步推进，儿童政策将呈现六大发展趋势。

（一）儿童生活、医疗、教育、保护政策将持续稳步发展

2012～2016年，中国儿童政策进步指数各项指标以上升为主要趋势。将31个省份、25个指标的变化趋势加总，共得到775个数值。其中，呈持续上升、波动上升的指标为223个、214个，分别占28.8%、27.6%；呈基本平稳的指标为44个，占5.7%。因此，呈上升及平稳发展的指标占比为62.1%，这反映了儿童政策呈持续发展态势（见图4-9和表4-13）。

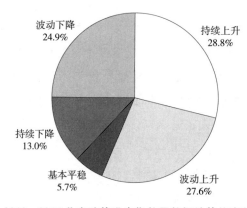

图4-9　2012～2016儿童政策进步指数原数据计算值变化趋势分布

表4-13　2012～2016年各省份及全国儿童政策进步指数原数据计算值变化趋势

省份	持续上升	波动上升	基本平稳	持续下降	波动下降	总计
全国	223	214	44	101	193	775
北京	7	7	1	6	4	25
天津	6	8	1	3	7	25
河北	5	5	2	6	7	25
山西	6	8	3	3	5	25
内蒙古	10	6	1	1	7	25

续表

省份	持续上升	波动上升	基本平稳	持续下降	波动下降	总计
辽宁	11	5	1	3	5	25
吉林	6	6	1	5	7	25
黑龙江	9	4	2	4	6	25
上海	7	5	1	6	6	25
江苏	7	7	1	4	6	25
浙江	8	6	1	6	4	25
安徽	8	6	1	1	9	25
福建	8	8	1	2	6	25
江西	6	7	2	4	6	25
山东	6	4	2	4	9	25
河南	7	10	1	3	4	25
湖北	8	4	1	3	9	25
湖南	9	5	2	1	8	25
广东	8	7	1	4	5	25
广西	8	9	2	1	5	25
海南	7	7	2	3	6	25
重庆	7	6	1	4	7	25
四川	10	5	1	4	5	25
贵州	11	8	1	0	5	25
云南	7	9	3	1	5	25
西藏	5	9	1	3	7	25
陕西	7	9	2	3	4	25
甘肃	6	8	1	4	6	25
青海	5	9	1	1	9	25
宁夏	6	6	2	3	8	25
新疆	2	11	1	5	6	25

　　分地区来看，各地区呈现上升发展态势，上升指标占比均超过50％。其中，西部地区超过半数指标上升发展，达到59.7％，高于其他地区（见表4－14）。

表 4 - 14　2012 ~ 2016 年分地区中国儿童政策进步指数指标变化趋势

地　　区	上升指标所占比例（%）
全　　国	56.4
东部地区	53.2
中部地区	56.0
西部地区	59.7
东北地区	54.7

（二）设儿童主任的村（居）委会将呈增长态势

2010 年以来，儿童福利服务体系建设从多方合作"中国儿童福利示范"项目，到全国基层儿童福利服务体系试点。2016 年 2 月，国务院印发《关于加强农村留守儿童关爱保护工作的意见》。6 月，国务院印发《关于加强困境儿童保障工作的意见》。这两项重要政策充分吸收了在儿童福利和保护领域各项试点工作的成功经验，政策的出台也为下一步基层儿童福利和保护服务体系建设明确了要求、指明了方向。

按照国务院困境儿童保障意见的明确要求，村（居）民委员会将设立儿童福利督导员或儿童权利监察员开展困境儿童保障工作，全国将建成一支由 68 万名兼职或专职儿童福利督导员组成的基层儿童福利与保护服务专业工作队伍，惠及全国 3 亿名儿童。

2016 年，浙江省民政厅出台《关于进一步完善基层儿童福利服务体系建设的通知》，明确浙江以城乡社区为单位设置儿童主任（儿童福利督导员）。据统计，浙江共配备 2.8 万名儿童主任，每人每年补助 3600 元。此外，宁夏在全区 2265 个行政村配置了"三留守"（留守儿童、留守妇女、留守老人）关爱督导员，彻底解决关爱保护工作"最后一公里"问题。督导员工资由自治区财政补助，每人每年补贴 3600 元。

截至 2017 年底，已有 21 个省份 59406 个村开展全国基层儿童福利服务体系建设试点工作，共设立 60157 名儿童主任岗位。其中，浙江、安徽、上海全省（市）分别设立 28000 名、17144 名、5747 名儿童保护专干，占全国儿童主任总量的 85%。随着各地贯彻落实国务院困境儿童保障意见，基层儿童服务人才队伍建设进入快速发展阶段。

（三）孤儿生活保障范围向事实无人抚养儿童拓展

随着地方贯彻落实国务院困境儿童保障工作意见，以及民政部适度普惠型儿童福利制度建设试点工作的不断推进，创制困境儿童生活保障政策将成为地方政府的工作重点，孤儿、艾滋病感染儿童以外的事实无人抚养儿童正逐步纳入地方政策保障范围。目前，北京、天津、河北、浙江等 9个省份已参照孤儿保障标准为事实无人抚养儿童发放补贴。下一步，儿童生活保障制度建设将迈出更大步伐，孤儿生活保障范围将先向事实无人抚养儿童迅速拓展。

表 4－15　适度普惠型儿童福利制度试点地区分类保障类型

保障类型	父母死亡	父母失踪	父母服刑/戒毒	父母重度残疾	父母患有重大疾病	家庭贫困	父母外出打工
父母死亡	父母双方死亡						
父母失踪/母亲改嫁	父母一方死亡，另一方失踪或母亲改嫁	父母双方失踪					
父母服刑/戒毒	父母一方死亡，另一方服刑	父母一方失踪或母亲改嫁，另一方服刑	父母双方服刑/戒毒				
父母重度残疾	父母一方死亡，另一方重度残疾	父母一方失踪或母亲改嫁，另一方重度残疾	父母一方服刑/戒毒，另一方重度残疾	父母双方重度残疾，无法履行监护责任			

续表

保障类型	父母死亡	父母失踪	父母服刑/戒毒	父母重度残疾	父母患有重大疾病	家庭贫困	父母外出打工
父母患重大疾病	父母一方死亡，另一方患有重大疾病	父母一方失踪或母亲改嫁，另一方患有重大疾病	父母一方服刑/戒毒，另一方患有重大疾病	父母一方重度残疾，另一方患有重大疾病	父母双方患有重大疾病，无法履行监护责任		
家庭贫困	父母一方死亡且家庭享受低保	父母一方失踪或母亲改嫁且家庭享受低保	父母一方服刑/戒毒且家庭享受低保	父母一方重度残疾且家庭享受低保	父母一方患有重大疾病且家庭享受低保	享受低保家庭	家庭贫困的留守儿童
父母外出打工	父母一方死亡的留守儿童	父母一方死亡的留守儿童	父母一方服刑/戒毒的留守儿童	父母一方重度残疾的留守儿童	父母一方患重大疾病的留守儿童	享受低保的留守儿童家庭	留守儿童
儿童重度残疾	父母死亡，儿童重度残疾	父母失踪，儿童重度残疾	父母服刑/戒毒，儿童重度残疾	父母、儿童重度残疾	父母患重大疾病，儿童重度残疾	儿童重度残疾且家庭享受低保	重度残疾的留守儿童
儿童患重大疾病	父母死亡，儿童患重大疾病	父母失踪，儿童患重大疾病	父母服刑/戒毒，儿童患重大疾病	父母重度残疾、儿童患重大疾病	儿童及其父母患重大疾病	儿童患有重大疾病且家庭享受低保	患重大疾病的留守儿童
儿童遭受侵害/虐待	父母死亡，儿童遭受侵害/虐待	父母失踪，儿童遭受侵害/虐待	父母服刑/戒毒，儿童遭受侵害/虐待	父母重度残疾、儿童遭受侵害/虐待	父母患重大疾病，儿童遭受侵害/虐待	遭受虐待/侵害的低保家庭儿童	遭受虐待/侵害的留守儿童

注：深色区域表示已在全国范围内或大部分地区纳入保障范围，浅色表示已在个别地区纳入保障范围。

（四）极重病儿童医疗保障和救助呈现良好发展态势

在儿童医疗救助方面，国家制度安排和地方政策实践均呈现稳步推进的趋势。国务院在《关于加强困境儿童保障工作的意见》中明确要求"对于困难的重病、重残儿童，城乡居民基本医疗保险和大病保险给予适当倾斜，医疗救助对符合条件的适当提高报销比例和封顶线"，加大针对困境儿童的医疗保障覆盖力度，防止因病致贫和因病返贫。

2016年5月，国家卫计委会同财政部联合印发《关于做好2016年新型农村合作医疗工作的通知》，从提高筹资标准和保障水平、完善大病保险机制、改革支付方式、稳步推进城乡居民基本医疗保险制度整合工作、加强监管五大方面部署2016年新农合工作。大病医疗保险方面将采取三大保障措施，包括降低困难人员大病保险起付线；探索采取提高大病保险报销比；针对儿童急性淋巴细胞白血病、儿童急性早幼粒细胞白血病、儿童先天性心脏房间隔缺损、儿童先天性心脏室间隔缺损等重大疾病，着力推进按病种付费、按人头付费、按床日付费等复合型支付方式改革。

地方探索方面，安徽省规定贫困人口就医自付费上限，年花费不超1万元，有效减轻了贫困群体的医疗负担。20世纪90年代设立的上海市中小学生、婴幼儿住院医疗互助基金，目前已打破城市与农村户籍、本市户籍与非本市户籍、残障少儿、辍学学生、"外来媳妇"子女、民工学校学生等参保限制，实现对本市0~18周岁常住儿童全覆盖。

随着一系列政策的落实和地方实务的创新，社会力量参与儿童大病救助联动机制的建立，极重病儿童的医疗救助将实现托底保障。

（五）"9+N"免费教育将成为教育事业发展方向

从儿童政策进步指数指标值来看，儿童"教育发展"方面36%的指标呈逐步提升趋势，小学净入学率、地方教育支出占地方一般公共财政支出比例、每千名儿童教育基本建设面积等指标发展趋势平稳，各级教育阶段学校平均生师比、每万名儿童出版物数等指标呈现较大幅度增长。2016年，国家财政性教育经费为31373亿元，比上年增长7.36%，占GDP比例为4.22%。

长远来看，全面推行"9＋N"免费教育是保障教育公平、提高国民综合素质的必然之举。各地政府将从实际出发，逐步探索"9＋N"免费教育。根据联合国教科文组织发布的《全球教育监测报告2016》，全球191个国家和地区中的66个国家和地区实施了包含不同年限义务教育在内的法定13年以上免费教育，阿根廷、法国、比利时、英国、中国澳门、土耳其、卢森堡等24个国家和地区实施了包含学前到高中阶段的15年免费教育。对延长免费教育的探索，既可以推动教育的普及与公平，保障儿童的受教育权利，也符合国际主流做法。"9＋N"免费教育的探索对提高人口素质和促进教育公平具有重要的进步意义。

（六）社会组织将成为防治校园欺凌重要力量

校园欺凌问题日益受到公众和政府的重点关注。针对校园暴力进行专门治理甚至专门立法是各国政府的通行做法。2016年4月，国务院教育督导委员会办公室印发《关于开展校园欺凌专项治理的通知》，成为我国针对学生欺凌进行治理的第一个文件，也是首次在国家层面将学生欺凌治理作为一个专门问题来对待。

借鉴他国经验，加强专项治理和专门立法的同时，要特别注重动员社会力量参与，形成合力，创制更富针对性的治理措施。美国在公益组织倡议下，掀起全国反校园暴力月活动，很多学校会在10月的某一天要求学生穿蓝色衣服上学，以示反对校园暴力。德国每所教育机构须制定各自应对校园暴力的规章条款，家长和学生每年签字确认，校园内的欺凌、威胁和身体伤害行为都将受到严厉打击。澳大利亚鼓励支持建立各类救助组织以应对欺凌行为，如"反欺凌网络组织"和"澳大利亚无欺凌计划"，以帮助学校了解欺凌现象，为学校制定相关政策，提供教师培训的指导大纲。日本通过建立"防止校园霸凌对策协议会"，加强解决校园欺凌问题的各方人士的合作，研究能够更有效地指导学生的方法等。加拿大设立帮助热线电话，帮助学生应对欺凌。

第五章　中国残疾人政策进步指数

一　中国残疾人政策发展形势与挑战

　　"十二五"时期,特别是党的十八大以来,残疾人权益保障制度不断完善,基本公共服务体系初步建立,残疾人生存发展状况显著改善。588万名农村贫困残疾人脱贫,950多万名困难和重度残疾人得到生活补贴或护理补贴①。残疾人就业稳中向好,收入较快增长。1000多万名残疾人得到康复服务②,残疾儿童少年义务教育入学率持续提高,残疾人文化体育服务不断拓展,无障碍环境建设加快推进。人道主义思想深入人心,扶残助残的社会氛围更加浓厚。残疾人社会参与日益广泛,各行各业涌现出一大批残疾人自强自立典型,越来越多残疾人实现了人生和事业的梦想。

　　但与此同时,目前我国仍有相当数量的农村贫困残疾人、近200万名城镇残疾人生活还十分困难,残疾人就业还不够充分,城乡残疾人家庭人均收入与社会平均水平差距仍然较大。康复、教育、托养等基本公共服务还不能满足残疾人的需求,残疾人事业城乡区域发展还很不平衡,基层为残疾人服务的能力尤其薄弱,专业服务人才相当匮乏。

(一)残疾人社会保障和服务体系建设步伐加快

　　2015～2016年,我国残疾人社会保障和服务体系建设取得了一定成效,推动残疾人事业在"十三五"开局之年取得了新的进步。

1. 康复服务水平进一步提升

　　通过实施精准康复服务,279.9万名③残疾儿童及持证残疾人得到基本

---

① 参见《国务院关于印发"十三五"加快残疾人小康进程规划纲要的通知》。
② 同上。
③ 参见《2016年中国残疾人事业发展统计公报》,本节下同。

康复服务，其中，视力残疾人 40.0 万名，听力残疾人 18.5 万名，肢体残疾人 135.7 万名，智力残疾人 23.1 万名，精神残疾人 62.6 万名。全年有 15.0 万名 0～6 岁残疾儿童得到基本康复服务，有 132.2 万人次得到盲杖、助视器、假肢、矫形器、人工耳蜗、助听器等各类辅助器具适配服务。

在接受精准康复服务的 40.0 万名视力残疾人中，有 21.5 万名盲人得到白内障复明手术、辅助器具适配、定向行走及支持性服务，18.5 万名低视力残疾人得到辅助器具适配及视功能训练服务。接受精准康复服务的 18.5 万名听力残疾人中，2.0 万名 0～6 岁残疾儿童得到人工耳蜗植入手术、助听器适配、听觉言语功能训练及家长支持性服务，1.5 万名 7～17 岁残疾儿童得到辅助器具适配及家长支持性服务，15.0 万名成年残疾人得到辅助器具适配及适应性训练服务。接受精准康复服务的 135.7 万名肢体残疾人中，有 5.0 万名 0～6 岁残疾儿童得到矫治手术、辅助器具适配、运动及适应训练、家长支持性服务，有 130.7 万名 7 岁及以上残疾人得到辅助器具适配、康复治疗及训练、重度残疾人支持性服务。接受精准康复服务的 23.1 万名智力残疾人中，有 5.6 万名 0～6 岁残疾儿童、17.5 万名 7～17 岁残疾儿童及成人得到认知及适应训练、支持性服务。接受精准康复服务的 62.6 万名精神残疾人中，有 1.8 万名 0～6 岁孤独症儿童及 1.4 万名 7～17 岁孤独症儿童得到沟通及适应训练、支持性服务，59.4 万名成年精神残疾人得到精神疾病治疗、精神障碍作业疗法训练或支持性服务。

截至 2016 年底，全国已有残疾人康复机构 7858 个，其中，残联办康复机构 3049 个。康复机构在岗人员达 22.3 万人，其中，管理人员 3.0 万人，业务人员 15.0 万人，其他人员 4.3 万人。

2. 加速推进残疾儿童教育发展

配合国务院法制办、教育部修订《残疾人教育条例》。继续实施《特殊教育提升计划（2014—2016 年）》，配合教育部制定《第二期特殊教育提升计划（2017—2020 年）》。与教育部、农业部、共青团中央和全国妇联制定实施《"十三五"残疾青壮年文盲扫盲行动方案》。残疾人受教育权得到了更好的保障，进一步提高了残疾人素质和平等参与社会的能力。

残疾人事业专项彩票公益金助学项目的实施，为全国 1.4 万余人次家庭经济困难的残疾儿童享受普惠性学前教育提供资助。各地也多渠道争取资金支持，对 2607 名残疾儿童给予学前教育资助。

3. 就业总体规模稳步增长

2016 年，全国持证残疾人新增就业 31.2 万人，其中城镇新增 9.3 万人，农村新增 21.9 万人。城乡实名培训 60.5 万人，其中城镇 13.7 万人，农村 46.8 万人。城乡持证残疾人就业人数为 896.1 万人，其中按比例就业 66.9 万人，集中就业 29.3 万人，个体就业 63.9 万人，公益性岗位就业 7.9 万人，辅助性就业 13.9 万人，灵活就业 262.9 万人，451.3 万人从事农业"种养加"。

盲人按摩事业稳定发展，按摩机构数量迅速增长。2016 年度培训盲人保健按摩人员 18997 名、盲人医疗按摩人员 5267 名；保健按摩机构达到 18605 个，医疗按摩机构达到 1211 个；在专业技术职务资格评审中，分别有 481 人和 1018 人通过医疗按摩人员中级和初级职称评审。

4. 残疾人社会保障转型升级

截至 2016 年底，城乡残疾居民参加城乡社会养老保险人数达到 2370.6 万人，参保率为 79.0%；60 岁以下的参保残疾人中有 482.1 万名重度残疾人，其中 445.7 万名得到了政府的参保扶助，代缴养老保险费比例达到 92.5%。有 269.4 万名非重度残疾人也享受了全额或部分代缴养老保险费的优惠政策。领取养老金待遇的人数达到 936.1 万人。

残疾人托养服务工作稳步推进，残疾人托养服务机构达到 6740 个，共为 20.4 万残疾人提供了托养服务。其中寄宿制托养服务机构 2348 个；日间照料机构 2169 个；综合性托养服务机构 2223 个。接受居家服务的残疾人达到 83.8 万人。全年共有 2 万名托养服务管理和服务人员接受了各级各类专业培训。

5. 扶贫开发成效显著

残疾人扶贫开发成效显著，贫困残疾人生产生活状况得到进一步改善。贫困残疾人得到有效扶持，其中 87.8 万人通过扶贫开发实际脱贫；接受实用技术培训的残疾人达到 75.6 万人次。

康复扶贫贴息贷款扶持 2.2 万名农村残疾人，残疾人扶贫基地达到 7111 个，安置 11.6 万名残疾人就业，扶持带动 24.9 万户残疾人。

完成 8.2 万户农村贫困残疾人危房改造，各地投入危房资金 8.9 亿元。

6. 无障碍建设法规、标准进一步完善

全国共出台了 451 个省、地市、县级无障碍建设与管理法规、规章和规范性文件；1623 个市、县、区系统开展无障碍建设；全国开展无障碍建设检查 4904 次，无障碍培训 3.2 万人次；为 93 万户残疾人家庭实施了无障碍改造，其中包括 13 万户贫困重度残疾人；为 75 万名残疾人发放了残疾人机动轮椅车燃油补贴。

7. 信息化建设日益加强

中国残联门户网站共计发布稿件约 3 万篇，围绕中国残联重大活动和重点工作制作"2016 里约残奥会专题"等网上专题。截至 2016 年底，全国 32 个省份、280 个地市、1322 个县级残联开通网站。

截至 2016 年底，全国残疾人人口基础数据库入库持证残疾人有 3219.4 万人。基于残疾人人口基础数据库，中国残联围绕重点业务领域开发了残疾人精准康复服务等业务应用，为业务工作的开展、残疾人精准服务提供了有效数据支撑。向 13 个省级残联提供残疾人数据每日推送服务，与横向部门开展数据共享与交换，保障地方个性化业务服务的顺利开展。

（二）加快推进残疾人小康进程

"十三五"时期，是全面建成小康社会的决胜阶段，是加快发展残疾人事业的重要时期。须加快推进残疾人社会保障体系和服务体系建设，加快改善残疾人状况，不断缩小残疾人生活状况与社会平均水平的差距，使残疾人同全国人民一道向更高水平的小康社会迈进。

一是建立完善残疾人基本福利制度。全面实施困难残疾人生活补贴制度和重度残疾人护理补贴制度，适时调整补贴标准，有条件的地方可逐步扩大补贴范围。建立残疾儿童康复救助制度，逐步提高残疾儿童少年福利保障水平，有条件的地方可对残疾人基本型辅助器具适配和贫困残疾人家庭无障碍改造予以补贴。确保城乡残疾人普遍享有基本养老保险和基本医疗保险，落实符合条件的贫困和重度残疾人参加城乡居民社会保险个人缴费资助政策，有条件的地方可扩大资助范围、提高资助标准，帮助残疾人按规定参加各项社会保险。完善重度残疾人医疗报销制度，逐步扩大基本医疗保险支付的医疗康复项目范

围。支持商业保险机构对残疾人实施优惠保险费率，鼓励开发适合残疾人的补充养老、补充医疗等商业保险产品。鼓励残疾人个人参加相关商业保险。对符合住房保障条件的城镇残疾人家庭给予优先轮候、优先选房等政策。农村危房改造同等条件下优先安排经济困难的残疾人家庭，按照农村危房改造政策要求，采取制定实施分类补助标准等措施，对无力自筹资金的残疾人家庭给予倾斜照顾，到2020年完成农村贫困残疾人家庭存量危房改造任务。

二是大力促进城乡残疾人及其家庭就业增收。依法大力推进残疾人按比例就业，研究建立用人单位按比例安排残疾人就业公示制度，加大对超比例安排残疾人就业用人单位的奖励力度，稳定发展残疾人集中就业。落实税收优惠政策，完善残疾人集中就业单位资格认定管理办法，福利企业、盲人按摩机构和残疾人辅助性就业机构等残疾人集中就业单位参照社会福利机构享受城市建设与公用事业收费优惠。继续开展"千企万人就业行动"。支持盲人按摩业发展，鼓励盲人按摩规模化、品牌化。扶持残疾人文化创意产业基地建设，多渠道扶持残疾人自主创业和灵活就业，完善对残疾人自主创业、灵活就业和为残疾人提供就业岗位的个体工商户的扶持政策。

三是建立兜底机制，保障残疾人基本生活。将符合条件的残疾人家庭及时纳入最低生活保障范围。生活困难、靠家庭供养且无法单独立户的成年无业重度残疾人，经个人申请，可按照单人户纳入最低生活保障范围。对以老养残、一户多残等特殊困难家庭中因抚养（扶养、赡养）人生活困难、事实无力供养的残疾人，符合特困人员救助供养有关规定的，纳入救助供养范围。对纳入城乡医疗救助范围的残疾人，稳步提高救助水平。

四是提高残疾人受教育水平。贯彻实施《残疾人教育条例》，依法保障残疾人受教育权利。为家庭经济困难的残疾儿童、青少年提供包括义务教育、高中阶段教育在内的12年免费教育，鼓励特殊教育学校实施学前教育，鼓励残疾儿童康复机构取得办园许可，为残疾儿童提供学前教育。鼓励普通幼儿园接收残疾儿童，进一步落实残疾儿童接受普惠性学前教育资助政策。继续采取"一人一案"方式解决好未入学适龄残疾儿童少年义务教育问题，规范为不能到校学习的重度残疾儿童送教上门服务。各地要加大残疾学生就学支持力度，对符合资助政策的残疾学生和残疾人子女优先予以资助，建立完善残疾学生特殊学习用品、教育训练、交通费等补助政策。大力推行融合教育，建立随班就读支持保障体系，在残疾学生较多的学校建立特殊教育资源教室，提高普通学校接收残疾学生的能力，不断扩大融合教育规模。

五是提升残疾人基本公共服务水平。加强残疾预防工作组织领导，加大残疾预防人才培养、设施设备和工作经费投入力度，广泛开展以社区和家庭为基础、以一级预防为重点的三级预防工作，保障残疾人基本康复服务需求。制定实施《残疾预防和残疾人康复条例》，以残疾儿童和持证残疾人为重点，采取多种形式，实施精准康复，为残疾人提供基本康复服务。继续实施残疾儿童抢救性康复、贫困残疾人辅助器具适配、防盲治盲、防聋治聋等重点康复项目，加强康复医疗机构建设，健全医疗卫生、特殊教育等机构的康复服务功能，加强残疾人专业康复机构建设，建立医疗机构与残疾人专业康复机构双向转诊制度。加强残疾人健康管理和社区康复，依托专业康复机构指导社区和家庭为残疾人实施康复训练，推动基层医疗卫生机构普遍开展残疾人医疗康复。建设康复大学，加快康复高等教育发展和专业人才培养。

二 中国残疾人政策进步指数指标体系

中国残疾人政策进步指数设有 2 个二级指标、12 个三级指标及 30 个评价点，旨在运用量化指标更全面地评价省级残疾人政策的创新度。与 2016 年"残疾人政策进步指数"指标体系相比，由于官方年鉴未出版，仅考察政策创新性，具体指标调整情况如下：二级指标为"省级残疾人政策创新度""国家残疾人政策省级本地化率"2 个，省级创新度的三级指标由 6 个增至 9 个，评价点由 14 个增至 30 个（见表 5-1）。其中，根据历年《中国残疾人事业发展统计公报》《中国残疾人事业发展报告 2017》等，在"省级残疾人政策创新度"二级指标下，新增"就业创业支持政策""残疾人扶贫开发政策""无障碍设施建设政策""残疾事业信息化建

设"4 个三级指标，从而增加残疾人就业创业服务情况、残疾人扶贫开发
成效、残疾人无障碍设施建设、信息化建设等方面的新评估维度；在新增
各三级指标下，共增加 14 个评价点，旨在更全面地评价省级残疾人政策的
创新性。基础数据来源主要为 31 个省份人民政府、残联、教育部门等官方
网站公开信息。

表 5 - 1　中国残疾人政策进步指数指标体系

指数名称	二级指标	三级指标	评价点
残疾人政策进步指数	省级残疾人政策创新度	残疾人康复服务政策	是否出台专项政策
			是否纳入医保体系
			是否建立补贴制度
			是否出台抢救性康复救助政策
		融合教育促进政策	是否出台专项文件
			是否设立特教岗位津贴制度
			是否建立个案督导评估机制
		免费教育促进政策	是否出台专项文件
			是否学前教育免费
			是否高中阶段教育免费
		就业创业支持政策	是否出台专项规划
			是否落实按比例安排就业
			是否奖励超比例安排就业
			是否补贴残疾就业毕业生
			是否建立残疾人创业补贴制度
		残疾人补贴政策	是否出台全省文件
			是否扩大两项补贴覆盖范围
			是否调整两项补贴动态标准
		残疾人扶贫开发政策	是否出台专项文件
			是否集中安置贫困残疾人就业
			是否落实农村残疾人危房改造
			是否开展特色产业扶贫
		无障碍设施建设政策	是否出台专项规划
			是否改造家庭无障碍设施
			是否落实公共设施无障碍建设

指数名称	二级指标	三级指标	评价点
残疾人政策进步指数	省级残疾人政策创新度	政府购买服务政策	是否出台省级文件
			是否制定落地方案
			是否扩大项目范围
		残疾事业信息化建设	是否出台专项规划
			是否建立基础信息数据系统
	国家残疾人政策省级本地化率	是否出台	
		发文部门	
		发文时间	

三　2015～2016 年中国残疾人政策进步指数省份排名

本部分首先着重对 2015～2016 年连续五年进入中国残疾人进步指数排名前十位的省份进行描述，然后分别对 2015 年和 2016 年残疾人进步指数的排名展开更为详细的分析，主要包括省份排名、单项指标突出省份、地区内部差异，以及残疾人事业发展与经济发展匹配程度等方面的分析。

2015～2016 年，残疾人政策进步指数排名进入前十位省份有 18 个。从地区分布来看，东部地区占 9 席，分别是北京、天津、河北、上海、江苏、浙江、福建、山东、广东；中部地区占 2 席，为山西、江西；西部地区占 6 席，分别是内蒙古、广西、重庆、陕西、甘肃、青海；东北地区占 1 席，即辽宁（见表 5 - 2）。

表 5 - 2　2012～2016 年残疾人政策进步指数省份排名

排名	2015 年		2016 年	
	省份	分值	省份	分值
1	上海	0.594	北京	0.626
2	北京	0.566	浙江	0.546

续表

排名	2015 年		2016 年	
	省份	分值	省份	分值
3	江苏	0.562	天津	0.531
4	浙江	0.510	山西	0.514
5	天津	0.504	福建	0.509
6	福建	0.490	江苏	0.495
7	河北	0.482	甘肃	0.481
8	山西	0.482	上海	0.480
9	江西	0.450	青海	0.476
10	广西	0.450	陕西	0.471
11	四川	0.440	江西	0.466
12	河南	0.430	广东	0.466
13	湖南	0.426	重庆	0.466
14	甘肃	0.426	贵州	0.466
15	云南	0.424	云南	0.466
16	吉林	0.420	安徽	0.434
17	贵州	0.420	湖北	0.429
18	湖北	0.416	吉林	0.419
19	辽宁	0.406	广西	0.405
20	海南	0.382	山东	0.400
21	广东	0.364	河南	0.395
22	新疆	0.350	辽宁	0.375
23	陕西	0.334	宁夏	0.349
24	宁夏	0.332	海南	0.346
25	黑龙江	0.326	新疆	0.325
26	青海	0.304	河北	0.320
27	内蒙古	0.296	湖南	0.296
28	安徽	0.296	四川	0.296
29	重庆	0.270	黑龙江	0.286
30	山东	0.216	内蒙古	0.280
31	西藏	0.190	西藏	0.160

（一）2015 年中国残疾人政策进步指数

2015 年中国残疾人政策进步指数排名前十位的省份依次是上海、北京、江苏、浙江、天津、福建、河北、山西、江西、广西。从地区分布来看，东部地区 7 个省份，中部地区 2 个省份，西部地区 1 个省份。在排名第 11 ~ 20 位省份中，西部地区占 4 席，中部地区占 3 席，东北地区占 2 席，东部地区占 1 席。在排名第 21 ~ 31 位省份中，西部地区占 7 席，东部地区占 2 席，中部地区和东北地区各占 1 席（见表 5 - 3）。

表 5 - 3　2015 年中国残疾人政策进步指数省份排名分布

地区　　　排名情况	东部地区	中部地区	西部地区	东北地区
第 1 ~ 10 位	7 个：上海、北京、江苏、浙江、天津、福建、河北	2 个：山西、江西	1 个：广西	无
第 11 ~ 20 位	1 个：海南	3 个：河南、湖南、湖北	4 个：四川、甘肃、云南、贵州	2 个：吉林、辽宁
第 21 ~ 31 位	2 个：广东、山东	1 个：安徽	7 个：新疆、陕西、宁夏、青海、内蒙古、重庆、西藏	1 个：黑龙江

从单项三级指标来看，上海残疾人康复服务水平全国领先，率先建立关于残疾儿童康复救助补贴的地方标准政策，康复服务、补贴政策、融合教育等三级指标均位居全国首位。北京、天津的社区残疾人康复服务覆盖率已达到 80% 以上，残疾人康复服务水平较高。浙江出台政策文件建立地方残疾人补贴政策，康复服务、免费教育、补贴政策等三级指标排名均位列全国前五。江苏的县级儿童残疾预防筛选工作基本实现全覆盖，全国领先。河北、福建免费教育、就业创业等三级指标排名均位列全国前十。山

西扶贫开发等三级指标排名均位列全国前五，多举措推动残疾人脱贫解困工作。江西、广西免费教育等三级指标排名均位列全国前十，进一步推动教育公平。

四川、甘肃等西部地区残疾人政策发展速度显著快于其经济发展速度。2015年残疾人政策进步指数排名高于人均GDP排名5个及以上位次的有9个省份，分别是河北（12）、山西（19）、江西（15）、广西（16）、四川（12）、河南（10）、甘肃（17）、云南（15）、贵州（12）。其中，西部地区占5席，中部地区占3席，东部地区占1席（见表5–4）。

表5–4 2015年残疾人政策进步指数省份排名

排名	省份	省级残疾人政策创新度	国家残疾人政策省级本地化率	总分	人均GDP排名	与人均GDP排名比较
	上海	0.530	0.850	0.594	3	2
2	北京	0.500	0.830	0.566	2	0
3	江苏	0.470	0.930	0.562	4	1
4	浙江	0.430	0.830	0.510	5	1
5	天津	0.430	0.800	0.504	1	-4
6	福建	0.400	0.850	0.490	7	1
7	河北	0.370	0.930	0.482	19	12
8	山西	0.370	0.930	0.482	27	19
9	江西	0.330	0.930	0.450	24	15
10	广西	0.330	0.930	0.450	26	16
11	四川	0.300	1.000	0.440	23	12
12	河南	0.330	0.830	0.430	22	10
13	湖南	0.370	0.650	0.426	16	3
14	甘肃	0.300	0.930	0.426	31	17

排名	省份	省级残疾人政策创新度	国家残疾人政策省级本地化率	总分	人均GDP排名	与人均GDP排名比较
15	云南	0.330	0.800	0.424	30	15
16	吉林	0.300	0.900	0.420	12	−4
17	贵州	0.330	0.780	0.420	29	12
18	湖北	0.300	0.880	0.416	13	−5
19	辽宁	0.300	0.830	0.406	9	−10
20	海南	0.270	0.830	0.382	18	−2
21	广东	0.230	0.900	0.364	8	−13
22	新疆	0.230	0.830	0.350	20	−2
23	陕西	0.230	0.750	0.334	14	−9
24	宁夏	0.270	0.580	0.332	15	−9
25	黑龙江	0.200	0.830	0.326	21	−4
26	青海	0.230	0.600	0.304	17	−9
27	内蒙古	0.170	0.800	0.296	6	−21
28	安徽	0.370	0.000	0.296	25	−3
29	重庆	0.230	0.400	0.270	11	−18
30	山东	0.270	0.000	0.216	10	−20
31	西藏	0.130	0.430	0.190	28	−3

注：残疾人政策进步指数排名高于人均GDP排名的，与人均GDP排名比较为正值；反之，则为负值。

（二）2016年中国残疾人政策进步指数

2016年，中国残疾人政策进步指数排名前十位的省份依次是北京、浙江、天津、山西、福建、江苏、甘肃、上海、青海、陕西。与2015年相比，甘肃、青海、陕西替代了河北、江西、广西，其中陕西是首次排名列入前十位。从地区分布来看，东部地区占6席，中部地区占1席，西部地区占3席。在排名第11～20位省份中，西部地区占4席，中部地区占4席，东部地区占1席，东北地区占1席。在排名第21～31位省份中，西部地区占5席，东部地区占3席，中部地区占1席，东北地区占2席（见表5－5）。

表 5 - 5   2016 年中国残疾人政策进步指数省份排名分布

排名情况＼地区	东部地区	中部地区	西部地区	东北地区
第 1～10 位	6 个：北京、浙江、天津、福建、江苏、上海	1 个：山西	3 个：甘肃、青海、陕西	无
第 11～20 位	1 个：广东	4 个：江西、安徽、湖北、河南	4 个：重庆、贵州、云南、广西	1 个：吉林
第 21～31 位	3 个：山东、海南、河北	1 个：湖南	5 个：宁夏、新疆、四川、内蒙古、西藏	2 个：辽宁、黑龙江

从单项三级指标来看，2016 年，北京康复服务、融合教育、无障碍设施建设、购买服务等三级指标排名均位居全国第一，多项残疾人政策领跑全国。浙江康复服务、免费教育、补贴政策等三级指标排名均位列全国前五，率先推行四类残疾人补贴。江苏补贴政策、无障碍设施建设等三级指标排名均位列全国前三，率先建立了残疾人生活救助、生活补贴和护理补贴制度。天津就业创业、购买服务等三级指标排名均位列全国前三，持续推动构建社会支持服务网络。福建、甘肃多措并举推进残疾人就业创业，就业创业、扶贫开发等三级指标排名均位列全国前五。上海融合教育、无障碍设施建设等三级指标排名均位列全国前五，融合教育供给侧改革突出。青海免费教育、扶贫开发、信息化建设等三级指标排名均位列全国前十，领先普及 15 年免费教育，有力推动教育公平。山西、陕西全力推进 "1 + N" 脱贫政策体系建设，山西补贴政策、扶贫开发等三级指标排名均位列全国前十，陕西免费教育、扶贫开发等三级指标排名均位列全国前十。

残疾人政策进步指数排名与人均 GDP 排名匹配度高，差异省份西部地区最多。2016 年残疾人政策进步指数排名中，东部地区的北京、天津、上海、江苏、浙江、福建 6 个省份位列前十，同时位列 2016 年人均 GDP 排名前十；其他省份残疾人政策进步指数排名与人均 GDP 排名基本不对应。2016 年残疾人政策进步指数排名高于人均 GDP 排名 5 个及以上位次有 8 个省份，分别为山西（23）、甘肃（24）、青海（9）、江西（12）、贵州（15）、云南（15）、安徽（9）、广西（7）。其中，西部地区占 5 席，中部地区占 3 席（见表 5 – 6）。

表 5 – 6　2016 年残疾人政策进步指数省份排名

排名	省份	省级残疾人政策创新度	国家残疾人政策省级本地化率	总分	人均 GDP 排名	与人均 GDP 排名比较
1	北京	0.570	0.850	0.626	1	0
2	浙江	0.570	0.450	0.546	5	3
3	天津	0.470	0.775	0.531	3	0
4	山西	0.430	0.850	0.514	27	23
5	福建	0.430	0.825	0.509	6	1
6	江苏	0.500	0.475	0.495	4	– 2
7	甘肃	0.370	0.925	0.481	31	24
8	上海	0.530	0.000	0.480	2	– 6
9	青海	0.370	0.900	0.476	18	9
10	陕西	0.370	0.875	0.471	13	3
11	江西	0.370	0.850	0.466	23	12
12	广东	0.370	0.850	0.466	7	– 5
13	重庆	0.370	0.850	0.466	10	– 3
14	贵州	0.470	0.450	0.466	29	15
15	云南	0.370	0.850	0.466	30	15
16	安徽	0.430	0.875	0.434	25	9
17	湖北	0.430	0.425	0.429	11	– 6
18	吉林	0.430	0.375	0.419	12	– 6
19	广西	0.400	0.425	0.405	26	7

续表

排名	省份	省级残疾人政策创新度	国家残疾人政策省级本地化率	总分	人均 GDP 排名	与人均 GDP 排名比较
20	山东	0.400	0.400	0.400	9	-11
21	河南	0.400	0.375	0.395	20	-1
22	辽宁	0.300	0.675	0.375	14	-8
23	宁夏	0.330	0.425	0.349	15	-8
24	海南	0.370	0.250	0.346	17	-7
25	新疆	0.300	0.425	0.325	21	-4
26	河北	0.400	0.000	0.320	19	-7
27	湖南	0.370	0.000	0.296	16	-11
28	四川	0.370	0.000	0.296	24	-4
29	黑龙江	0.270	0.350	0.286	22	-7
30	内蒙古	0.200	0.600	0.280	8	-22
31	西藏	0.200	0.000	0.160	28	-3

注：残疾人政策进步指数排名高于人均 GDP 排名的，与人均 GDP 排名比较为正值；反之，则为负值。

四 2012～2016 年中国残疾人政策进步指数排名特点

对 2012～2016 年残疾人政策进步指数排名特点的分析，主要从三个维度展开，即残疾人政策进步指数地区发展、排名波动，以及各省份残疾人政策进步指数的排名与人均 GDP 排名的比较，采用地区间横向比较、同地区历史纵向发展比较和残疾人事业发展与经济发展相关比较等方法。

（一）东部地区残疾人政策全国领先，5 个省份稳居前十位

2012～2016 年中国残疾人政策进步指数排名进入前十位的省份有 18 个。从地区分布来看，东部地区占 9 席，分别是北京、天津、河北、上海、

171

江苏、浙江、福建、山东、广东；中部地区占 2 席，分别是山西、江西；西部地区占 6 席，分别是内蒙古、广西、重庆、陕西、甘肃、青海；东北地区占 1 席，即辽宁。

其中，东部地区的北京、天津、上海、江苏、浙江 5 个省份连续五年位列残疾人政策进步指数前十。此外，甘肃曾 4 次位列前十，山东、广东、青海 3 个省份曾 3 次进入前十位，山西、福建、重庆 3 个省份曾 2 次进入前十位，河北、内蒙古、辽宁、江西、陕西、广西 6 个省份曾 1 次进入前十位（见表 5 - 7）。

表 5 - 7　2012 ~ 2016 年残疾人政策进步指数排名前十位省份分布

东部地区	中部地区	西部地区	东北地区
9 席：	2 席：	6 席：	1 席：
北　京（☆☆☆☆☆）	山　西（☆☆）	内蒙古（☆）	辽　宁（☆）
天　津（☆☆☆☆☆）	江　西（☆）	广　西（☆）	
河　北（☆）		重　庆（☆☆）	
上　海（☆☆☆☆☆）		陕　西（☆）	
江　苏（☆☆☆☆☆）		甘　肃（☆☆☆☆）	
浙　江（☆☆☆☆☆）		青　海（☆☆☆）	
福　建（☆☆）			
山　东（☆☆☆）			
广　东（☆☆☆）			

注：☆为进入排名次数。

分地区来看，东部地区 10 个省份中，北京自 2013 年起连续三年稳居全国第二，2016 年位列全国第一，上海则于 2014 年、2015 年连续两年蝉联全国第一，2016 年位居第 8。中部地区 6 个省份中，山西排名最高，2015 年、2016 年连续两年进入全国前十位，排名分别为第 8 位和第 4 位，成为中部地区唯一连续两年进入前十位的省份。西部地区 12 个省份中，甘肃排名最高，2012 ~ 2016 年分别为第 3 位、第 5 位、第 8 位、第 14 位和第 7 位，成为西部地区唯一 4 次排名进入前十位的省份。东北地区 3 个省份，辽宁排名最高，2012 ~ 2016 年分别为第 16 位、第 11 位、第 9 位、第 19 位和第 22 位，成为唯一进入过前十位的东北地区省份（见表 5 - 8）。

表 5 – 8 2012～2016 年残疾人政策进步指数省份排名地区分布

省份	2012年	2013年	2014年	2015年	2016年	省份	2012年	2013年	2014年	2015年	2016年
东部地区（10 个）						西部地区（12 个）					
北京	4	2	2	2	1	内蒙古	19	14	10	27	30
天津	6	1	3	5	3	广西	28	26	26	10	19
河北	13	13	21	7	26	重庆	7	9	13	29	13
上海	2	4	1	1	8	四川	18	21	16	11	28
江苏	9	7	4	3	6	贵州	30	30	30	17	14
浙江	1	3	7	4	2	云南	14	19	22	15	15
福建	12	17	20	6	5	西藏	31	31	31	31	31
山东	8	8	5	30	20	陕西	20	15	18	23	10
广东	5	6	6	21	12	甘肃	3	5	8	14	7
海南	24	25	28	20	24	青海	10	10	26	9	
						宁夏	15	27	29	24	23
						新疆	23	23	24	22	25
中部地区（6 个）						东北地区（3 个）					
山西	17	12	12	8	4	辽宁	16	11	9	19	22
安徽	26	22	19	28	16	吉林	11	18	23	16	18
江西	22	29	27	9	11	黑龙江	29	24	25	25	29
河南	25	28	17	12	21						
湖北	21	16	14	18	17						
湖南	27	20	11	13	27						

（二）排名前十位的省份较稳定，山西等 4 个省份排名稳步升高

对比 2012～2016 年残疾人政策进步指数排名结果，半数省份残疾人政策发展比较平稳，其中排名前十位的省份浮动最小，2012～2016年 5 个省份连续五年位列残疾人政策进步指数前十。从地区分布来看，这 5 个省份均属于东部地区。在排名浮动较大省份中，山西、福建、

贵州、青海 4 个省份的排名稳步升高。整体来看，东部地区省份排名更为稳定。

山西排名持续大幅提升。2012～2016 年，山西残疾人政策进步指数排名分别为第 17 位、第 12 位、第 12 位、第 8 位、第 4 位，连续五年稳步提升并连续两年进入前十位。2015～2016 年，补贴政策、扶贫开发两个指标连续两年位列全国前十。

福建近年来排名提升较快。2012～2016 年，福建残疾人政策进步指数排名分别为第 12 位、第 17 位、第 20 位、第 6 位、第 5 位，2015 年以来连续两年前进较快且皆位列前十。2015～2016 年，免费教育、就业创业 2 个指标连续两年居全国前十位。

贵州近年来排名明显提升。2012～2016 年，贵州残疾人政策进步指数排名分别为第 30 位、第 30 位、第 30 位、第 17 位、第 14 位，自 2015 年以来排名连续两年明显提升靠近前十位。2015～2016 年，购买服务指标连续两年位列全国前十。

青海 2016 年排名进步显著。2012～2016 年，青海残疾人政策进步指数排名分别为第 10 位、第 10 位、第 15 位、第 26 位、第 9 位，相比 2014～2015 年，2016 年排名进步显著，进入前十位。2016 年，免费教育、扶贫开发、信息化建设 3 个指标排名均位列全国前十。

（三）经济水平影响残疾人政策发展，但不是唯一决定因素

2012～2016 年，残疾人政策进步指数排名对照人均 GDP 排名，保持在 5 个及以内位次浮动的省份数量分别为 21 个、22 个、20 个、14 个和 12 个。分地区来看，东部地区残疾人政策进步与人均 GDP 发展水平比较一致，残疾人政策进步指数排名显著高于人均 GDP 排名的省份主要集中在中西部地区，如山西、贵州、云南、甘肃等。特别是云南和甘肃，残疾人政策进步指数连续五年排名高于人均 GDP 排名 5 个以上位次，表明这两个省份残疾人政策进步走在经济发展的前面。随着残疾人政策体系的多层次发展，经济水平影响残疾人政策发展，但不是唯一决定因素（见表 5－9）。

表 5－9　2012～2016 年残疾人政策进步指数排名与人均 GDP 排名差异

省份	2012 年			2013 年			2014 年			2015 年			2016 年		
	指数排名	人均GDP排名	排名差异	指数排名	人均GDP排名	排名差异	指数排名	人均GDP排名	排名差异	指数排名	人均GDP排名	排名差异	指数排名	人均GDP排名	排名差异
北京	4	2	-2	2	2	0	2	2	0	2	2	0	1	1	0
天津	6	1	-5	1	1	0	3	1	-2	5	1	-4	3	3	0
河北	13	15	2	13	16	3	21	18	-3	7	19	12	26	19	-7
山西	17	19	2	12	22	10	12	24	12	8	27	19	4	27	23
内蒙古	19	5	-14	14	6	-8	10	6	-4	27	6	-21	30	8	-22
辽宁	16	7	-9	11	7	-4	9	7	-2	19	9	-10	22	14	-8
吉林	11	11	0	18	11	-7	23	11	-12	16	12	-4	18	12	-6
黑龙江	29	17	-12	24	17	-7	25	20	-5	25	21	-4	29	22	-7
上海	2	3	1	4	3	-1	1	3	2	1	3	2	8	2	-6
江苏	9	4	-5	7	4	-3	4	4	0	3	4	1	6	4	-2
浙江	1	6	5	3	5	2	7	5	-2	4	5	1	2	5	3
安徽	26	26	0	22	25	3	19	26	7	28	25	-3	16	25	9
福建	12	9	-3	17	9	-8	20	8	-12	6	7	1	5	6	1
江西	22	25	3	29	26	-3	27	25	-2	9	24	15	11	23	12
山东	8	10	2	8	10	2	5	10	5	30	10	-20	20	9	-11
河南	25	23	-2	28	23	-5	17	22	5	12	22	10	21	20	-1

续表

省份	2012年 指数排名	2012年 人均GDP排名	2012年 排名差异	2013年 指数排名	2013年 人均GDP排名	2013年 排名差异	2014年 指数排名	2014年 人均GDP排名	2014年 排名差异	2015年 指数排名	2015年 人均GDP排名	2015年 排名差异	2016年 指数排名	2016年 人均GDP排名	2016年 排名差异
湖北	21	13	-8	16	14	-2	14	13	-1	18	13	-5	17	11	-6
湖南	27	20	-7	20	19	-1	11	17	6	13	16	3	27	16	-11
广东	5	8	3	6	8	2	6	9	3	21	8	-13	12	7	-5
广西	28	27	-1	26	27	1	26	27	1	10	26	16	19	26	7
海南	24	22	-2	25	21	-4	28	21	-7	20	18	-2	24	17	-7
重庆	7	12	5	9	12	3	13	12	-1	29	11	-18	13	10	-3
四川	18	24	6	21	24	3	16	23	7	11	23	12	28	24	-4
贵州	30	31	1	30	31	1	30	30	0	17	29	12	14	29	15
云南	14	29	15	19	29	10	22	29	7	15	30	15	15	30	15
西藏	31	28	-3	31	28	-3	31	28	-3	31	28	-3	31	28	-3
陕西	20	14	-6	15	13	-2	18	14	-4	23	14	-9	10	13	3
甘肃	3	30	27	5	30	25	8	31	23	14	31	17	7	31	24
青海	10	21	11	10	20	10	15	19	4	26	17	-9	9	18	9
宁夏	15	16	1	27	15	-12	29	15	-14	24	15	-9	23	15	-8
新疆	23	18	-5	23	18	-5	24	16	-8	22	20	-2	25	21	-4

注：残疾人政策进步省指数排名高于人均GDP排名的，排名差异为正值；残疾人政策进步指数排名落后于人均GDP排名的，排名差异为负值。

五 中国残疾人政策进步指数单项三级指标突出省份

在本节，课题组对残疾人政策进步指数指标体系的三级指标做了专门分析梳理，将重点介绍在单项三级指标上有突出优势的省份。

（一）北京多项残疾人政策领跑全国

从单项三级指标的省份排名来看，2016 年，北京康复服务、融合教育、无障碍设施建设、购买服务等三级指标排名均位列全国第一。截至2016 年底，在康复服务方面，《北京市实施〈残疾人保障法〉办法》将残疾人康复纳入基本医疗保障制度和基本医疗卫生服务体系，建立相应的补贴制度，城乡居民养老保险、医疗保险参保率达 97%，保障残疾人享有康复服务的权利；在融合教育方面，发布《中小学融合教育行动计划》，坚持融合教育优先发展，融合教育比例超过 60%，学前融合教育比例达到56%，485 名重度残疾学生接受送教上门，专项调查经核实的 43 名未入学残疾儿童获得"一人一案"精准帮扶，残疾人受教育权益得到切实保障；在无障碍设施建设方面，先后出台《无障碍设施建设和管理条例》《残疾人家庭无障碍改造工作实施方案》《残疾人家庭无障碍改造评估细则（试行)》等，加速改造公共场所无障碍设施，有序推进残疾人家庭无障碍改造，减轻和消除残疾影响和外界障碍；在购买服务方面，出台《购买社会力量兴办残疾人服务机构（组织）服务暂行办法》，率先面向社会力量兴办残疾人服务机构专项购买服务政策，推动残疾人服务行业的整体发展。此外，在补贴制度方面，出台了普惠型残疾人"两项补贴"福利制度，修订困难残疾人生活补贴和重度残疾人护理补贴办法，生活补贴在全国率先延伸至残疾儿童和老年人，护理补贴成为全市首个不分年龄、不分就业状况、不分经济条件、按照残疾状况给予的福利性补贴，"两项补贴"惠及17.08 万名生活困难残疾人、17.96 万名重度残疾人，年资金投入达 13 亿元，保障水平位居全国前列。

（二）浙江率先推行四类残疾人补贴，江苏扩大两项补贴保障范围

从单项三级指标的省份排名来看，2016 年，浙江康复服务、免费教育、补贴政策等三级指标排名均位列全国前五。尤其是补贴政策，2016 年浙江出台《关于全面建立困难残疾人生活补贴和重度残疾人护理补贴制度的实施意见》，开始推行困难残疾人生活补贴、重度残疾人护理补贴、康复补贴和社会保险补贴。一方面，符合条件的残疾人，可同时申领以上四类残疾人福利补贴，且四类补贴不计入城乡低保和低保边缘家庭的收入；另一方面，建立了动态调整机制。在困难残疾人生活补贴方面，按照当地低保标准的 30% 发放生活补贴，按浙江城乡低保月平均标准 653 元、570 元推算，符合条件的残疾人可享受每人每月 195.9 元、171 元的生活补贴，且每年随低保标准同步动态调整。在重度残疾人护理补贴方面，按生活完全不能自理、基本不能自理、部分不能自理三档，分别给予每人每月 500 元、250 元、125 元补贴，并对符合条件的在机构集中托养的残疾人，在上述补贴标准基础上分别上浮 50%。在残疾人康复补贴方面，取消了原来按家庭经济情况给予分档补助，统一将残疾儿童康复训练补助标准从 1.2 万元提高至 2.4 万元；对 0～6 周岁残疾儿童免费实施手术、配置辅助器具和康复训练等基本服务，增加补助年限；对残疾人自费配置人工耳蜗等辅助器具给予适当补贴。

2016 年，江苏补贴政策、无障碍设施建设等三级指标排名均位列全国前三。特别是补贴政策，江苏自 2007 年起先后在全国率先建立了残疾人生活救助、生活补贴和护理补贴制度，为全国制度的建立提供了经验。2016 年，先后出台《关于加快推进残疾人小康进程的实施意见》《关于完善困难残疾人生活补贴和重度残疾人护理补贴制度的意见》，进一步扩大了保障范围，确保残疾人两项补贴制度覆盖所有符合条件的残疾人，并提高保障标准，制定逐年提高的动态增长机制。

（三）天津持续推动构建社会支持服务网络

从单项三级指标的省份排名来看，2016 年，天津就业创业、购买服务等三级指标排名均位列全国前三。特别是购买服务，截至 2016 年底，天津

先后出台《关于政府向社会力量购买服务办法的通知》《市级政府向社会力量购买服务监督检查和绩效评价管理暂行办法的通知》《关于开展政府购买残疾人服务试点工作方案》《政府购买残疾人服务指导性目录》《社区公益事业专项补助经费使用管理暂行办法》等，以政府购买服务的形式鼓励社会力量参与残疾人服务项目建设，构建残疾人社会支持服务网络。在残疾人享受政府购买各项基本公共服务政策基础上，针对残疾人特殊需求，采取培育试点、逐步推广方式，建立以残疾人医疗康复、心理咨询、托养照料、特殊教育、就业培训、辅具适配、无障碍改造为重点的政府购买残疾人服务运行机制。

（四）福建、甘肃多措并举推进残疾人就业创业

从单项三级指标的省份排名来看，2016 年，福建免费教育、就业创业等三级指标排名均位列全国前五。尤其是就业创业，截至 2016 年底，福建先后出台《扶持残疾人就业创业专项资金管理办法》《超比例安排残疾人就业奖励实施办法》《支持集中安置残疾人就业实施办法》《残疾人自主就业创业社会保险补贴实施办法》《接纳安置高校残疾人毕业生就业补贴办法》《残疾人保障金征收使用管理实施办法》《扶持农村困难残疾人就业创业项目实施方案》，建立全国领先的残疾人就业创业保障制度，多举措积极扶持残疾人自主就业创业：对通过自主创业或从事个体经营实现就业的残疾人及其安置的残疾员工，每年按照当地从业人员社会保险最低缴费基数缴费金额的 50% 给予社会保险补贴；对有创业意愿和创业能力的残疾人，做好创业指导和跟踪服务；有条件的地方帮助安排经营场所、提供启动资金支持；政府开发公益性岗位优先安排符合就业困难人员条件的残疾人等。

2016 年，甘肃就业创业、扶贫开发等三级指标排名均位列全国前五。特别是就业创业，截至 2016 年底，甘肃先后出台《残疾人就业办法》《残疾人就业保障金征收使用管理实施办法》《关于加快推进残疾人小康进程的实施意见》，多措并举推进残疾人及其家庭就业增收，在依法推进残疾人按比例就业、稳定发展残疾人集中就业、扶持残疾人自主创业的基础上，大力拓展公益性岗位就业，发挥就业服务机构职能作用，并加快全省残疾人就业服务机构规范化和就业服务信息网络化建设。

（五）上海融合教育供给侧改革突出

从单项三级指标的省份排名来看，2016 年，上海融合教育、无障碍设施建设等三级指标排名均位列全国前五。特别是融合教育，截至 2016 年底，上海市先后颁布了《关于在本市普通幼儿园中开展随班就读工作的实施意见（试行）》《关于加强随班就读工作管理若干意见》《关于加强特殊教育师资和经费配备意见》《聋校、辅读学校教学与康复设施设备装备标准（试行）》《特殊教育专业岗位培训计划》《关于加强残疾儿童发现、诊断与安置工作管理的若干意见》《关于进一步优化特殊教育学校（班）办学条件的几点意见》《关于上海市盲、聋特殊教育机构与相关医疗机构开展医教结合合作的若干意见》《特殊教育三年行动计划（2014—2016 年）》《特殊教育资源三年建设规划（2015—2017 年）》等一系列特殊教育文件与法规，深入推进医教结合，建设特殊学生教育评估中心，完善特殊教育课程体系，编制学前特殊教育课程指南和普通学校随班就读课程实施指南，推进融合教育供给侧改革。

（六）青海领先普及 15 年免费教育，有力推动教育公平

从单项三级指标的省份排名来看，2016 年，青海免费教育、扶贫开发、信息化建设等三级指标排名均位列全国前十。尤其是免费教育，2016 年，青海率先实现 15 年免费教育全覆盖（从义务教育扩展到学前三年和高中三年），成为继西藏之后全国第二个普及 15 年免费教育的省份，进一步推动了教育公平。同年，青海发布《"十三五"加快残疾人小康进程规划》，进一步提出全面落实省级《特殊教育提升计划（2014—2016 年）》，将残疾人特殊教育建设纳入全省教育发展的总体规划，落实特殊教育学校与随班就读公用经费和特教教师待遇标准。将贫困家庭的残疾儿童少年纳入 15 年免费教育保障范围，落实对六个州所有学生和西宁、海东两市贫困家庭学生学前三年、义务教育九年、普通高中或中职三年免费教育政策。

（七）山西、陕西全力推进"1＋N"脱贫政策体系建设

从单项三级指标的省份排名来看，2016 年，山西补贴政策、扶贫开发

等三级指标排名均位列全国前十。尤其是扶贫开发,2016 年,山西发布《"十三五"加快残疾人小康进程发展规划》,在住房保障方面,规定农村危房改造同等条件下要优先安排经济困难的残疾人家庭,易地移民搬迁同等条件下优先安排有搬迁愿望和需求的经济困难的残疾人家庭。对符合住房保障条件的城镇残疾人家庭给予优先轮候、优先选房、优先发放住房租赁补贴等政策;在特困救助方面,生活困难丧失劳动能力的成年重度残疾人可以向当地民政部门提出申请,按规定纳入最低生活保障范围。符合特困人员救助供养有关规定的,纳入救助供养范围。对纳入城乡医疗救助范围的残疾人,稳步提高救助水平。

2016 年,陕西免费教育、扶贫开发等三级指标排名均位列全国前十。特别是扶贫开发,2016 年,陕西省提出将全力推进"1＋N"政策体系,出台全省残疾人脱贫攻坚"1＋N"系列文件,包括《贫困残疾人脱贫攻坚实施方案》《关于继续使用扶贫资金增强农村贫困残疾人脱贫能力的通知》《关于现代农业产业园、产业扶贫园区帮扶农村贫困残疾人脱贫工作的通知》《关于现代农业产业精准帮扶农村贫困残疾人脱贫工作的通知》,构建起残疾人脱贫攻坚的政策体系,残疾人扶贫开发工作效果突出。

六 省级残疾人政策创新特点

课题组将三级指标"省级残疾人政策创新度"单独抽出,通过评价残疾人领域省级层面出台的政策在全国的领先、创新程度,旨在推动地方政策的创新。

(一)康复服务:28 个省份出台相关政策,康复服务体系更加完善

2016 年,内蒙古出台《关于印发内蒙古自治区健康扶贫工程实施意见的通知》《关于进一步做好重度残疾人医疗服务及保障工作的通知》,将残疾人医疗康复项目按规定纳入基本医疗保险范围,提高农村牧区贫困残疾人医疗保障水平。同时,建档立卡贫困人口在旗县级及以下定点医疗机构门诊就医,报销比例提高 10 个百分点左右。黑龙江出台《关于加快推进

残疾人小康进程的实施意见》帮助残疾人普遍参加基本医疗保险，将运动疗法和偏瘫肢体综合训练等多项医疗康复项目纳入城乡基本医疗保障范围。浙江 2016 年发布《健康浙江 2030 行动纲要》，将残疾人等重点人群责任医生签约服务、精神残疾人服药、精神障碍患者社区康复和残疾人体育健身计划等内容，以及残疾人基本康复服务率、责任医生签约服务率、白内障复明手术和新生儿疾病筛查等指标纳入行动纲要，全面推进浙江残疾预防与残疾人康复工作。广东出台了《残疾人精准康复服务行动实施方案（2016—2020 年）》，希望普遍建立与医疗机构并列的康复机构，创建与医疗保险并列的康复保险制度，如设立残疾人康复资源中心在相应社区提供社区康复服务，做到从"机构康复"，到"社区康复"，最后走进家庭，做到"家庭康复"。此外，湖南、广西、海南、陕西、宁夏、新疆也出台相关政策完善康复服务体系。

截至 2016 年底，全国共有 28 个省份出台政策建立残疾人康复服务体系，各地康复服务体系更加完善。

（二）免费教育：实现全国覆盖，北京等 14 个省份率先拓展至 15 年

2016 年，北京出台《"十三五"时期残疾人事业发展规划》，提出要普及残疾儿童 15 年（包含学前三年、义务教育九年、高中阶段三年）免费教育。河北在《关于建立普通高中建档立卡家庭经济困难学生资助政策的通知》中提出对普通高中在读残疾儿童免除学杂费用。山西在《"十三五"加快残疾人小康进程发展规划》中提出，免除残疾儿童高中阶段教育费用，普及残疾儿童 12 年免费教育。黑龙江印发《教育事业发展"十三五"规划》，对残疾儿童施行高中阶段教育免费政策。浙江出台《特殊教育"十三五"发展规划》，"十三五"期间将推进残疾儿童 15 年免费教育全省覆盖。安徽出台《高校、中职和普通高中家庭经济困难学生资助实施办法》，对在中职和普通高中就读的残疾儿童实行全免费政策。此外，福建、江西、河南、湖北、湖南、广东、广西、海南、重庆、贵州、云南、陕西、甘肃、青海等省份也出台相关政策探索残疾儿童免费教育。

截至 2016 年底，31 个省份均出台相关政策推行残疾儿童免费教育。其中，14 个省份率先出台包括学前三年至高中的 15 年免费教育政策。北

京、上海、江苏、浙江、福建、山东、海南 7 个东部地区省份均提出保障
残疾学生享受 15 年免费教育，东北地区的辽宁、中部地区的江西和西部
地区的广西、云南、西藏、青海、宁夏也出台相应政策。新疆农村地区将
推进残疾人 14 年免费教育，覆盖学前两年至高中。陕西出台 13 年免费教
育政策，覆盖学前一年至高中。另有 14 个省份颁布文件，规定为残疾学
生提供免费高中阶段教育。其中包括东部地区的天津、河北、广东，东北
地区的吉林、黑龙江，中部地区的山西、内蒙古、安徽、河南、湖北、湖
南，以及西部地区的重庆、四川、贵州。另外，甘肃计划免除学前教育阶
段儿童保教费和中等职业教育阶段学费（见图 5 - 1）。

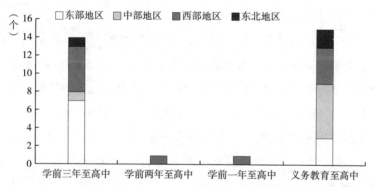

图 5 - 1　各地区省份残疾人免费教育覆盖年限（截至 2016 年底）

从推行时间上看，最早开始在非义务教育阶段免除学费的是内蒙古和
西藏，分别在 2011 年春季和 2012 年秋季开始实施面向所有学生的学前、
高中阶段免学费政策。江苏从 2013 年起推行残疾人免费教育政策。广东
从 2015 年春季开始实行，天津、上海从 2015 年秋季开始实行，辽宁在
《特殊教育三年提升计划（2014—2016 年）》中承诺于 2015 年实现残疾人
15 年免费教育。其余 24 个省份计划在"十三五"时期实行非义务教育阶
段残疾学生免费教育政策。

从覆盖对象上看，北京、天津、山西、内蒙古、辽宁、上海、浙江、
福建、江西、广东、海南、四川、西藏、陕西、宁夏 15 个省份出台的政
策包括所有学前和（或）高中阶段残疾学生。河北、吉林、湖南、广西提
出率先为家庭经济困难或贫困地区的残疾学生提供免费教育。青海计划为
六个州所有残疾学生和西宁、海东两市贫困家庭残疾学生提供免费教育。

（三）补贴制度：两项补贴制度全面普及，江苏、浙江标准最高

2016年，江苏出台《关于完善困难残疾人生活补贴和重度残疾人护理补贴制度的意见》，进一步扩大保障范围，实现各类残疾人全覆盖。浙江出台《关于全面建立困难残疾人生活补贴和重度残疾人护理补贴制度的实施意见》，率先推行四类残疾人补贴。此外，陕西、青海、宁夏等省份均出台相关文件扩大两项补贴覆盖范围。

截至2016年底，24个省份以省级人民政府名义、3个省份以省政府办公厅名义、4个省份以部门联合发文形式出台实施意见，残疾人两项补贴制度已在全国范围全面建立。

从时间上看，上海于2002年率先推行困难残疾人生活补贴制度，出台了《关于将本市重残无业人员生活补助实施归并管理的通知》。天津于2007年出台《关于对享受最低生活保障待遇或特困救助家庭中的残疾人给予生活救助的办法》，成为全国第二个建立困难残疾人生活补贴制度的省份。

从生活补贴标准来看，21个省份为每人50～80元/月，10个省份为每人100元/月及以上。从护理补贴标准来看，17个省份为每人50～80元/月，14个省份为每人100元/月及以上。其中，较为突出的有：江苏、上海、天津的残疾人生活补贴标准较高，最高每人每月分别可达到365元、330元、255元；浙江、上海、北京的重残护理补贴标准较高，最高每人每月分别可达到500元、300元、300元（见图5-2）；山西、陕西、广西等

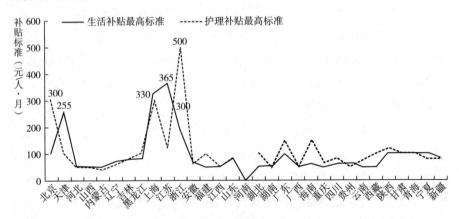

图5-2　各省份残疾人生活补贴和护理补贴人均最高标准（截至2016年底）

地明确要求补贴标准根据经济社会发展水平适当调整；江苏将生活补贴标准与低保标准挂钩动态调整；广东确定补贴标准调整规划，2017 年生活补贴和护理补贴标准分别达 1800 元/（人·年）和 2400 元/（人·年）。

（四）扶贫开发：多地积极推进精准扶贫，西部省份力度更大

2016 年，广东出台《关于助力残疾人精准扶贫精准脱贫三年攻坚的实施方案》，将加大贫困残疾人康复工程、特殊教育、技能培训、托养服务实施力度，深入开展相对贫困户劳动力技能培训，健全贫困对象建档立卡和动态调整机制。重庆发布《关于健康扶贫工程的实施意见》，解决农村建档立卡贫困人口（以下简称农村贫困人口）因病致贫、因病返贫问题，推动农村贫困人口家庭医生签约服务、健康档案建档将实现全覆盖。陕西在《关于现代农业产业精准帮扶农村贫困残疾人脱贫工作的通知》中提出要发挥供销社服务"三农"优势，签订扶贫协议的企业、联合社（专业社）安置残疾人就业比例不低于应安置贫困户总数的 20%，优先安排农村贫困残疾人或其家庭成员参加产业技能培训，优先吸纳农村贫困残疾人加入专业合作社，优惠提供生产资料和农机具服务，帮扶农村贫困残疾人家庭就近就便发展生产经营项目，以及帮助农村贫困残疾人推销农副产品和手工艺品等。陕西还印发《关于推进残疾人脱贫攻坚示范县工作的指导意见》，确定一批全省残疾人脱贫攻坚示范县，将探索完善稳固脱贫成果的政策机制，在残疾人脱贫后，适当延长社会保障、产业带动、就业培训等方面的扶持时间，防止再次返贫。

截至 2016 年底，全国共有 22 个省份出台残疾人专项脱贫攻坚规划或制定相关政策推进残疾人扶贫开发工作。从地区分布上看，2016 年是各地推进精准扶贫的一年，其中，重庆、陕西等西部省份力度更大。

（五）购买服务：19 个省份加大扶持力度，东中部地区省份创新优势凸显

东部地区，北京确定 57 个购买服务项目，购买服务工作从"广覆盖"转向精细服务，加强购买服务工作的社会监督。天津制定《关于开展政府购买残疾人服务试点工作方案》《政府购买残疾人服务指导性目录》，对试

点区进行形势分析和现场督导，并借助南开大学开展相关课题研究。河北印发《政府购买残疾人服务试点工作实施方案》《政府向社会购买脑瘫儿童康复服务方案》《政府向社会购买残疾人家庭无障碍改造服务试点实施方案》《残疾人康复示范机构能力建设资金管理办法（试行）》，规定具体项目服务标准，通过转移支付资金安排购买服务预算。辽宁出台《政府购买残疾人服务试点工作实施方案》，扩大项目实施范围，将六大类23项残疾人服务项目纳入省财政厅购买服务指导性目录，项目资金纳入年度预算安排。浙江制定《关于推进向社会力量购买残疾人服务工作的实施意见》，将试点项目扩大至七大类，增加残疾人文体服务和法律维权服务。

中部地区，安徽制定《政府购买残疾人服务试点工作实施办法》《关于开展政府购买残疾儿童康复训练等服务的通知》，积极推行社区社会组织枢纽型管理服务，加大社区助残社会组织培育发展力度。江西印发《政府购买残疾人日间照料服务试点工作实施方案》，明确开展政府购买残疾人日间照料服务的购买主体、方式及内容。此外，结合智力残疾儿童康复救助项目工作实际，制定《实施中央专项彩票公益金智力残疾儿童康复救助项目政府购买服务试点工作方案》，组织社会组织或机构申报智力残疾儿童康复救助项目。河南启动实施《残疾人康复体育关爱家庭计划》，将通过政府购买服务的方式，为符合条件的3000名重度残疾人提供免费上门体育关爱服务。湖北印发《关于向社会力量购买智力残疾儿童康复服务有关工作的通知》及《智力残疾儿童定点康复服务机构考核评分标准》，规范购买项目的服务流程及服务要求。湖南制定《政府购买残疾人服务管理办法》《政府购买智力残疾儿童康复服务试点方案》，列出项目清单，举办购买服务培训班。

西部地区，重庆出台《政府购买残疾人服务暂行办法》，制定了包含十大类32小项的政府购买残疾人服务项目指导目录。贵州印发《实施政府购买残疾人服务暂行办法》，明确向社会购买残疾人服务10项。宁夏出台《政府购买残疾人服务试点工作实施办法》，政府购买服务指导目录中有关残疾人购买服务项目，增加了残疾人专职干事（委员）公益岗位、残疾人职业技能培训及其项目的第三方评估、残疾人信息收集统计分析等辅助性工作等目录项目。

截至 2016 年底，全国共有 19 个省份出台政府购买残疾人服务相关政策，其中 13 个省份创新力度较大。从地区分布来看，创新出台政府购买政策的省份中，东部地区占 5 席，中部地区占 5 席，西部地区占 3 席，东中部地区省份创新优势凸显。

七 中国残疾人政策发展趋势

2015～2016 年，既是我国残疾人事业发展"十二五"的收官之年和"十三五"开局之年，又与之前的残疾人政策进步指数评价一起形成了党的十八大以来的五年系统回顾。在此期间，我国残疾人政策在不断创新、不断优化，具体表现为康复服务体系逐步完善、免费教育覆盖全国、两项补贴全面普及、各地积极推进精准扶贫、多地加大政府购买服务扶持力度等。随着 2016 年《"十三五"加快残疾人小康进程规划纲要》《国家残疾预防行动计划（2016—2020 年）》《"十三五"推进基本公共服务均等化规划》等政策的贯彻实施，残疾人"十三五"小康进程将进一步加快，均等化残疾人基本公共服务与经济社会将持续协调发展。

（一）残疾人康复服务和医疗保障力度将持续加大

从 2012～2016 年的残疾人政策指数指标数值来看，各地康复服务水平逐步提高。由此可见，党的十八大以来，我国残疾人康复服务稳步发展。《"十三五"加快残疾人小康进程规划纲要》中指出，要确保城乡残疾人普遍享有基本养老保险和基本医疗保险，完善重度残疾人医疗报销制度，逐步扩大基本医疗保险支付的医疗康复项目范围。根据人社部、国家卫计委等多部门联合印发的《新增部分医疗康复项目纳入基本医疗保障支付范围》，从 2016 年 6 月 30 日开始，纳入医保的康复项目由此前的 9 项增加至 29 项，并且各地原已纳入医保支付范围的医疗康复项目继续保留。

党的十九大报告提出，发展残疾人事业，要加强残疾康复服务。根据《残疾人精准康复服务行动实施方案》，到 2020 年，有需求的残疾儿童和持证残疾人接受基本康复服务的比例达 80% 以上。康复服务体系建设与完善仍将是我国残疾人事业发展的重点工作，基于残疾人对基本医疗的需求，纳入医保的项目数量将显著持续增加。

（二）残疾人 12 年及以上免费教育全覆盖将成为发展方向

截至 2016 年底，31 个省份均出台相关政策推行残疾儿童免费教育。受各地经济发展水平、公共教育资源数量等方面的影响，各个省份在覆盖年限、覆盖对象、实现方式上存在一定差异。各地对残疾儿童免费教育的积极探索，进一步保障了残疾儿童平等受教育权益。

根据《"十三五"加快残疾人小康进程规划纲要》和《第二期特殊教育提升计划（2017—2020 年）》的要求，各个省份将为家庭经济困难的残疾儿童、青少年提供包括义务教育、高中阶段教育在内的 12 年免费教育，学前教育和高等教育阶段优先资助残疾学生。2020 年前，12 年及以上的残疾儿童免费教育全国覆盖将是特殊教育事业发展方向。

（三）残疾人精准扶贫力度将不断加强

在《中共中央国务院关于打赢脱贫攻坚战的决定》《农村残疾人扶贫开发纲要（2011—2020 年）》等政策的推动下，截至 2016 年底，588 万名农村贫困残疾人摆脱贫困[1]，为国家扶贫开发工作做出重要贡献。残疾人两项补贴制度全面普及，农村危房改造工程加快实施，有条件地区积极探索特色产业扶贫，残疾人扶贫工作取得显著进展。

随着《贫困残疾人脱贫攻坚行动计划（2016—2020 年）》的出台，残疾人贫困户精准识别机制进一步完善，残疾人精准扶贫力度不断加大，把残疾人贫困户精准识别纳入贫困户建档立卡工作范围并重点核实，完善贫困残疾人基本信息，建立数据动态比对与分析机制，在动态管理中实现残疾人相关信息共享。国家扶贫开发工作重点县和集中连片特困地区县建立贫困残疾人脱贫台账管理系统，动态反映和监测贫困残疾人脱贫与返贫及政策措施惠及情况。同时，社会救助等社会保障政策和扶贫开发政策有效衔接将加强，扶持模式将不断创新。

---

[1] 参见《贫困残疾人脱贫攻坚行动计划（2016—2020 年）》。

（四）提升残疾人就业和收入水平仍将是重要任务之一

落实和完善残疾人就业创业的各项扶持政策，能够提升残疾人职业技能、保障其收入来源，也是帮助残疾人脱贫、加快残疾人小康进程的要求。2015～2016年，地方残疾人就业创业体系建设力度明显加大，多层次、规范化、具有地方特色的地方就业创业促进体系陆续建立。

《"十三五"加快残疾人小康进程规划纲要》指出，要大力促进城乡残疾人及其家庭就业增收。在将农村贫困残疾人全部纳入精准扶贫建档立卡范围，强化分类施策和精准帮扶的基础上，依法推进残疾人按比例就业、稳定发展残疾人集中就业、多渠道扶持残疾人自主创业和灵活就业、发展残疾人辅助系列性就业和多种形式就业、加强残疾人就业服务和劳动权益保护等。《贫困残疾人脱贫攻坚行动计划（2016—2020年）》的出台也将进一步促进各地探索残疾人就业新形式，促进残疾人及其家庭就业增收。

（五）社会力量将在残疾人服务中持续发挥重要作用

在《政府向社会力量购买服务的指导意见》《关于做好政府购买残疾人服务试点工作的意见》《政府购买残疾人服务试点工作实施方案》等政策的推动下，各地充分发挥社会力量，采取政府购买服务等方式，鼓励和支持社会组织、慈善机构和志愿者从事残疾人康复照料、就业和技能培训等工作，满足残疾人多层次多样化需求。

《"十三五"加快残疾人小康进程规划纲要》指出，凝聚加快残疾人小康进程的合力，加大政府购买助残服务力度。将残疾人基本公共服务作为政府购买服务的重点领域，以残疾人康复护理、托养照料、生活服务、扶贫解困、职业培训、就业创业服务、专业社会工作服务、家居无障碍环境改造等为重点，逐步完善政府购买助残服务指导性目录，扩大购买规模。强化事前、事中和事后监管，加强对政府购买助残服务的质量监控和绩效考评，实现政府购买服务促进专业服务组织发展、扩大服务供给、提高服务质量效益的综合效应。随着政府购买残疾人服务的力度加大、范围扩大，社会组织、慈善机构和志愿者等将成为残疾人服务重要力量。

（六）残疾人事业信息化建设水平将快速提升

建立残疾人基本生活兜底保障机制、促进残疾人及其家庭就业增收、加强和改进对残疾人的基本公共服务、进一步发挥社会力量的同时，还应通过大数据管理和互联网平台应用，对残疾人扶贫进行精准化定位和精细化服务。截至 2016 年底，全国 31 个省份、280 个地市、1322 个县级残联开通网站。全国残疾人人口基础数据库入库持证残疾人 3219.4 万人，13 个省级残联每日接受中国残联残疾人数据推送服务，开展数据共享与交换，保障地方个性化业务服务的顺利开展。

根据《残疾人事业信息化建设"十三五"实施方案》，将加强残疾人人口基础信息、服务状况与需求数据、业务台账与统计等多数据资源的统筹规划与管理，开展信息交换共享，推动"互联网＋助残服务"模式的探索和建立，推动信息无障碍技术标准与评价体系建设，建立和完善智能化残疾人证技术标准体系，我国残疾人事业信息化建设水平将进一步提升。

附　件

附件一　中国社会政策进步指数三级指标汇总

1. 中国慈善进步指数

1.1.1　国家慈善政策省级本地化率（%）

1.1.2　省级慈善政策创新度（%）

1.2.1　慈善组织数（个）

1.2.2　慈善信托备案数（个）

1.2.3　每万人拥有的基金会数（个）

1.2.4　每万人拥有的社会组织数（个）

1.2.5　获得公益性捐赠税前扣除资格的社会组织数（个）

1.2.6　每十万人拥有的社会工作机构和设施数（个）

1.3.1　社会组织收入总额占 GDP 比例（%）

1.3.2　社会组织费用总额占 GDP 比例（%）

1.3.3　社会组织就业贡献率（%）

1.3.4　每十万人拥有的社会工作师和助理社会工作师数（人）

1.3.5　社会组织从业者中本科及以上学历的人数比例（%）

1.4.1　人均捐赠额（元）

1.4.2　每十万人拥有的社会捐赠接收站、点数（个）

1.4.3　"中国捐赠百杰榜"上榜人数（个）

1.4.4　彩票公益金人均贡献额（元）

1.4.5　志愿服务参与率（人次/万人）

1.4.6　志愿服务持续度（小时/人次）

2. 老年人政策进步指数

2.1.1　国家老年人政策省级本地化率（%）

2.1.2　省级老年人政策创新度（%）

2.2.1　每千名老年人拥有日间照料床位数（张）

2.2.2　每千名老年人拥有养老床位数（张）

2.2.3　工商注册养老机构比例（%）

2.2.4　民办非企业注册养老机构比例（%）

2.2.5　养老服务机构工作人员配比（%）

2.2.6　养老机构收住失能半失能老年人比例（%）

2.2.7　每万名老年人拥有老年活动站/中心/室数（个）

2.2.8　每万名老年人拥有护理院数（个）

2.2.9　每万名老年人拥有老年医院数（个）

2.2.10　每万名老年人拥有老年临终关怀医院数（个）

2.2.11　每万名老年人拥有老年法律援助中心数（个）

2.3.1　农村五保集中供养平均标准（元/月）

2.3.2　农村五保分散供养平均标准（元/月）

2.3.3　最低生活保障覆盖率（%）

2.3.4　最低生活保障预算支出占财政预算支出比例（%）

2.4.1　城镇职工基本养老金平均水平（元/月）

2.4.2　城镇职工基本养老保险替代率（%）

2.5.1　高龄津贴覆盖率（%）

2.5.2　护理补贴覆盖率（%）

2.5.3　养老服务补贴覆盖率（%）

2.6.1　每万名老年人拥有老年大学数量（个）

2.6.2　每万名老年人拥有老年协会数量（个）

3. 儿童政策进步指数

3.1.1　国家儿童政策省级本地化率（%）

3.1.2　省级儿童政策创新度（%）

3.2.1　每十万人口孤儿数（人）

3.2.2　儿童福利经费占社会福利总支出比例（%）

3.2.3　儿童福利机构每千名孤儿拥有社工助工师数（人）

3.2.4　县级儿童福利机构覆盖率（%）

3.2.5　每百万人口家庭收养数（件）

3.3.1　小学净入学率（%）

3.3.2 地方教育支出占地方一般公共财政支出比例（%）

3.3.3 每千名儿童人口教育基本建设面积（平方米）

3.3.4 各级教育阶段学校平均生师比

3.3.5 学前教育女学生占比（%）

3.3.6 特殊教育女学生占比（%）

3.3.7 每万名儿童读物和课本出版数（件/万人）

3.3.8 城乡义务教育阶段师生比

3.4.1 围产儿死亡率（‰）

3.4.2 出生低体重婴儿比重（%）

3.4.3 孕妇住院分娩率（%）

3.4.4 每万名儿童妇幼保健院卫生技术人员数（人）

3.4.5 七岁以下儿童保健系统管理率（%）

3.4.6 人均儿科床位数（张/万人）

3.5.1 每万名儿童拥有社会服务机构儿童床位数（张）

3.5.2 县级未成年人救助保护中心覆盖率（%）

3.5.3 县级未成年人救助保护中心平均儿童床位数（张/个）

3.5.4 每万人口流浪儿童救助人次数（人次）

4. 残疾人政策进步指数

4.1.1 残疾人康复服务政策

4.1.2 融合教育促进政策

4.1.3 免费教育促进政策

4.1.4 就业创业支持政策

4.1.5 残疾人补贴政策

4.1.6 残疾人扶贫开发政策

4.1.7 无障碍设施建设政策

4.1.8 政府购买服务政策

4.1.9 残疾事业信息化建设

4.2.1 是否出台

4.2.2 发文部门

4.2.3 发文时间

附件二 中国社会政策进步指数指标赋权表

（一）中国慈善进步指数指标赋权表

一级指标	二级指标在一级指标中的比重（%）	三级指标		
		指标名称	在二级指标中比重（%）	在一级指标中比重（%）
慈善进步指数	1.1 政策环境（15）	1.1.1 国家慈善政策省级本地化率（%）	20	3.00
		1.1.2 省级慈善政策创新度（%）	80	12.00
	1.2 组织发展（28）	1.2.1 慈善组织数（个）	21	5.88
		1.2.2 慈善信托备案数（个）	19	5.32
		1.2.3 每万人拥有的基金会数（个）	19	5.32
		1.2.4 每万人拥有的社会组织数（个）	15	4.20
		1.2.5 获得公益性捐赠税前扣除资格的社会组织数（个）	14	3.92
		1.2.6 每十万人拥有的社会工作机构和设施数（个）	12	3.36
	1.3 贡献影响（27）	1.3.1 社会组织收入总额占 GDP 比例（%）	22	5.94
		1.3.2 社会组织费用总额占 GDP 比例（%）	22	5.94
		1.3.3 社会组织就业贡献率（%）	20	5.40
		1.3.4 每十万人拥有的社会工作师和助理社会工作师数（人）	18	4.86
		1.3.5 社会组织从业者中本科及以上学历的人数比例（%）	18	4.86
	1.4 社会参与（30）	1.4.1 人均捐赠额（元）	23	6.90
		1.4.2 每十万人拥有的社会捐赠接收站、点数（个）	11	3.30
		1.4.3 "中国捐赠百杰榜"上榜人数（人）	16	4.80
		1.4.4 彩票公益金人均贡献额（元）	16	4.80
		1.4.5 志愿服务参与率（人次/万人）	17	5.10
		1.4.6 志愿服务持续度（小时/人次）	17	5.10

（二）中国老年人政策进步指数指标赋权表

一级指标	二级指标在一级指标中的比重（％）	三级指标		
		指标名称	在二级指标中比重（％）	在一级指标中比重（％）
老年人政策进步指数	2.1 政策环境（15）	2.1.1 国家老年人政策省级本地化率（％）	20	3.00
		2.1.2 省级老年人政策创新度（％）	80	12.00
	2.2 老年社会服务（40）	2.2.1 每千名老年人拥有日间照料床位数（张）	8	3.20
		2.2.2 每千名老年人拥有养老床位数（张）	8	3.20
		2.2.3 工商注册养老机构比例（％）	9	3.60
		2.2.4 民办非企业注册养老机构比例（％）	9	3.60
		2.2.5 养老服务机构工作人员配比	10	4.00
		2.2.6 养老机构收住失能半失能老年人比例（％）	11	4.40
		2.2.7 每万名老年人拥有老年活动站/中心/室数（个）	9	3.60
		2.2.8 每万名老年人拥有护理院数（个）	8	3.20
		2.2.9 每万名老年人拥有老年医院数（个）	10	4.00
		2.2.10 每万名老年人拥有老年临终关怀医院数（个）	9	3.60
		2.2.11 每万名老年人拥有老年法律援助中心数（个）	9	3.60
	2.3 老年社会救助（12）	2.3.1 农村五保集中供养平均标准（元/月）	20	2.40
		2.3.2 农村五保分散供养平均标准（元/月）	20	2.40
		2.3.3 最低生活保障覆盖率（％）	30	3.60
		2.3.4 最低生活保障预算支出占财政预算支出比例（％）	30	3.60

续表

一级指标	二级指标在一级指标中的比重（%）	三级指标		
		指标名称	在二级指标中比重（%）	在一级指标中比重（%）
老年人政策进步指数	2.4 老年社会保险（8）	2.4.1 城镇职工基本养老金平均水平（元/月）	50	4.00
		2.4.2 城镇职工基本养老保险替代率（%）	50	4.00
	2.5 老年社会福利（15）	2.5.1 高龄津贴覆盖率（%）	35	5.25
		2.5.2 护理补贴覆盖率（%）	35	5.25
		2.5.3 养老服务补贴覆盖率（%）	30	4.50
	2.6 老年教育与自治（10）	2.6.1 每万名老年人拥有老年大学数量（个）	50	5.00
		2.6.2 每万名老年人拥有老年协会数量（个）	50	5.00

（三）中国儿童政策进步指数指标赋权表

一级指标	二级指标在一级指标中的比重（%）	三级指标		
		指标名称	在二级指标中比重（%）	在一级指标中比重（%）
儿童政策进步指数	3.1 政策环境（15）	3.1.1 国家儿童政策省级本地化率（%）	20	3.00
		3.1.2 省级儿童政策创新度（%）	80	12.00
	3.2 生活保障（20）	3.2.1 每十万人口孤儿数（人）**	20	4.00
		3.2.2 儿童福利经费占社会福利总支出比例（%）	20	4.00
		3.2.3 儿童福利机构每千名孤儿拥有社工助工师数（人）	20	4.00
		3.2.4 县级儿童福利机构覆盖率（%）	20	4.00
		3.2.5 每百万人口家庭收养数（件）	20	4.00

续表

一级指标	二级指标在一级指标中的比重（%）	三级指标		
		指标名称	在二级指标中比重（%）	在一级指标中比重（%）
儿童政策进步指数	3.3 教育发展（25）	3.3.1 小学净入学率（%）	20	5.00
		3.3.2 地方教育支出占地方一般公共财政支出比例（%）	20	5.00
		3.3.3 每千名儿童人口教育基本建设面积（平方米）	10	2.50
		3.3.4 各级教育阶段学校平均师生比	20	5.00
		3.3.5 学前教育女学生占比（%）	5	1.25
		3.3.6 特殊教育女学生占比（%）	5	1.25
		3.3.7 每万名儿童读物和课本出版数（件）	10	2.50
		3.3.8 城乡义务教育阶段师生比	10	2.50
	3.4 医疗健康（25）	3.4.1 围产儿死亡率（‰）**	20	5.00
		3.4.2 出生低体重婴儿比重（%）**	10	2.50
		3.4.3 孕妇住院分娩率（%）	15	3.75
		3.4.4 每万名儿童妇幼保健院卫生技术人员数（人）	20	5.00
		3.4.5 七岁以下儿童保健系统管理率（%）	15	3.75
		3.4.6 人均儿科床位数（张/万人）	20	5.00
	3.5 救助保护（15）	3.5.1 每万名儿童拥有社会服务机构儿童床位数（张/万人）	25	3.75
		3.5.2 县级未成年人救助保护中心覆盖率（%）	25	3.75
		3.5.3 县级未成年人救助保护中心平均儿童床位数（张/个）	25	3.75
		3.5.4 每万人口流浪儿童救助人次数（人次）	25	3.75

注："＊＊"为逆向指标。

（四） 中国残疾人政策进步指数指标赋权表

一级指标	二级指标在一级指标中的比重（%）	三级指标		
		指标名称	在二级指标中比重（%）	在一级指标中比重（%）
残疾人政策进步指数	4.1 省级政策创新度（80）	4.1.1 残疾人康复服务政策	11	8.8
		4.1.2 融合教育促进政策	11	8.8
		4.1.3 免费教育促进政策	11	8.8
		4.1.4 就业创业支持政策	11	8.8
		4.1.5 残疾人补贴政策	11	8.8
		4.1.6 残疾人扶贫开发政策	11	8.8
		4.1.7 无障碍设施建设政策	11	8.8
		4.1.8 政府购买服务政策	11	8.8
		4.1.9 残疾事业信息化建设	11	8.8
	4.2 国家残疾人政策省级本地化率（20）	4.2.1 是否出台	33	6.6
		4.2.2 发文部门	33	6.6
		4.2.3 发文时间	33	6.6

附件三 中国社会政策进步指数指标解释与来源表

（一）中国慈善进步指数指标解释与来源表

一级指标	二级指标	三级指标	指标解释	指标来源	数据来源
1.慈善进步指数	1.1 政策环境	1.1.1 国家慈善政策省级本地化率（%）	指标解释：某省级政府、办公厅或部门结合本省实际，通过指导意见、实施意见、规划、单项政策等规范性文件，将国务院、办公厅或部委发布、批转的关于促进慈善事业发展的政策本地化 计分方式：国家慈善政策省级本地化率＝是否出台相应政策分数＋出台政策机构级别分数＋出台时间分数	自设	省级人大、政府及部门官方网站，日常监测（2017年11月）
		1.1.2 省级慈善政策创新度（%）	2015年： 指标解释：某省级政府、办公厅或部门在地方综合性慈善政策、社会组织直接登记、社会组织监管、社区社会组织的情况 计分方式：省级慈善政策创新度＝地方综合性慈善政策分数＋社会组织直接登记政策分数＋公益创投政策分数＋志愿服务政策分数 2016年： 指标解释：某省级政府、办公厅或部门在地方综合性慈善政策、慈善组织认定与登记、慈善组织公开募捐、社会组织监管、慈善信托、社区社会组织、公益创投等重要事项方面出台了创新性政策的情况 计分方式：省级慈善政策创新度＝地方综合性慈善政策分数＋慈善组织认定与登记政策分数＋社会组织监管政策分数＋慈善组织公开募捐政策分数＋社区社会组织监管政策分数＋慈善信托政策分数＋公益创投政策分数	自设	省级人大、政府及部门官方网站，日常监测（2017年11月）

续表

一级指标	二级指标	三级指标	指标解释	指标来源	数据来源
1. 慈善进步指数	1.2 组织发展	1.2.1 慈善组织数（个）	指标解释：某省级行政区内在指定年度依法在该省省级民政部门认定和设立的慈善组织的数量	自设	《2017中国民政统计年鉴》
		1.2.2 慈善信托备案数	某省行政区域内在指定年度依法向该省级民政部门备案的慈善信托数量	自设	慈善中国网站（2017年11月20日）
		1.2.3 每十万人拥有的基金会数（个）	指标解释：某省级行政区内经登记的基金会总会平均到每万常住人口的数量。计算公式：每万人拥有的基金会数（个）=基金会数/常住人口数（万人）×10	自设	2016年、2017年《中国统计年鉴》；2016年、2017年《中国民政统计年鉴》
		1.2.4 每万人拥有的社会组织数（个）	指标解释：某省级行政区内登记的社会组织总会数平均到每万常住人口的数量。计算公式：每万人拥有的社会组织数（个）=社会组织单位数/常住人口数（万人）	自设	2016年、2017年《中国统计年鉴》；2016年、2017年《中国民政统计年鉴》
		1.2.5 获得公益性捐赠税前扣除资格的社会组织数（个）	指标解释：某省级行政区内经由省级民政、财政和税务联合确认获得公益性捐赠税前扣除资格的社会组织的数量	自设	省级民政、财务、税务部门官方网站，计划单列市（大连、青岛、宁波、厦门、深圳）民政、财政和税务部门官方网站和社会组织网（2017年11月20日）

一级指标	二级指标	三级指标	指标解释	指标来源	数据来源
	1.2 组织发展	1.2.6 每十万人拥有的社会工作机构和设施数（个）	指标解释：某省级行政区内社会工作机构和设施的总数平均到每十万常住人口的数量 计算公式： 每十万人拥有的社会工作机构和设施数（个）= $\dfrac{社会工作机构和设施数（万人）}{常住人口数（万人）} \times 10$	自设	2016年、2017年《中国统计年鉴》 2016年、2017年《中国民政统计年鉴》
		1.3.1 社会组织收入总额占GDP比例（%）	指标解释：某省级行政区域社会组织本年度收入合计占辖区年度GDP总额的百分比 计算公式： 社会组织收入总额占GDP比例（%）= $\dfrac{社会组织本年度收入合计（亿元）}{地区生产总值（万元）\times 10000} \times 100\%$	自设	2016年、2017年《中国统计年鉴》 2016年、2017年《中国民政统计年鉴》
1. 慈善进步指数	1.3 贡献影响	1.3.2 社会组织费用总额占GDP比例（%）	指标解释：某省级行政区域社会组织本年度费用合计占辖区年度GDP总额的百分比 计算公式： 社会组织费用总额占GDP比例（%）= $\dfrac{社会组织本年度费用合计（亿元）}{地区生产总值（万元）\times 10000} \times 100\%$	自设	2016年、2017年《中国统计年鉴》 2016年、2017年《中国民政统计年鉴》
		1.3.3 社会组织就业贡献率（%）	指标解释：某省级行政区内在社会组织就业的年末全职人员数量占该省级行政区该年龄劳动年龄人口总数的百分比 计算公式： 社会组织就业贡献率（%）= $\dfrac{社会组织年末职工人数（人）}{15\sim64岁人口数（人）} \times 100\%$	与《城市慈善发展指数》同	2016年、2017年《中国统计年鉴》 2016年、2017年《中国民政统计年鉴》

续表

一级指标	二级指标	三级指标	指标解释	指标来源	数据来源
1. 慈善进步指数	1.3 贡献影响	1.3.4 每十万人拥有的社会工作师和助理社会工作师数（人）	指标解释：某省级行政区内社会工作师和助理社会工作师累计合格人数平均到每十万名常住人口的数量 计算公式： 每十万人拥有的社会工作师和助理社会工作师数（人）= $\dfrac{社会工作师和助理社会工作师累计合格人数（人）\times 10}{常住人口数（万人）}$	自设	2016 年、2017 年《中国统计年鉴》 2016 年、2017 年《中国民政统计年鉴》
		1.3.5 社会组织从业者中本科及以上学历的人数比例（%）	指标解释：某省级行政区内社会组织职工中有大学本科及以上学历的人数占社会组织职工总数的百分比 计算公式： 社会组织从业者中本科及以上学历人数比例（%）= $\dfrac{社会组织职工大学本科及以上人数（人）}{社会组织年末职工人数（人）}\times 100\%$	自设	2016 年、2017 年《中国统计年鉴》 2016 年、2017 年《中国民政统计年鉴》
	1.4 社会参与	1.4.1 人均捐赠额（元）	指标解释：某省级行政区内年度民政部门和基金会接收的社会捐赠总额平均到每位常住人口的数额 计算公式： 人均捐赠额（元）= $\dfrac{民政部门接收的社会捐赠总额（万元）+基金接收的社会捐赠总额（万元）}{常住人口数（万人）}$	与《城市慈善发展指数》"横概度"相似	2016 年、2017 年《中国统计年鉴》 2016 年、2017 年《中国民政统计年鉴》 基金中心网（2017 年11 月29 日）

续表

一级指标	二级指标	三级指标	指标解释	指标来源	数据来源
1. 慈善进步指数	1.4 社会参与	1.4.2 每十万人拥有的社会捐赠接收站、点数（个）	指标解释：某省级行政区内指定年度民政部门社会捐赠接收站、点总数平均到每十万常住人口的数量 计算公式： 每十万人拥有的社会捐赠接收站、点数（个）= $\dfrac{\text{民政部门社会捐赠接收站、点数（万人）}}{\text{常住人口数（万人）}}$ ×10	自设	2016 年、2017 年《中国统计年鉴》 2016 年、2017 年《中国民政统计年鉴》
		1.4.3 "中国捐赠百杰榜"上榜人数（人）	指标解释：某省级区域内在"中国捐赠百杰榜"中拥有的年度上榜人数 计分方式：上榜人数	自设	《2015 中国捐赠百杰榜》（2016 年 2 月 15 日） 《2016 中国捐赠百杰榜》（2017 年 1 月 16 日）
		1.4.4 彩票公益金人均贡献额（元）	指标解释：某省级行政区内年度民政彩票公益金收入额平均到每位常住人口的金额 计算公式： 彩票公益金人均贡献额（元）= $\dfrac{\text{民政彩票公益金收入额（亿元）}}{\text{常住人口数（万人）}}$ ×10000	自设	2016 年、2017 年《中国统计年鉴》
		1.4.5 志愿服务参与率（人次/万人）	指标解释：某省级行政区内年度平均每万常住人口中社会服务志愿者服务人次 计算公式： 志愿服务参与率（人次/万人）= $\dfrac{\text{社会服务志愿人次（人次）}}{\text{常住人口数（万人）}}$	与《城市慈善发展指数》"志愿参与率"相似	2016 年、2017 年《中国统计年鉴》 2016 年、2017 年《中国民政统计年鉴》
		1.4.6 志愿服务持续度（小时/人次）	指标解释：某省级行政区内指定年度社会服务志愿者提供每人次志愿服务时间 计算公式： 志愿服务持续度（小时/人次）= $\dfrac{\text{志愿服务时间（小时）}}{\text{社会服务志愿者提供每人次志愿服务人次（人次）}}$	自设	2016 年、2017 年《中国民政统计年鉴》

（二）老年人政策进步指数指标解释与来源表

一级指标	二级指标	三级指标	指标解释	指标来源	数据来源及年份
2. 老年人政策进步指数	2.1 政策环境	2.1.1 国家老年人政策本省级本地化（%）	省级政府或办公厅结合本省实际，通过指导意见、实施意见、规划、单项政策等规范性文件将国务院或国务院办公厅发布、批转的关于促进养老服务业发展方面的政策本地化	自设	舆情监测各省（自治区、直辖市）贯彻落实文件
		2.1.2 省级老年人政策创新度（%）	省级创新政策数量在所有重要事项中的比例。重要事项数量包括老年人需求评估，长期护理保险、高龄津贴、居家社区养老服务发展等	自设	舆情监测各省（自治区、直辖市）贯彻落实文件
	2.2 老年社会服务	2.2.1 每千名老年人拥有日间照料床位数（张）	指每千名老年人口拥有的日间照料床位数量 计算公式：每千名老人拥有日间照料床位数 = $\dfrac{\text{日间照料床位数}}{\text{60 岁及以上老年人口}} \times 1000$	自设	2016～2017 年《中国民政统计年鉴》
		2.2.2 每千名老年人拥有养老床位数（张）	指每千名老年人口拥有的养老床位数量 计算公式：每千名老人拥有养老床位数 = $\dfrac{\text{床位总数}}{\text{60 岁及以上老年人口}} \times 1000$	2016～2017 年《中国民政统计年鉴》	2016～2017 年《中国民政统计年鉴》
		2.2.3 工商注册养老机构比例（%）	指养老机构中进行工商注册登记的机构数在养老机构总数中的比例 计算公式：工商注册养老机构比例 = $\dfrac{\text{工商注册养老机构数}}{\text{各类养老机构总数}} \times 100\%$	自设	2016～2017 年《中国民政统计年鉴》

续表

一级指标	二级指标	三级指标	指标解释	指标来源	数据来源及年份
2. 老年人政策进步指数		2.2.4 民办非企业注册养老机构比例（%）	指养老机构中进行民办非企业注册登记的机构在养老机构总数中的比例 计算公式：民办非企业注册养老机构数 = 民办非企业注册养老机构数 / 各类养老机构总数 × 100%	自设	2016～2017 年《中国民政统计年鉴》
		2.2.5 养老服务机构工作人员配比（%）	指各类养老机构中年末工作人员与机构年末在院人数之间的比例 计算公式：养老服务人员配比 = 养老机构工作人员数 / 养老机构年末在院人数 × 100%	自设	2016～2017 年《中国民政统计年鉴》
	2.2 老年社会服务	2.2.6 养老机构收住失能半失能老年人比例（%）	指各类养老机构年末在院人数中需要介助和介护的老年人占比 计算公式：养老机构介助和介护在院人数 = 养老机构收住失能半失能老年在院人数 / 养老机构年末在院人数 × 100%		
		2.2.7 每万名老年人拥有老年活动站/中心/室数（个）	指专门用于老年人学习、健身、娱乐等活动场所的数量 计算公式：每万名老年人拥有老年活动站/中心/室数 = 老年活动站/中心/室数 / 60 岁及以上老年人口 × 10000	自设	2016～2017 年《中国民政统计年鉴》
		2.2.8 每万名老年人拥有护理院数（个）	护理院的是由护理人员组成的，在一定范围内，为长期卧床患者、慢性病治疗患者、晚期姑息治疗患者、临终关怀等需要长期护理服务的老年人及其他生活不能自理的老年人提供医疗护理、康复促进、临终关怀等服务的医疗机构。主管部门为各地卫生系统 计算公式：每万名老年人拥有护理院数（个） = 护理院数 / 60 岁及以上老年人口数 × 10000	自设	2016 年《中国卫生和计划生育统计年鉴》

205

续表

一级指标	二级指标	三级指标	指标解释	指标来源	数据来源及年份
2. 老年人政策进步指数	2.2 老年社会服务	2.2.9 每万名老年人拥有老年医院数（个）	老年医院数指面向老年人专业性医疗卫生服务机构，包括老年病医院、老年康复医院、老年护理医院 计算公式：每万名老年人拥有老年医院数＝ $\frac{\text{老年医院数}}{\text{60岁及以上老年人口}} \times 10000$	自设	2016～2017年《中国民政统计年鉴》
		2.2.10 每万名老年人拥有临终关怀医院（个）	老年临终关怀医院数指专门对老年人进行临终关怀服务的医院或护理院所在地的老龄机原则负责统计。不论是省级的，还是地级地属 计算公式：每万名老年人拥有老年临终关怀医院数＝ $\frac{\text{老年临终关怀医院数}}{\text{60岁及以上老年人口}} \times 10000$	自设	2016～2017年《中国民政统计年鉴》
		2.2.11 每万名老年人拥有老年法律援助中心数（个）	老年法律援助中心数指具有为老人服务窗口或专门识别的法律援助中心和具有为老人服务的法律援助中心 计算公式：每万名老年人拥有老年法律援助中心数＝ $\frac{\text{老年法律援助中心数}}{\text{60岁及以上老年人口}} \times 10000$	自设	2016～2017年《中国民政统计年鉴》
	2.3 老年社会救助	2.3.1 农村五保集中供养平均标准（元/月）	指符合《农村五保供养工作条例》中规定的五保供养对象，由省、自治区、直辖市人民政府制定，在本行政区域由设区的市级或县级人民政府制定的集中供养标准	2016～2017年《中国民政统计年鉴》	2016～2017年《中国民政统计年鉴》
		2.3.2 农村五保分散供养平均标准（元/月）	指符合《农村五保供养工作条例》中规定的五保供养对象，由省、自治区、直辖市人民政府制定，在本行政区域由设区的市级或县级人民政府制定的分散供养标准	2016～2017年《中国民政统计年鉴》	2016～2017年《中国民政统计年鉴》

一级指标	二级指标	三级指标	指标解释	指标来源	数据来源及年份
2. 老年人政策进步指数	2.3 老年社会救助	2.3.3 最低生活保障覆盖率（%）	指各省（区、市）领取最低生活保障经费的城镇居民和农村居民总人数占全省（区、市）总人口的比例 计算公式：最低生活保障覆盖率 = $\dfrac{\text{城市居民最低生活保障人数 + 农村最低生活保障人数}}{\text{全省（区、市）总人口}} \times 100\%$	自设	2016～2017 年《中国民政统计年鉴》
		2.3.4 最低生活保障预算支出比例（%）	是指各省（区、市）各级财政安排的最低生活保障预算支出占财政预算支出的比例 计算公式：最低生活保障预算支出占财政预算支出比例 = $\dfrac{\text{城市最低生活保障预算支出 + 农村最低生活保障预算支出}}{\text{该地区当年财政预算支出}} \times 100\%$	自设	2016～2017 年《中国民政统计年鉴》《中国统计年鉴》
	2.4 老年社会保险	2.4.1 城镇职工基本养老金平均水平（元/月）	评价省级行政区城镇职工退休后领取的养老金水平的平均值	自设	舆情监测
		2.4.2 城镇职工基本养老保险替代率（%）	评价省级行政区城镇职工退休前生活保障水平差异的一项基本指标，它通过计算城镇职工退休时养老金领取水平与退休前工资收入水平之比得出。计算公式：城镇职工基本养老保险替代率 = $\dfrac{\text{城镇企业职工月平均养老金}}{\text{城镇在岗职工月平均收入}}$	自设	舆情监测及测算
	2.5 老年社会福利	2.5.1 高龄津贴覆盖率（%）	指领取高龄津贴的老年人数占 80 岁及以上高龄老年人的比例。计算公式：高龄津贴覆盖率 = $\dfrac{\text{享受高龄补贴的老年人数}}{\text{80 岁及以上老年人口}} \times 100\%$	自设	2016～2017 年《中国民政统计年鉴》

续表

一级指标	二级指标	三级指标	指标解释	指标来源	数据来源及年份
2. 老年人社会政策进步指数	2.5 老年社会福利	2.5.2 护理补贴覆盖率（%）	指领取护理补贴的老年人数占当地老年人口的比例 计算公式：护理补贴覆盖率 $= \dfrac{\text{享受护理补贴的老年人数}}{60\text{岁及以上老年人口}} \times 100\%$	自设	2014～2015 年《中国民政统计年鉴》
		2.5.3 养老服务补贴覆盖率（%）	指领取养老服务补贴的老年人数占当地老年人口的比例 计算公式：养老服务补贴覆盖率 $= \dfrac{\text{享受养老服务补贴的老年人数}}{60\text{岁及以上老年人口}} \times 100\%$	自设	2016～2017 年《中国民政统计年鉴》
	2.6 老年教育与自治	2.6.1 每万名老年人拥有老年大学数量（个）	指每万名老年人拥有的老年大学数量 计算公式：每万名老年人拥有老年大学数量 $= \dfrac{\text{省级行政区（区、市）全省（区、市）内老年大学的数量}}{\text{老年人口}} \times 10000$	自设	2016～2017 年《中国民政统计年鉴》
		2.6.2 每万名老年人拥有老年协会数量（个）	指每万名老年人拥有的老年协会数量 计算公式：每万名老年人拥有老年协会数量 $= \dfrac{\text{省级行政区（区、市）全省（区、市）内老年协会的数量}}{\text{老年人口}} \times 10000$	自设	2016～2017 年《中国民政统计年鉴》

（三）儿童政策进步指数指标解释与来源表

一级指标	二级指标	三级指标	指标解释	指标来源	数据来源及年份
3. 儿童社会政策进步指数	3.1 政策环境	3.1.1 国家儿童政策省级本地化率（%）	指标解释： 指某省政府或办公厅结合本省实际，通过指导意见、实施意见、规划、单项政策等规范性文件将国务院或办公厅发布、批转的相关于促进儿童事业发展方面的政策本地化 计算公式：国家儿童政策省级本地化率 = $\dfrac{\text{省级政府或办公厅发布的促进儿童发展规范性文件数}}{\text{国务院或办公厅发布、批转的促进儿童事业发展的文件数}} \times 100\%$	自设	自查数据；根据儿童数据库数据整理
		3.1.2 省级儿童政策创新度（%）	指标解释： 指某省级政府、办公厅或相关部门在地方建立困境儿童生活保障制度、建立未成年人社会保护机制、流动留守儿童教育公平保障、支持发展学前教育、规范儿童福利服务机构管理等重要事项方面出台了创新性政策的情况 计算方式： 省级儿童政策创新度 = 困境儿童生活保障子指标分数 + 留守儿童关爱保护机制子指标分数 + 教育公平与发展子指标分数 + 医疗保障政策向儿童倾斜子指标分数 + 规范儿童福利服务机构管理子指标分数	自设	
	3.2 生活保障	3.2.1 每十万人口孤儿数（人）*	指标解释： 指某地区年末孤儿人数与地区人数之比 计算公式： 每十万人口孤儿数 = $\dfrac{\text{地区年末孤儿人口数}}{\text{地区年末人口总数}} \times 100000$	年鉴指标*与《民政部社会服务指数》雷同	自查数据；根据儿童数据库数据整理；2016~2017 年《中国民政统计年鉴》

中国社会政策进步指数报告（2018）

续表

一级指标	二级指标	三级指标	指标解释	指标来源	数据来源及年份
3. 儿童社会政策进步指数		3.2.2 儿童福利经费占福利总支出比例（%）	指标解释：指某地区儿童福利经费与地区社会福利总支出之比 计算公式： $$儿童福利经费占社会福利总支出比例 = \frac{地区儿童福利经费}{地区社会福利总支出} \times 100\%$$	自设	2016～2017年《中国民政统计年鉴》
		3.2.3 儿童福利机构每千名孤儿拥有社工助工师数（人）	指标解释：指某地区年末儿童福利机构中，平均每千名孤儿拥有专业社工作人员（包括助理社工和社工师）人数之比例 计算公式： $$儿童福利机构每千名孤儿拥有社工助工师数 = \frac{地区年末社工助理社工师人数}{地区年末孤儿人口数} \times 1000$$	自设	2016～2017年《中国民政统计年鉴》
	3.2 生活保障	3.2.4 县级儿童福利机构覆盖率（%）	指标解释：指某地区年末儿童福利机构数与县级行政区划数之比 计算公式： $$县级儿童福利机构覆盖率 = \frac{地区儿童福利机构数}{地区年末县级行政区划数} \times 100\%$$	自设	2016～2017年《中国民政统计年鉴》
		3.2.5 每百万人口家庭收养数（件）*	指标解释：指某地区年内家庭收养儿童数与地区人口数之比 计算公式： $$每百万人口家庭收养数 = \frac{地区家庭收养儿童数}{地区年末人口总数} \times 1000000$$	年鉴指标*与《民政部社会服务指数》雷同	2016～2017年《中国民政统计年鉴》

210

续表

一级指标	二级指标	三级指标	指标解释	指标来源	数据来源及年份
3. 儿童社会策进步指数	3.3 教育发展	3.3.1 小学净入学率（%）*	指标解释：指调查范围内已入小学学习的学龄儿童占校内外学龄儿童总数的比重 计算公式： $小学净入学率 = \dfrac{地区已入学学习的学龄儿童数}{地区学龄儿童人口总数} \times 100\%$	年鉴指标*与《救助儿童会儿童发展指数》雷同	2016～2017 年《中国教育统计年鉴》
		3.3.2 地方教育支出占地方一般公共财政支出比例（%）	指标解释：指某地区年内地方教育经费支出与地方总支出之比。 计算公式： $教育支出占公共财政支出比 = \dfrac{地区教育支出}{地区地方公共财政支出} \times 100\%$	自设	2016～2017 年《中国统计年鉴》
		3.3.3 每千名儿童人口教育基本建筑面积（平方米）	指标解释：指某地区年内教育基本建筑面积与地区 0～14 岁儿童数之比 计算公式： $每千名儿童教育基本建筑面积 = \dfrac{地区年内教育基本建筑面积}{0～14 岁儿童人口数} \times 1000$	自设	2016～2017 年《中国教育统计年鉴》
		3.3.4 各级教育阶段学校平均生师比	指标解释：指某地区年内各教育阶段生师比平均值 计算公式： $= \dfrac{小学生师比 + 初中生师比 + 高中生师比 + 职业学校生师比 + 高等教育生师比}{5}$	自设	2016～2017 年《中国教育统计年鉴》

续表

一级指标	二级指标	三级指标	指标解释	指标来源	数据来源及年份
3. 儿童社会政策进步指数	3.3 教育发展	3.3.5 学前教育女学生数占总数占比（%）*	指标解释： 指某地区年内学前教育阶段女性儿童占在园儿童百分比。学前教育阶段包括幼儿园和学前班 计算公式： 学前教育女学生百分比 = $\dfrac{\text{地区年内学前教育女学生数}}{\text{地区年内学前教育学生总数}} \times 100\%$	*与联合国《教育发展指数》雷同	2016～2017 年《中国教育统计年鉴》
		3.3.6 特殊教育女学生数占总数占比（%）*	指标解释： 指某地区年内特殊教育阶段女学生占在校学生百分比 计算公式： 特殊教育女学生百分比 = $\dfrac{\text{地区年内特殊教育女学生数}}{\text{地区年内特殊教育学生总数}} \times 100\%$	*与联合国《教育发展指数》雷同	2016～2017 年《中国教育统计年鉴》
		3.3.7 每万儿童读物和课本出版数（件）	指标解释： 指某地区年内少年儿童读书和课本印数与地区年末 0～14 岁儿童人口比 计算公式： 每万名儿童读物和课本出版数 = $\dfrac{\text{少年儿童读物印数} + \text{课本印数}}{\text{地区年末 0～14 岁儿童人数}} \times 10000$	自设	2016～2017 年《中国统计年鉴》
		3.3.8 城乡义务教育阶段师生比	指标解释： 指某地区城镇义务教育阶段师生比与农村义务教育阶段师生比之比 计算公式： 每万名儿童读物和课本出版数 = $\dfrac{\text{少年儿童读物印数} + \text{课本印数}}{\text{地区年末 0～14 岁儿童人数}}$	自设	2016～2017 年《中国教育统计年鉴》

一级指标	二级指标	三级指标	指标解释	指标来源	数据来源及年份
3. 儿童社会政策进步指数	3.4 医疗健康	3.4.1 围产儿死亡率（‰）*	指标解释：指孕产满28周或者出生体重大于等于1000克胎儿（含死胎、死产）至产后7天内新生儿死亡数与活产数（孕产妇）之比 计算公式： 围产儿死亡率 $= \dfrac{\text{新生儿死亡数}}{\text{活产数}} \times 1000‰$	年鉴指标*与《救助儿童发展指数》雷同	2016～2017年《中国卫生和计划生育统计年鉴》
		3.4.2 出生低体重婴儿比重（%）*	指标解释：指某地区年内出生体重低于2500克的婴儿数与活产数之比 计算公式： 出生低体重婴儿比重 $= \dfrac{\text{低体重婴儿数}}{\text{活产数}} \times 100\%$	年鉴指标*与《社会福利指数》雷同	2016～2017年《中国卫生和计划生育统计年鉴》
		3.4.3 孕妇住院分娩率（%）*	指标解释：指某地区年内在取得助产技术资质机构分娩之比 计算公式： 孕妇住院分娩率 $= \dfrac{\text{在取得资质机构分娩的活产数}}{\text{活产数}} \times 100\%$	年鉴指标*与《社会福利指数》雷同	2016～2017年《中国卫生和计划生育统计年鉴》
		3.4.4 每万名儿童妇幼保健院卫生技术人员数（人）	指标解释：指某地区年末妇幼保健院技术人员数与地区0～14岁儿童人口数之比 计算公式： 每万名儿童妇幼保健院技术人员数 $= \dfrac{\text{妇幼保健院技术人员数}}{\text{0～14岁儿童数}} \times 10000$	自设	2016～2017年《中国卫生和计划生育统计年鉴》

续表

一级指标	二级指标	三级指标	指标解释	指标来源	数据来源及年份
3. 儿童社会政策进步指数	3.4 医疗健康	3.4.5 七岁以下儿童保健系统管理率（%）*	指标解释：指7岁以下儿童保健覆盖人数与7岁以下儿童数之比。7岁以下儿童保健覆盖人数指7岁以下儿童中当年实际年接受1次及以上体格检查（身高和体重）的人数。 计算公式： 七岁以下儿童保健系统管理率 $= \dfrac{\text{7岁以下儿童保健数}}{\text{7岁以下儿童人数}} \times 100\%$	年鉴指标*与《社会福利指数》雷同	2016~2017年《中国卫生和计划生育统计年鉴》
		3.4.6 人均儿科床位数（张/万人）	指标解释：指某地区医院儿科床位数占医院总床位数之比 计算公式： 人均儿科床位数 $= \dfrac{\text{医院儿科床位数}}{\text{医院床位总数}} \times 100\%$	自设	2016~2017年《中国卫生和计划生育统计年鉴》
	3.5 救助保护	3.5.1 每万名儿童拥有社会服务机构儿童床位数（张）	指标解释：指某地区年末社会服务机构儿童床位与0~14岁儿童人口数之比。其中地区年末社会服务机构包括收养性机构、救助类机构、社区类机构等 计算公式： 每万名儿童拥有社会服务机构儿童床位数 $= \dfrac{\text{社会服务机构儿童床位数}}{\text{0~14岁儿童人数}} \times 10000$	自设	2016~2017年《中国社会统计年鉴》
		3.5.2 县级未成年人救助保护中心覆盖率（%）	指标解释：指某地区年末未成年人保护中心数量与地区县级行政区划数之比。 计算公式： 县级未成年人保护中心覆盖率 $= \dfrac{\text{县级未保中心数}}{\text{地区县级行政区划数}} \times 100\%$	自设	2016~2017年《中国民政统计年鉴》

续表

一级指标	二级指标	三级指标	指标解释	指标来源	数据来源及年份
3. 儿童社会政策进步指数	3.5 救助保护	3.5.3 县级未成年人救助保护中心数（张/个）	指标解释：指某地区年末平均每个未成年人保护中心拥有床位数 计算公式： 未成年人保护中心平均床位数 = $\dfrac{\text{地区未保中心床位数}}{\text{地区未保中心数}}$	自设	2016～2017 年《中国民政统计年鉴》
		3.5.4 每万人口儿童救助人次数（人次）	指标解释：指某地区年末救助儿童人次数与地区人口总数之比 计算公式： 每万人口儿童救助人次数 = $\dfrac{\text{地区年末救助儿童人次数}}{\text{地区年末总人口}}$	自设	2016～2017 年《中国民政统计年鉴》

（四）残疾人政策进步指数指标解释与来源表

一级指标	二级指标	指标解释	指标来源	数据来源及年份
4. 残疾人社会政策进步指数	4.1 省级残疾人政策创新度（%）	省级政府或新办公厅结合本省实际，通过指导意见、实施意见、规划、单项政策规范等形式发布，或国务院办公厅发布、批转的关于促进养老服务业发展方面的政策本地化	自设	舆情监测各省（自治区、直辖市）贯彻落实文件
	4.2 国家残疾人政策本地化率（%）	省级创新政策数量在所有重要事项中的比例。重要事项数量包括居家社区养老服务、老年人高需求评估、长期护理保险、高龄津贴发展等	自设	舆情监测各省（自治区、直辖市）贯彻落实文件

附件四　国家政策省级本地化率政策列表

（一）国家慈善政策省级本地化率政策列表（2015～2016年）

《国务院办公厅关于政府向社会力量购买服务的指导意见》(2013.9.26)

序号	地区	文件名称	发文时间
1	北京	《北京市人民政府办公厅关于政府向社会力量购买服务的实施意见》（京政办发〔2014〕34号）	2014年6月6日
2	天津	《天津市人民政府办公厅转发市财政局关于政府向社会力量购买服务管理办法的通知》（津政办发〔2014〕19号）	2014年2月13日
3	河北	《河北省人民政府办公厅关于政府向社会力量购买服务的实施意见》（冀政办〔2014〕3号）	2014年1月27日
4	山西	《山西省人民政府办公厅关于印发山西省政府购买服务暂行办法的通知》（晋政办发〔2014〕39号）	2014年5月16日
5	内蒙古	《内蒙古自治区人民政府办公厅关于政府向社会力量购买服务的实施意见》（内政办发〔2014〕80号）	2014年7月15日
6	辽宁	《辽宁省人民政府办公厅关于推进政府向社会力量购买服务工作的实施意见》（辽政办发〔2014〕44号）	2014年9月25日
7	吉林	《吉林省人民政府办公厅关于政府向社会力量购买服务的实施意见》（吉政办发〔2014〕6号）	2014年2月22日
8	黑龙江	《黑龙江省人民政府办公厅关于政府向社会力量购买服务的实施意见》（黑政办发〔2014〕26号）	2014年6月16日
9	上海	《上海市人民政府关于进一步建立健全本市政府购买服务制度的实施意见》（沪府发〔2015〕21号）	2015年5月23日
10	江苏	《江苏省人民政府办公厅印发关于推进政府购买公共服务工作指导意见的通知》（苏政办发〔2013〕175号）	2013年10月22日
11	浙江	《浙江省人民政府办公厅关于政府向社会力量购买服务的实施意见》（浙政办发〔2014〕72号）	2014年6月5日
12	安徽	《安徽省人民政府办公厅关于政府向社会力量购买服务的实施意见》（皖政办〔2013〕46号）	2013年12月29日

序号	地区	文件名称	发文时间
13	福建	《福建省人民政府关于推进政府购买服务的实施意见》（闽政〔2014〕33号）	2014年7月29日
14	江西	《江西省人民政府办公厅关于政府向社会力量购买服务的实施意见》（赣府厅发〔2014〕27号）	2014年8月5日
15	山东	《山东省人民政府办公厅关于印发政府向社会力量购买服务办法的通知》（鲁政办发〔2013〕35号）	2013年11月12日
16	河南	《河南省人民政府办公厅关于推进政府向社会力量购买服务工作的实施意见》（豫政办〔2014〕168号）	2014年12月2日
17	湖北	《湖北省人民政府办公厅印发〈关于政府向社会力量购买服务实施意见（试行）〉》（鄂政办发〔2014〕1号）	2014年1月27日
18	湖南	《湖南省人民政府关于推进政府购买服务工作的实施意见》（湘政发〔2014〕20号）	2014年6月28日
19	广东	《广东省人民政府办公厅关于印发政府向社会力量购买服务暂行办法的通知》（粤府办〔2014〕33号）	2014年7月2日
20	广西	《广西壮族自治区人民政府办公厅关于政府购买服务的实施意见》（桂政办发〔2014〕30号）	2014年4月8日
21	海南	《海南省人民政府办公厅关于印发海南省政府购买服务实施暂行办法的通知》（琼府办〔2014〕76号）	2014年6月20日
22	重庆	《重庆市人民政府办公厅关于印发重庆市政府购买服务暂行办法的通知》（渝府办发〔2014〕159号）	2014年12月12日
23	四川	《四川省人民政府办公厅关于推进政府向社会力量购买服务工作的意见》（川办发〔2014〕67号）	2014年7月16日
24	贵州	《贵州省人民政府办公厅关于政府向社会力量购买服务的实施意见》（黔府办发〔2014〕39号）	2014年10月31日
25	云南	《云南省人民政府办公厅关于印发云南省县级以上政府向社会组织购买服务暂行办法的通知》（云政办发〔2013〕124号）	2013年9月13日
26	西藏	《西藏自治区人民政府办公厅关于政府向社会力量购买服务的实施意见》（藏政办发〔2015〕16号）	2015年2月10日
27	陕西	《陕西省人民政府办公厅关于政府向社会力量购买服务的实施意见》（陕政办发〔2014〕107号）	2014年7月18日

续表

序号	地区	文件名称	发文时间
28	甘肃	《甘肃省人民政府办公厅关于政府向社会力量购买服务的实施意见》（甘政办发〔2014〕85）	2014 年 5 月 4 日
29	青海	《青海省人民政府办公厅关于印发政府向社会力量购买公共服务实施办法的通知》（青政办〔2014〕74 号）	2014 年 5 月 12 日
30	宁夏	《宁夏回族自治区关于推进政府购买服务工作指导意见的通知》（宁政办发〔2014〕73 号）	2014 年 5 月 14 日
31	新疆	《新疆维吾尔自治区〈关于政府向社会力量购买服务的实施意见〉（未公开全文）》（新政办发〔2014〕133 号）	2014 年

《国务院关于促进慈善事业健康发展的指导意见》（2014.12.18）

序号	地区	文件名称	发文时间
1	北京	《北京市人民政府关于加快推进"慈善北京"建设促进慈善事业健康发展的意见》（京政发〔2015〕22 号）	2015 年 6 月 12 日
2	天津	《天津市人民政府办公厅转发市民政局关于促进我市慈善事业健康发展实施意见的通知》（津政办发〔2015〕44 号）	2015 年 6 月 29 日
3	河北	《河北省人民政府关于促进慈善事业健康发展的实施意见》（冀政发〔2015〕23 号）	2015 年 5 月 29 日
4	山西	《山西省人民政府关于促进慈善事业健康发展的实施意见》（晋政发〔2015〕52 号）	2015 年 12 月 25 日
5	辽宁	《辽宁省政府关于促进慈善事业健康发展的实施意见》（辽政发〔2015〕59 号）	2015 年 11 月 24 日
6	吉林	《吉林省人民政府关于促进慈善事业健康发展的实施意见》（吉政发〔2015〕31 号）	2015 年 9 月 29 日
7	黑龙江	《黑龙江省人民政府关于促进慈善事业健康发展的实施意见》（黑政发〔2015〕15 号）	2015 年 6 月 24 日
8	上海	《市政府关于促进本市慈善事业健康发展的实施意见》（沪府发〔2015〕77 号）	2016 年 1 月 18 日

序号	地区	文件名称	发文时间
9	江苏	《省政府关于促进慈善事业健康发展的实施意见》（苏政发〔2015〕36号）	2015年3月31日
10	浙江	《浙江省人民政府关于加快推进慈善事业发展的实施意见》（浙政发〔2015〕34号）	2015年11月27日
11	安徽	《安徽省人民政府关于促进慈善事业健康发展的实施意见》（皖政〔2015〕39号）	2015年6月23日
12	福建	《福建省人民政府关于促进慈善事业健康发展的意见》（闽政〔2015〕33号）	2015年7月14日
13	江西	《江西省人民政府关于促进慈善事业健康发展的实施意见》（赣府发〔2015〕33号）	2015年7月31日
14	山东	《山东省人民政府关于贯彻落实国发〔2014〕61号文件促进慈善事业健康发展的意见》（鲁政发〔2015〕16号）	2015年8月7日
15	河南	《河南省人民政府关于促进慈善事业健康发展的实施意见》（豫政〔2016〕7号）	2016年1月30日
16	湖北	《湖北省人民政府办公厅关于促进慈善事业健康发展的实施意见》（鄂政办发〔2015〕38号）	2015年8月5日
17	湖南	《湖南省人民政府关于促进慈善事业健康发展的实施意见》（湘政发〔2015〕22号）	2015年6月29日
18	广东	《广东省人民政府关于促进慈善事业健康发展的实施意见》（粤府函〔2015〕285号）	2015年10月20日
19	广西	《广西壮族自治区人民政府关于促进慈善事业健康发展的实施意见》（桂政发〔2015〕16号）	2015年8月6日
20	海南	《海南省人民政府办公厅关于推进慈善事业发展的意见》（琼府办〔2013〕148号）	2013年10月12日
21	重庆	《重庆市人民政府关于促进慈善事业健康发展的实施意见》（渝府发〔2015〕44号）	2015年7月14日

续表

序号	地区	文件名称	发文时间
22	四川	《四川省人民政府关于促进慈善事业健康发展的实施意见》（川府发〔2015〕44号）	2015年8月15日
23	贵州	《国务院关于促进慈善事业健康发展的指导意见》（国发〔2014〕61号）	2014年12月18日
24	云南	《云南省人民政府关于促进慈善事业健康发展的实施意见》（云政发〔2015〕88号）	2015年12月2日
25	陕西	《陕西省人民政府关于促进慈善事业健康发展的实施意见》（陕政发〔2015〕48号）	2015年11月18日
26	甘肃	《甘肃省人民政府关于促进慈善事业健康发展的实施意见》（甘政发〔2015〕77号）	2015年8月26日
27	青海	《青海省人民政府关于促进慈善事业健康发展的实施意见》（青政〔2015〕32号）	2015年4月16日
28	宁夏	《自治区人民政府关于促进慈善事业健康发展的实施意见》（宁政发〔2015〕100号）	2015年12月14日
29	新疆	《新疆维吾尔自治区人民政府关于促进慈善事业健康发展的实施意见》（新政发〔2015〕97号）	2015年10月30日

《中共中央办公厅 国务院办公厅关于改革社会组织管理制度促进社会组织健康有序发展的意见》（中办发〔2016〕46号）（2016.8.21）

序号	地区	文件名称	发文时间
1	河北	《河北省委办公厅、省政府办公厅关于改革社会组织管理制度促进社会组织健康有序发展的实施意见》	2016年12月14日
2	山西	《中共中央办公厅 国务院办公厅印发〈关于改革社会组织管理制度促进社会组织健康有序发展的意见〉》	2016年8月21日
3	吉林	《关于改革社会组织管理制度促进社会组织健康有序发展的实施意见（讨论稿）》	
4	浙江	《浙江省民政厅关于公开征求〈中共浙江省委办公厅 浙江省人民政府办公厅关于进一步加强现代社会组织建设促进社会组织健康有序参与社会治理的实施意见（征求意见稿）〉意见的公告》	2016年12月12日

序号	地区	文件名称	发文时间
5	福建	《关于改革社会组织管理制度促进社会组织健康有序发展的实施意见》	2016 年 12 月 30 日
6	广西	《关于改革广西社会组织管理制度促进社会组织健康有序发展的实施意见(征求意见稿)》	2016 年 9 月 30 日
7	宁夏	《关于改革社会组织管理制度促进社会组织健康有序发展的实施意见》	2016 年 9 月 2 日

(二)国家老年人政策省级本地化率政策列表

《国务院办公厅转发卫生计生委等部门关于推进医疗卫生与养老服务相结合指导意见的通知》(国办发〔2015〕84 号)

序号	地区	省级本地化政策名称	出台时间
1	山 西	《山西省卫生和计划生育委员会 山西省民政厅关于推进医疗机构与养老服务融合发展的指导意见》(晋卫医发〔2014〕62 号)	2014 年 10 月 16 日
2	黑龙江	《关于加快推进医养结合发展的指导意见》(黑民福〔2015〕157 号)	2015 年 11 月 4 日
3	上 海	《关于全面推进本市医养结合发展的若干意见》(沪民福发〔2015〕19 号)	2015 年 8 月 4 日
4	江 苏	《关于全面推进医养融合发展的意见》(苏民福〔2014〕26 号)	2014 年 8 月 29 日
5	浙 江	《关于推进医疗卫生与养老服务融合发展的实施意见》(浙民福〔2014〕216 号)	2014 年 11 月 5 日

《国务院办公厅转发卫生计生委等部门关于推进医疗卫生与养老服务相结合指导意见的通知》(国办发〔2015〕84 号)

序号	地区	省级本地化政策名称	出台时间
1	北 京	《关于推进医疗卫生与养老服务相结合的实施意见》(京政发〔2016〕54 号)	2016 年 11 月 24 日
2	天 津	《天津市人民政府办公厅转发市民政局关于推进我市医疗卫生与养老服务相结合实施意见(试行)的通知》(津政办发〔2016〕102 号)	2016 年 11 月 25 日

续表

序号	地区	省级本地化政策名称	出台时间
3	河 北	《河北省人民政府办公厅关于转发省卫生计生委等部门河北省推进医疗卫生与养老服务相结合实施意见的通知》（冀政办字〔2016〕4号）	2016年1月10日
4	山 西	《山西省人民政府办公厅转发省卫生计生委等部门关于推进医疗卫生与养老服务相结合实施意见的通知》（晋政办发〔2016〕105号）	2016年7月20日
5	辽 宁	《辽宁省人民政府办公厅关于推进医疗卫生与养老服务结合发展的实施意见》（辽政办发〔2016〕56号）	2016年5月8日
6	吉 林	《吉林省人民政府办公厅关于推进医疗卫生与养老服务融合发展的实施意见》（吉政办发〔2016〕52号）	2016年7月7日
7	黑龙江	《黑龙江省人民政府办公厅转发省卫生计生委等部门关于推进医疗卫生与养老服务相结合实施意见的通知》（黑政办发〔2016〕28号）	2016年3月30日
8	上 海	《关于全面推进本市医养结合发展的若干意见》（沪民福发〔2015〕19号）	2015年8月4日
9	江 苏	《关于全面推进医养融合发展的意见》（苏民福〔2014〕26号）	2014年8月29日
10	浙 江	《浙江省人民政府办公厅转发省卫生计生委等部门关于推进医疗卫生与养老服务相结合实施意见的通知》（浙政办发〔2016〕148号）	2016年11月30日
11	安 徽	《关于推进医疗卫生与养老服务相结合的实施意见》（皖政办〔2016〕19号）	2016年5月20日
12	江 西	《江西省人民政府办公厅转发省卫生计生委等部门关于推进医疗卫生与养老服务融合发展的实施意见》（赣府厅发〔2016〕40号）	2016年8月5日
13	山 东	《山东省人民政府办公厅转发省卫生计生委等部门关于加快推进医养结合工作的实施意见的通知》（鲁政办发〔2016〕56号）	2016年12月19日

序号	地区	省级本地化政策名称	出台时间
14	河 南	《河南省人民政府办公厅转发省卫生计生委等部门关于推进医疗卫生与养老服务相结合实施意见的通知》（豫政办〔2016〕133 号）	2016 年 8 月 2 日
15	湖 北	《湖北省人民政府办公厅转发省卫生计生委等部门关于推进医疗卫生与养老服务相结合实施意见的通知》（鄂政办发〔2016〕36 号）	2016 年 5 月 23 日
16	湖 南	《湖南省人民政府办公厅关于推进医疗卫生与养老服务相结合的实施意见》（湘政办发〔2016〕86 号）	2016 年 11 月 15 日
17	广 东	《广东省人民政府办公厅关于促进医疗卫生与养老服务相结合的实施意见》（粤府办〔2016〕78 号）	2016 年 7 月 12 日
18	广 西	《广西壮族自治区人民政府办公厅关于推进医疗卫生与养老服务相结合的实施意见》（桂政办发〔2016〕82 号）	2016 年 7 月 15 日
19	海 南	《海南省人民政府办公厅关于印发海南省推进医疗卫生与养老服务结合发展实施意见的通知》（琼府办〔2016〕277 号）	2016 年 11 月 7 日
20	重 庆	《重庆市人民政府办公厅转发市卫生计生委等部门关于推进医疗卫生与养老服务相结合实施意见的通知》（渝府办发〔2016〕153 号）	2016 年 8 月 8 日
21	四 川	《关于加快推进医疗卫生与养老服务相结合的实施意见》（川办发〔2016〕57 号）	2016 年 8 月 4 日
22	云 南	《云南省人民政府办公厅转发省卫生计生委等部门关于推进医疗卫生与养老服务相结合实施意见的通知》（云政办发〔2016〕101 号）	2016 年 9 月 23 日
23	陕 西	《陕西省人民政府办公厅关于推进医疗卫生与养老服务相结合实施意见》（陕政办发〔2016〕63 号）	2016 年 7 月 14 日
24	甘 肃	《关于做好医养结合服务机构许可工作的通知》（民发〔2016〕52 号）	2016 年 7 月 12 日
25	宁 夏	《自治区人民政府办公厅转发自治区卫生计生委等部门关于加快推进医疗卫生与养老服务相结合实施意见的通知》（宁政办发〔2016〕50 号）	2016 年 3 月 29 日
26	新 疆	《转发自治区卫生计生委等 11 部门〈关于推进医疗卫生与养老服务相结合的实施意见〉的通知》（新政办发〔2016〕180 号）	2016 年 12 月 22 日

《国务院办公厅关于印发老年教育发展规划（2016～2020 年）的通知》
（国办发〔2016〕74 号）

序号	地区	省级本地化政策名称	出台时间
1	上海	《上海市教育委员会 上海市老龄工作委员会办公室关于印发〈上海市老年教育发展"十三五"规划〉的通知》（沪教委终〔2016〕16 号）	2016 年 10 月 13 日

（三）国家儿童政策省级本地化率政策列表（2015～2016 年）

《国务院关于进一步完善城乡义务教育经费保障机制的通知》
（国发〔2015〕67 号）

序号	地区	法规名称	发文时间
1	北京	《北京市人民政府印发关于进一步完善城乡义务教育经费保障机制实施方案的通知》（京政发〔2016〕）	2016 年 4 月 25 日
2	天津	《天津市人民政府办公厅关于进一步完善城乡义务教育经费保障机制的通知》（津政办发〔2016〕35 号）	2016 年 3 月 30 日
3	河北	《河北省人民政府关于进一步完善城乡义务教育经费保障机制的通知》（冀政发〔2016〕17 号）	2016 年 4 月 25 日
4	山西	《山西省人民政府关于印发山西省进一步完善城乡义务教育经费保障机制实施方案的通知》（晋政发〔2016〕25 号）	2016 年 5 月 10 日
5	内蒙古	《内蒙古自治区人民政府办公厅关于印发进一步完善城乡义务教育经费保障机制实施方案的通知》（内政办发〔2016〕32 号）	2016 年 3 月 31 日
6	辽宁	《辽宁省人民政府关于进一步完善城乡义务教育经费保障机制的实施意见》（辽政发〔2016〕21 号）	2016 年 3 月 31 日
7	吉林	《吉林省人民政府办公厅关于印发吉林省进一步完善城乡义务教育经费保障机制实施方案的通知》（吉政办发〔2016〕19 号）	2016 年 4 月 7 日
8	黑龙江	《黑龙江省人民政府办公厅关于进一步完善城乡义务教育经费保障机制的实施意见》（黑政办发〔2016〕10 号）	2016 年 4 月 25 日

序号	地区	法规名称	发文时间
9	上海	《上海市政府关于进一步完善本市城乡义务教育经费保障机制的通知》（沪府发〔2016〕35号）	2016年5月10日
10	江苏	《江苏省政府关于进一步完善城乡义务教育经费保障机制的通知》（苏政发〔2016〕52号）	2016年4月11日
11	浙江	《浙江省人民政府关于进一步完善城乡义务教育经费保障机制的通知》（浙政发〔2016〕16号）	2016年5月10日
12	安徽	《安徽省人民政府关于进一步完善城乡义务教育经费保障机制的实施意见》（皖政〔2016〕31号）	2016年3月29日
13	福建	《吉林省人民政府办公厅关于印发〈吉林省进一步完善城乡义务教育经费保障机制实施方案〉的通知》（吉政办发〔2016〕19号）	2016年4月7日
14	江西	《江西省人民政府关于进一步完善城乡义务教育经费保障机制的实施意见》（赣府发〔2016〕17号）	2016年4月6日
15	山东	《山东省人民政府关于贯彻国发〔2015〕67号文件进一步完善城乡义务教育经费保障机制的通知》（鲁政发〔2016〕1号）	2016年1月28日
16	河南	《河南省人民政府关于进一步完善城乡义务教育经费保障机制的通知》（豫政〔2016〕29号）	2016年5月3日
17	湖北	《湖北省人民政府办公厅关于印发湖北省进一步完善城乡义务教育经费保障机制实施方案的通知》（鄂政办发〔2016〕14号）	2016年3月23日
18	湖南	《湖南省人民政府办公厅关于印发〈湖南省进一步完善城乡义务教育经费保障机制实施方案〉的通知》（湘政办发〔2016〕39号）	2016年5月19日
19	广东	《广东省人民政府关于进一步完善城乡义务教育经费保障机制的通知》（粤府〔2016〕68号）	2016年6月24日
20	广西	《广西壮族自治区人民政府关于进一步完善城乡义务教育经费保障机制的通知》（桂政发〔2016〕19号）	2016年4月7日

续表

序号	地区	法规名称	发文时间
21	海南	《海南省人民政府关于印发〈海南省进一步完善城乡义务教育经费保障机制实施方案〉的通知》（琼府〔2016〕55号）	2016年5月30日
22	重庆	《重庆市人民政府关于进一步完善城乡义务教育经费保障机制的实施意见》（渝府发〔2016〕28号）	2016年7月13日
23	四川	《四川省人民政府关于进一步完善城乡义务教育经费保障机制的实施意见》（川府发〔2016〕9号）	2016年2月29日
24	贵州	《贵州省财政厅 贵州省教育厅关于印发贵州省进一步完善城乡义务教育经费保障机制的实施方案的通知》（黔财教〔2016〕33号）	2016年4月19日
25	云南	《云南省人民政府关于进一步完善城乡义务教育经费保障机制的通知》（云政发〔2016〕74号）	2016年8月11日
26	甘肃	《甘肃省人民政府关于印发〈进一步完善城乡义务教育经费保障机制实施方案〉的通知》（甘政发〔2016〕17号）	2016年2月6日
27	青海	《青海省人民政府关于完善城乡义务教育经费保障机制和实行15年免费教育的实施意见》（青政〔2016〕27号）	2016年4月6日
28	宁夏	《宁夏自治区人民政府关于进一步完善城乡义务教育经费保障机制的通知》（宁政发〔2016〕37号）	2016年5月6日
29	新疆	《关于印发〈新疆维吾尔自治区进一步完善城乡义务教育经费保障机制实施方案〉的通知》（新政发〔2016〕102号）	2016年9月6日

《国务院办公厅关于解决无户口人员登记户口问题的意见》（国办发〔2015〕96号）

序号	地区	法规名称	发文时间
1	北京	《北京市人民政府办公厅关于解决本市无户口人员登记户口问题的实施意见》（京政办发〔2016〕41号）	2016年8月27日
2	天津	《天津市人民政府办公厅关于转发市公安局市民政局市司法局市卫生计生委拟定的天津市解决无户口人员登记户口问题实施意见的通知》（津政办发〔2016〕101号）	2016年11月24日

序号	地区	法规名称	发文时间
3	河北	《河北省人民政府办公厅关于解决无户口人员登记户口问题的实施意见》（冀政办发〔2016〕12号）	2016年4月8日
4	山西	《山西省人民政府办公厅关于解决无户口人员登记户口问题的通知》（晋政办发〔2016〕32号）	2016年3月28日
5	内蒙古	《内蒙古自治区人民政府办公厅关于解决无户口人员登记户口问题的实施意见》（内政办发〔2016〕131号）	2016年9月15日
6	辽宁	《辽宁省人民政府办公厅关于解决无户口人员登记户口问题的意见》（辽政办发〔2016〕85号）	2016年11月10日
7	吉林	《吉林省人民政府办公厅关于解决无户口人员登记户口问题的实施意见》（吉政办发〔2016〕22号）	2016年4月20日
8	黑龙江	《黑龙江省人民政府办公厅关于解决无户口人员登记户口问题的实施意见》（黑政办发〔2016〕39号）	2016年7月6日
9	江苏	《江苏省政府办公厅关于解决无户口人员登记户口问题的实施意见》（苏政办发〔2016〕26号）	2016年3月17日
10	浙江	《浙江省人民政府办公厅关于解决无户口人员登记户口问题的实施意见》（浙政办发〔2016〕86号）	2016年8月3日
11	福建	《福建省人民政府办公厅关于解决无户口人员登记户口问题的实施意见》（闽政办〔2016〕96号）	2016年6月27日
12	江西	《江西省人民政府办公厅关于解决无户口人员登记户口问题的实施意见》（赣府厅发〔2016〕11号）	2016年4月11日
13	山东	《山东省人民政府办公厅关于贯彻国办发〔2015〕96号文件切实做好无户口人员登记户口工作的实施意见》（鲁政办发〔2016〕10号）	2016年3月28日
14	河南	《河南省人民政府办公厅关于解决无户口人员登记户口问题的实施意见》（豫政办〔2016〕204号）	2016年12月7日
15	湖北	《湖北省人民政府办公厅关于解决无户口人员登记户口问题的实施意见》（鄂政办发〔2016〕46号）	2016年7月6日
16	湖南	《湖南省人民政府办公厅关于印发〈湖南省常住户口登记管理办法〉的通知》（湘政办发〔2016〕12号）	2016年2月3日

续表

序号	地区	法规名称	发文时间
17	广东	《广东省人民政府办公厅关于解决无户口人员登记户口问题的实施意见》（粤府办〔2016〕26号）	2016 年 4 月 5 日
18	广西	《广西壮族自治区人民政府办公厅关于做好无户口人员登记户口工作的通知》（桂政办发〔2016〕45号）	2016 年 4 月 19 日
19	海南	《海南省人民政府办公厅关于印发海南省无户口人员登记户口实施办法的通知》（琼府办〔2016〕207号）	2016 年 8 月 26 日
20	重庆	《重庆市人民政府办公厅贯彻落实国务院办公厅关于解决无户口人员登记户口问题意见的通知》（渝府办发〔2016〕63号）	2016 年 4 月 26 日
21	四川	《四川省公安厅关于切实做好全省无户口人员登记户口工作的通知》	2016 年 3 月 15 日
22	贵州	《贵州省人民政府办公厅关于解决无户口人员登记户口问题的实施意见》（黔府办发〔2016〕48号）	2016 年 12 月 19 日
23	陕西	《陕西省人民政府办公厅关于解决无户口人员登记户口问题的实施意见》（陕政办发〔2016〕22号）	2016 年 3 月 25 日
24	甘肃	《甘肃省人民政府办公厅关于解决无户口人员登记户口问题的实施意见》（甘政办发〔2016〕63号）	2016 年 5 月 13 日
25	青海	《青海省人民政府办公厅关于解决无户口人员登记户口问题的实施意见》（青政办〔2016〕82号）	2016 年 5 月 11 日
26	宁夏	《宁夏自治区人民政府办公厅关于转发公安厅民政厅卫生计生委〈宁夏回族自治区无户口人员登记户口管理办法〉的通知》（宁政办发〔2016〕158号）	2016 年 10 月 14 日

《国务院办公厅关于政府向社会力量购买服务的指导意见》（2013.9.26）

序号	地区	法规名称	发文时间
1	北京	《关于建立北京市困境儿童分类保障制度的意见》（京民福发〔2016〕430号）	2016 年 6 月 8 日
2	天津	《天津市人民政府办公厅关于加强困境儿童保障工作的实施意见》（津政办发〔2017〕19号）	2017 年 1 月 26 日

序号	地区	法规名称	发文时间
3	河北	《河北省人民政府关于加强困境儿童保障工作的实施意见》（冀政发〔2016〕41号）	2016年9月9日
4	山西	《山西省人民政府关于加强农村留守儿童关爱保护工作的实施意见》（晋政发〔2016〕33号）	2016年12月22日
5	内蒙古	《内蒙古自治区人民政府关于加强困境儿童分类保障制度的实施意见》（内政发〔2016〕132号）	2016年11月28日
6	辽宁	《辽宁省人民政府关于加强困境儿童保障工作的实施意见》（辽政发〔2016〕57号）	2016年8月24日
7	吉林	《吉林省人民政府办公厅关于加强困境儿童保障工作的实施意见》（吉政办发〔2017〕8号）	2017年1月24日
8	黑龙江	《黑龙江省人民政府关于加强困境儿童保障工作的实施意见》（黑政规〔2017〕9号）	2017年4月14日
9	江苏	《江苏省政府办公厅关于完善困境儿童分类保障制度的意见》（苏政办发〔2014〕113号）	2014年12月26日
10	浙江	《浙江省民政厅、浙江省财政厅关于推进困境儿童分类保障制度的通知》（浙民儿〔2014〕87号）	2014年4月1日
11	安徽	《安徽省关于贯彻落实〈国务院关于加强困境儿童保障工作的意见〉的实施办法》（皖民福字〔2016〕160号）	2016年9月27日
12	福建	《福建省人民政府关于加强困境儿童保障工作的实施意见》（闽政〔2016〕53号）	2016年11月16日
13	江西	《江西省人民政府关于加强困境儿童保障工作的实施意见》（赣府发〔2016〕41号）	2016年10月17日
14	山东	《山东省人民政府关于贯彻国发〔2016〕36号文件加强困境儿童保障工作的实施意见》（鲁政发〔2017〕5号）	2017年2月28日
15	河南	《河南省人民政府办公厅关于加强困境儿童保障工作的实施意见》（豫政办〔2017〕47号）	2017年3月28日
16	湖北	《湖北省人民政府办公厅关于加强困境儿童保障工作的实施意见》（鄂政办发〔2016〕103号）	2016年12月25日
17	湖南	《湖南省人民政府关于加强困境儿童保障工作的通知》（湘政发〔2016〕26号）	2016年11月29日

续表

序号	地区	法规名称	发文时间
18	广东	《广东省人民政府关于加强困境儿童保障工作的实施意见》（粤府〔2016〕129号）	2016年12月6日
19	广西	《广西壮族自治区人民政府关于加强困境儿童保障工作的实施意见》（桂政发〔2016〕73号）	2016年12月27日
20	重庆	《重庆市人民政府关于进一步加强困境儿童保障工作的实施意见》（渝府发〔2016〕59号）	2016年12月21日
21	四川	《四川省人民政府关于加强困境儿童保障工作的实施意见》（川府发〔2016〕60号）	2016年12月23日
22	贵州	《贵州省教育厅关于印发进一步加强留守儿童困境儿童关爱救助保护工作实施方案的通知》（黔教基发〔2015〕251号）	2015年11月10日
23	云南	《云南省人民政府关于加强困境儿童保障工作的实施意见》（云政发〔2016〕103号）	2016年12月20日
24	甘肃	《甘肃省人民政府关于加强困境儿童保障工作的实施意见》（甘政发〔2016〕81号）	2016年9月1日

《国务院关于加强农村留守儿童关爱保护工作的意见》（国发〔2016〕13号）

序号	地区	法规名称	发文时间
1	北京	《北京市人民政府关于加强困境儿童和留守儿童保障工作的实施意见》（京政发〔2016〕58号）	2016年12月13日
2	天津	《天津市人民政府关于加强农村留守儿童关爱保护工作的实施意见》（津政发〔2016〕25号）	2016年12月5日
3	河北	《河北省人民政府关于加强农村留守儿童关爱保护工作的实施意见》（冀政发〔2016〕30号）	2016年6月14日
4	山西	《山西省人民政府关于加强农村留守儿童关爱保护工作的实施意见》（晋政发〔2016〕33号）	2016年6月24日
5	内蒙古	《内蒙古自治区人民政府关于加强农村牧区留守儿童关爱保护工作的实施意见》（内政发〔2016〕75号）	2016年6月30日
6	辽宁	《辽宁省人民政府关于加强农村留守儿童关爱保护工作的实施意见》（辽政发〔2016〕43号）	2016年7月10日

序号	地区	法规名称	发文时间
7	吉林	《吉林省人民政府关于加强农村留守儿童关爱保护工作的实施意见》（吉政发〔2016〕34号）	2016年9月5日
8	黑龙江	《黑龙江省人民政府加强农村留守儿童关爱保护工作实施方案》（黑政发〔2016〕20号）	2016年6月30日
9	上海	《上海市人民政府关于加强本市农村留守儿童关爱保护工作的实施意见》（沪府发〔2016〕87号）	2016年9月30日
10	江苏	《江苏省政府出台关于加强农村留守儿童关爱保护工作的实施意见》（苏政发〔2016〕104号）	2016年8月9日
11	浙江	《浙江省关于加强农村留守儿童关爱保护工作的实施意见》（浙政办发〔2016〕50号）	2016年5月19日
12	安徽	《安徽省人民政府关于加强农村留守儿童关爱保护工作的实施意见》（皖政〔2016〕69号）	2016年7月25日
13	福建	《福建省人民政府关于加强农村留守儿童关爱保护工作的实施意见》（闽政〔2016〕44号）	2016年10月15日
14	江西	《江西省人民政府关于加强农村留守儿童关爱保护工作的实施意见》（赣府发〔2016〕31号）	2016年7月22日
15	山东	《山东省人民政府关于加强农村留守儿童关爱保护工作的实施意见》（鲁政发〔2016〕17号）	2016年6月20日
16	河南	《河南省人民政府关于加强农村留守儿童关爱保护工作的实施意见》	2016年5月11日
17	湖北	《湖北省人民政府加强农村留守儿童关爱保护工作实施方案》（鄂政发〔2016〕37号）	2016年7月20日
18	湖南	《湖南省人民政府关于加强农村留守儿童关爱保护工作的实施意见》（湘政发〔2016〕17号）	2016年8月15日
19	广东	《中共广东省委广东省人民政府关于加强农村留守儿童关爱保护工作的实施意见》（粤发〔2016〕23号）	2016年7月21日
20	广西	《广西壮族自治区人民政府关于加强农村留守儿童关爱保护工作的实施意见》（桂政发〔2016〕49号）	2016年10月12日
21	海南	《海南省人民政府关于加强农村留守儿童关爱保护工作的实施意见》（琼府〔2016〕92号）	2016年9月30日

续表

序号	地区	法规名称	发文时间
22	重庆	《重庆市人民政府关于加强农村留守儿童关爱保护工作的实施意见》（渝府发〔2016〕27号）	2016年6月30日
23	四川	《四川省人民政府关于进一步加强农村留守儿童关爱保护工作的通知》（川府发〔2016〕56号）	2016年12月5日
24	贵州	《中共贵州省委办公厅贵州省人民政府办公厅印发〈关于进一步加强留守儿童困境儿童关爱救助保护工作的实施意见〉的通知》（川府发〔2016〕56号）	2016年8月19日
25	云南	《云南省人民政府关于加强农村留守儿童关爱保护工作的实施意见》（云政发〔2016〕52号）	2016年7月4日
26	西藏	《自治区人民政府关于加强农村留守儿童关爱保护工作的实施意见》（藏政发〔2016〕77号）	2016年
27	陕西	《陕西省人民政府关于加强农村留守儿童关爱保护工作的实施意见》（陕政发〔2016〕32号）	2016年7月20日
28	甘肃	《甘肃省人民政府关于进一步加强农村留守儿童关爱保护工作的实施意见》（甘政发〔2016〕66号）	2016年7月18日
29	青海	《青海省人民政府关于加强农村牧区留守儿童关爱保护工作的实施意见》（青政〔2016〕84号）	2016年11月16日
30	宁夏	《宁夏自治区人民政府关于加强农村留守儿童关爱保护工作的实施意见》（宁政发〔2016〕57号）	2016年6月18日
31	新疆	《贯彻落实国务院关于加强农村留守儿童关爱保护工作意见的实施方案》	2016年11月21日

（四）国家残疾人政策省级本地化率政策列表（2015～2016年）

《国务院关于加快推进残疾人小康进程的意见》（国发〔2015〕7号）

序号	地区	法规名称	发文时间
1	北京	《北京市人民政府关于加快推进残疾人小康进程的实施意见》	2016年2月10日
2	天津	《天津市人民政府关于印发〈天津市加快推进残疾人小康进程实施方案〉的通知》	2015年12月2日

序号	地区	法规名称	发文时间
3	河北	《河北省人民政府关于加快推进残疾人小康进程的实施意见》	2015 年 5 月 30 日
4	山西	《山西省人民政府关于加快推进残疾人小康进程的实施意见》	2016 年 1 月 11 日
5	内蒙古	《内蒙古自治区人民政府关于加快推进残疾人小康进程的实施意见》	2015 年 12 月 31 日
6	辽宁	《辽宁省人民政府关于加快推进残疾人小康进程的实施意见》	2016 年 12 月 9 日
7	吉林	《吉林省人民政府关于加快推进全省残疾人小康进程的实施意见》	2015 年 8 月 18 日
8	黑龙江	《黑龙江省人民政府关于加快推进残疾人小康进程的实施意见》	2016 年 1 月 4 日
9	上海	《上海市人民政府贯彻国务院关于加快推进残疾人小康进程意见的实施意见》	2016 年 5 月 17 日
10	江苏	《江苏省政府关于加快推进残疾人全面小康进程的实施意见》	2016 年 8 月 24 日
11	浙江	《浙江省人民政府关于加快推进残疾人全面小康进程的实施意见》	2016 年 1 月 12 日
12	安徽	《中共安徽省委办公厅、安徽省人民政府办公厅关于促进残疾人家庭增收加快实现小康步伐的意见》	2014 年 8 月 1 日
13	福建	《福建省人民政府关于加快推进残疾人小康进程的实施意见》	2015 年 12 月 24 日
14	江西	《江西省人民政府关于加快推进残疾人小康进程的实施意见》	2016 年 1 月 7 日
15	山东	《山东省人民政府关于加快推进残疾人小康进程的实施意见》	2016 年
16	河南	《河南省人民政府关于加快推进残疾人小康进程的实施意见》	2015 年 9 月 22 日
17	湖北	《湖北省人民政府办公厅关于加快推进残疾人小康进程的实施意见》	2015 年 5 月 25 日
18	广东	《广东省人民政府关于加快推进残疾人小康进程的实施意见》	2015 年 12 月 7 日
19	广西	《广西壮族自治区人民政府关于加快推进残疾人小康进程的实施意见》	2015 年 9 月 20 日
20	海南	《海南省人民政府关于加快推进残疾人小康进程的实施意见》	2016 年 3 月 17 日
21	重庆	《重庆关于加快推进残疾人小康进程的实施意见》	2015 年 9 月 16 日
22	四川	《四川省人民政府关于加快推进残疾人小康进程的实施意见》	2016 年 2 月 4 日
23	贵州	《贵州省人民政府关于加快推进残疾人同步小康进程的实施意见》	2016 年 1 月 18 日

序号	地区	法规名称	发文时间
24	陕西	《陕西省人民政府关于加快推进残疾人小康进程的实施意见》	2015 年 7 月 18 日
25	甘肃	《甘肃省人民政府关于加快推进残疾人小康进程的实施意见》	2015 年 9 月 10 日
26	新疆	《关于贯彻落实国务院加快推进残疾人小康进程意见的实施意见》	2016 年 7 月 20 日

《国务院关于全面建立困难残疾人生活补贴和重度残疾人护理补贴制度的意见》
（国发〔2015〕52 号）

序号	地区	法规名称	发文时间
1	北京	《北京市人民政府关于全面建立困难残疾人生活补贴和重度残疾人护理补贴制度的实施意见》	2016 年 11 月 22 日
2	天津	《关于完善天津市困难残疾人生活补贴和重度残疾人护理补贴制度》	2016 年 7 月 26 日
3	河北	《河北省人民政府 关于全面建立困难残疾人生活补贴和重度 残疾人护理补贴制度的实施意见》	2016 年 1 月 4 日
4	山西	《山西省人民政府关于全面建立困难残疾人生活补贴和重度残疾人护理补贴制度的通知》	2016 年 1 月 25 日
5	内蒙古	《内蒙古自治区人民政府关于全面建立困难残疾人生活补贴和重度残疾人护理补贴制度的实施意见》	2015 年 12 月 11 日
6	辽宁	《辽宁省人民政府关于建立困难残疾人生活补贴和重度残疾人护理补贴制度的实施意见》	2015 年 12 月 30 日
7	吉林	《吉林省人民政府关于全面建立困难残疾人生活补贴和重度残疾人护理补贴制度的实施意见》	2015 年 12 月 30 日
8	黑龙江	《黑龙江省人民政府关于印发黑龙江省全面建立困难残疾人生活补贴和重度残疾人护理补贴制度实施办法的通知》	2015 年 12 月 30 日
9	上海	《本市困难残疾人生活补贴和重度残疾人护理补贴发放管理办法》	2016 年 2 月 4 日
10	江苏	《关于完善困难残疾人生活补贴和重度残疾人护理补贴制度的意见》	2016 年 3 月 5 日
11	浙江	《浙江省人民政府关于全面建立困难残疾人生活补贴和重度残疾人护理补贴制度的实施意见》	2016 年 2 月 2 日

序号	地区	法规名称	发文时间
12	福建	《福建省人民政府关于完善困难残疾人生活补贴和重度残疾人护理补贴制度的实施意见》	2015 年 12 月 25 日
13	江西	《江西省困难残疾人生活补贴和重度残疾人护理补贴制度实施办法》	2015 年 12 月 29 日
14	山东	《山东省人民政府关于贯彻国发〔2015〕52 号文件全面建立困难残疾人生活补贴和重度残疾人护理补贴制度的实施意见》	2015 年 12 月 29 日
15	河南	《河南省人民政府关于印发〈河南省困难残疾人生活补贴和重度残疾人护理补贴实施办法〉的通知》	2016 年 9 月 20 日
16	湖北	《湖北省人民政府办公厅关于全面建立困难残疾人生活补贴和重度残疾人护理补贴制度的实施意见 》	2015 年 12 月 26 日
17	湖南	《湖南省人民政府关于全面建立困难残疾人生活补贴和重度残疾人护理补贴制度的实施意见》	2015 年 12 月 31 日
18	广东	《广东省民政厅、广东省财政厅、广东省残疾人联合会关于健全困难残疾人生活补贴和重度残疾人护理补贴制度的通知》	2016 年 5 月 4 日
19	广西	《广西壮族自治区困难残疾人生活补贴和重度残疾人护理补贴实施办法》	2015 年 12 月 4 日
20	海南	《海南省困难残疾人生活补贴和重度残疾人护理补贴实施办法》	2015 年 12 月 2 日
21	四川	《关于建立困难残疾人生活补贴和重度残疾人护理补贴的通知》	2015 年 12 月 31 日
22	贵州	《贵州省困难残疾人生活补贴和重度残疾人护理补贴制度实施办法》	2016 年 1 月 27 日
23	云南	《云南省人民政府关于印发〈云南省困难残疾人生活补贴和重度残疾人护理补贴制度实施办法〉的通知》	2016 年 1 月 14 日
24	西藏	《西藏自治区人民政府关于建立困难残疾人生活补贴和重度残疾人护理补贴制度的实施意见》	2016 年 4 月 7 日
25	陕西	《陕西省人民政府关于进一步完善困难残疾人生活补贴和重度残疾人护理补贴制度的实施意见》	2016 年 1 月 1 日

续表

序号	地区	法规名称	发文时间
26	甘肃	《甘肃省人民政府关于进一步完善困难残疾人生活补贴和重度残疾人护理补贴制度的实施意见》	2016 年 2 月 3 日
27	青海	《青海省人民政府关于建立困难残疾人生活补贴和重度残疾人护理补贴制度的实施意见》	2016 年 2 月 26 日
28	宁夏	《困难残疾人生活补贴办法和重度残疾人护理补贴办法》	2015 年 11 月 26 日
29	新疆	《关于建立困难残疾人生活补贴和重度残疾人护理补贴制度的实施意见》	2016 年 7 月 20 日

《国务院关于印发〈"十三五"加快残疾人小康进程规划纲要〉的通知》
（国发〔2016〕47 号）

序号	地区	法规名称	发文时间
1	北京	《北京市"十三五"时期残疾人事业发展规划》	2016 年 9 月 6 日
2	天津	《天津市"十三五"加快残疾人小康进程规划纲要》	2016 年 12 月 16 日
3	山西	《山西省"十三五"加快残疾人小康进程发展规划》	2016 年 12 月 28 日
4	吉林	《吉林省"十三五"加快残疾人小康进程规划纲要》	2016 年 12 月 30 日
5	黑龙江	《黑龙江省"十三五"加快残疾人小康进程规划》	2017 年 1 月 20 日
6	江苏	《江苏省政府关于加快推进残疾人小康进程的实施意见》	2016 年 8 月 24 日
7	浙江	《浙江省人民政府关于加快推进残疾人全面小康进程的实施意见》	2016 年 1 月 12 日
8	安徽	《安徽省"十三五"加快残疾人小康进程规划纲要》	2016 年 12 月 30 日
9	福建	《福建省"十三五"加快残疾人小康进程规划纲要》	2016 年 11 月 29 日
10	江西	《江西省"十三五"加快残疾人小康进程规划纲要》	2017 年 7 月 7 日
11	山东	《山东省残疾人事业发展"十三五"规划》	2016 年 12 月 23 日
12	河南	《河南省"十三五"加快残疾人小康进程规划》	2016 年 12 月 15 日
13	广西	《广西"十三五"加快残疾人小康进程规划》	2016 年 12 月 29 日
14	海南	《海南省"十三五"加快残疾人小康进程发展规划》	2017 年 3 月 9 日
15	重庆	《重庆市人民政府关于印发〈重庆市"十三五"加快残疾人小康进程规划〉的通知》	2017 年 3 月 24 日
16	贵州	《贵州省"十三五"加快残疾人同步小康进程规划》	2016 年 12 月 30 日

续表

序号	地区	法规名称	发文时间
17	云南	《云南省"十三五"加快残疾人小康进程规划纲要》	2017 年 1 月 5 日
		《云南省人民政府关于加强困境儿童保障工作的实施意见》	2016 年 12 月 29 日
18	陕西	《陕西省人民政府关于印发〈"十三五"加快残疾人小康进程规划纲要〉的通知》	2017 年 4 月 24 日
19	甘肃	《甘肃省人民政府关于加快推进残疾人小康进程的实施意见》	2015 年 9 月 10 日
20	青海	《青海省"十三五"加快残疾人小康进程规划》	2016 年 12 月 22 日
21	新疆	《关于印发〈新疆维吾尔自治区残疾人事业"十三五"发展规划〉的通知》	2017 年 3 月 2 日

**《国务院办公厅关于印发〈国家残疾预防行动计划
（2016～2020 年）〉的通知》（国办发〔2016〕66 号）**

序号	地区	法规名称	发文时间
1	北京	《关于印发〈北京市残疾预防行动计划（2017—2020 年）〉的通知》	2017 年 5 月 19 日
2	天津	《天津市落实〈国家残疾预防行动计划（2016—2020 年）〉实施方案》	2017 年 8 月 21 日
3	山西	《山西省残疾预防行动计划（2017—2020 年）》	2017 年 11 月 15 日
4	内蒙古	《内蒙古自治区人民政府办公厅关于贯彻落实〈国家残疾预防行动计划（2016—2020 年）〉的实施意见》	2017 年 2 月 21 日
5	辽宁	《辽宁省残疾预防行动计划（2017—2020 年）》	2017 年 8 月 16 日
6	江苏	《省政府办公厅关于转发省卫生厅等部门〈江苏省残疾预防行动计划（2010—2020 年）〉的通知》	2010 年 11 月 24 日
7	安徽	《安徽省残疾预防行动计划（2016—2020 年）》	2017 年 2 月 17 日
8	福建	《福建省贯彻〈国家残疾预防行动计划（2016—2020 年）〉实施方案》	2016 年 11 月 28 日
9	江西	《关于贯彻落实〈国家残疾预防行动计划（2016—2020 年）〉的实施意见》	2017 年 7 月 14 日
10	湖北	《省人民政府办公厅关于印发〈湖北省残疾预防行动计划（2017—2020 年）〉的通知》	2017 年 7 月 8 日

续表

序号	地区	法规名称	发文时间
11	广东	《广东省人民政府办公厅关于印发〈广东省残疾预防行动计划（2017—2020年）〉的通知》	2017年5月25日
12	重庆	《重庆市残疾预防行动实施方案（2016—2020年）》	2017年8月10日
13	云南	《云南省人民政府办公厅关于印发〈云南省残疾预防行动计划（2016—2020年）〉的通知》	2017年1月5日
14	陕西	《陕西省残疾预防行动计划》	2017年8月8日
15	甘肃	《甘肃省人民政府办公厅关于贯彻落实〈国家残疾预防行动计划（2016—2020年）〉的实施意见》	2017年5月15日
16	青海	《青海省残疾预防行动计划（2016—2020年）》	2017年1月25日
17	宁夏	《自治区人民政府办公厅关于印发〈宁夏回族自治区残疾预防行动计划（2016—2020年）〉的通知》	2017年7月19日

附件五　省级政策创新度政策列表

（一）省级慈善政策创新度政策列表（截至 2016 年底）

序号	地区	文件名称	发文时间
是否出台地方慈善综合性政策			
1	江苏	《江苏省慈善事业促进条例》（江苏省第十一届人民代表大会常务委员会公告第 34 号）	2010 年 1 月 21 日
2	浙江	《浙江省人民政府关于加快推进慈善事业发展的实施意见》	2015 年 11 月 18 日
3	山东	《山东省人民政府办公厅关于发挥财税政策导向作用加快公益慈善事业发展的通知》	2016 年 11 月 8 日
4	宁夏	《宁夏回族自治区慈善事业促进条例》（宁夏回族自治区人民代表大会常务委员会公告第 92 号）	2011 年 9 月 18 日
慈善组织认定与登记（是否出台本地文件）			
1	北京	《关于开展慈善组织相关工作的公告》	2016 年 9 月 5 日
2	内蒙古	《内蒙古民政厅关于开展慈善组织认定和公开募捐资格申请相关工作的通知》	2016 年 9 月 30 日
3	黑龙江	《关于开展慈善组织认定等相关工作的通知》	2016 年 11 月 12 日
4	湖北	《省民政厅关于明确慈善组织认定和登记有关工作问题的通知》	2016 年 12 月 25 日
慈善组织认定与登记（是否出台慈善组织认定办事指南）			
1	北京	《申请慈善组织认定办事指南》	2016 年 9 月 7 日
2	内蒙古	《申请自治区级慈善组织认定办事指南》	2016 年 9 月 30 日
3	辽宁	《申请慈善组织认定办事指南》	2016 年 9 月 10 日
4	黑龙江	《申请慈善组织认定办事指南》	2016 年 11 月 25 日
5	上海	《慈善组织认定（办事指南）》	2016 年 9 月 13 日
6	福建	《省级慈善组织认定服务指南》	2016 年 9 月 23 日
7	江西	《申请慈善组织认定办事指南》	2016 年 11 月 11 日
8	山东	《慈善组织认定办事指南》	2016 年 12 月 27 日

续表

序号	地区	文件名称	发文时间
9	河南	《申请慈善组织认定办事指南》	2016 年 10 月 24 日
10	湖南	《申请慈善组织认定办事指南》	2016 年 12 月 7 日
11	广东	《慈善组织认定办事指南》	2016 年 10 月 17 日
12	贵州	《慈善组织登记认定办事指南》	
13	云南	《申请慈善组织认定办事指南》	2016 年 9 月 26 日
14	青海	《申请慈善组织认定办事指南》	2016 年 10 月 14 日
15	新疆	《新疆慈善组织认定及公开募捐办事指南》	
慈善组织认定与登记（是否出台慈善组织登记办事指南）			
1	山东	《全省性基金会（慈善组织）成立登记办事指南》	2016 年 12 月 27 日
2	湖南	《申请慈善组织设立登记办事指南》	2016 年 12 月 7 日
3	广东	《慈善组织设立登记办事指南》	2016 年 10 月 17 日
慈善组织公开募捐（是否出台慈善组织申请公募资格文件）			
1	北京	《关于开展慈善组织相关工作的公告》	2016 年 9 月 5 日
2	内蒙古	《内蒙古民政厅关于开展慈善组织认定和公开募捐资格申请相关工作的通知》	2016 年 9 月 30 日
3	黑龙江	《关于开展慈善组织认定等相关工作的通知》	2016 年 11 月 12 日
4	湖北	《省民政厅关于开展慈善组织公开募捐资格申请认定工作的通知》	2016 年 12 月 25 日
慈善组织公开募捐（是否出台慈善组织申请公募资格办事指南）			
1	北京	《慈善组织申请取得公开募捐资格办事指南》	2016 年 9 月 7 日
2	内蒙古	《申请自治区级慈善组织申请取得公开募捐资格办事指南》	2016 年 9 月 30 日
3	辽宁	《慈善组织申请取得公开募捐资格办事指南》	2016 年 9 月 9 日
4	黑龙江	《黑龙江省慈善组织申请取得公开募捐资格办事指南》	2016 年 11 月 25 日
5	上海	《慈善组织申请取得公开募捐资格办事指南》	2016 年 12 月 14 日
6	福建	《省级慈善组织申请取得公开募捐资格服务指南》	2016 年 9 月 23 日
7	山东	《慈善组织申请公开募捐资格办事指南》	2016 年 12 月 27 日
8	河南	《慈善组织申请取得公开募资办事指南》	2016 年 10 月 24 日
9	湖南	《慈善组织申请取得公开募资格办事指南》	2016 年 12 月 7 日
10	广东	《慈善组织公开募捐资格办事指南》	2016 年 10 月 17 日

序号	地区	文件名称	发文时间
11	贵州	《贵州省慈善组织申请取得公开募捐资格办事指南》	2016 年 12 月 9 日
12	云南	《慈善组织申请取得公开募捐资格办事指南》	2016 年 9 月 26 日
13	青海	《慈善组织申请取得公开募捐资格办事指南》	2016 年 10 月 13 日
慈善组织公开募捐（是否出台开展公募活动备案有关文件或指南）			
1	福建	《公开募捐方案、异地公开募捐方案、变更捐赠财产用途备案服务指南》	2016 年 9 月 23 日
2	山东	《慈善组织公开募捐方案备案指南》	2016 年 7 月 15 日
社会组织监管（是否出台信息公开有关文件）			
1	北京	《北京市民政局关于印发〈北京市民办非企业单位信息公开指引〉的通知》	2015 年 10 月 15 日
		《北京市民政局关于印发〈北京市社会团体信息公开指引〉的通知》	2015 年 10 月 21 日
		《北京市民政局关于印发〈北京市基金会信息公开实施办法〉的通知》	2015 年 9 月 7 日
2	黑龙江	《黑龙江省民政厅关于遴选黑龙江省慈善组织互联网公益信息平台的公告》	2016 年 9 月 28 日
3	上海	《上海市民政局、上海市社会团体管理局关于印发上海市社会组织信息公开指引的通知》	2014 年 4 月 21 日
		《上海市民政局 上海市社会团体管理局关于印发〈上海市社会组织信息公开办法（试行）〉的通知》	2016 年 7 月 1 日
4	山东	《山东省基金会信息公开管理办法》	2014 年 1 月 14 日
社会组织监管（是否出台信用信息有关文件）			
1	北京	《北京市人民政府关于加快社会信用体系建设的实施意见》	2015 年 1 月 20 日
		《北京市民政局关于印发〈北京市民政局关于开展社会组织"诚信建设行"活动的方案〉的通知》	2016 年 9 月 21 日
		《北京市民政局关于印发〈北京市社会组织信用信息管理暂行办法〉的通知》	2016 年 2 月 1 日
		《关于推进市属社会组织诚信自律建设工作的意见》	2016 年

续表

序号	地区	文件名称	发文时间
2	天津	《天津市社会团体管理局关于全面推进我市基金会诚信建设的指导意见》	2015 年 12 月 30 日
3	山西	《山西省人民政府 关于印发山西省公共信用信息管理办法（试行）的通知》	2015 年 6 月 29 日
4	吉林	《吉林省民政厅关于印发〈吉林省民政厅关于开展行业协会商会诚信自律建设活动的实施方案〉的通知》	2015 年 8 月 26 日
5	江苏	《关于印发〈江苏省社会组织信用信息管理办法（试行）〉的通知》	2015 年 3 月 11 日
6	浙江	《浙江省民政厅关于进一步加强社会组织信用信息应用的通知》	2015 年 3 月 31 日
		《浙江省民政厅关于进一步加强民办非企业单位监督管理工作的通知（2015）》	2015 年 10 月 13 日
7	江西	《关于加强社会组织反腐倡廉及诚信自律建设工作的指导意见》	2015 年 12 月 24 日

社会组织监管（是否提出明确监管手段）

1	北京	《北京市民政局关于印发〈北京市社会组织行政约谈办法〉的通知》	2015 年 10 月 25 日
2	山西	《山西省人民政府办公厅关于进一步推进"双随机一公开"工作加强事中事后监管的通知》	2016 年 9 月 30 日
3	浙江	《浙江省民政厅关于公开征求〈浙江省民政系统双随机一公开实施方案〉和〈浙江省民政系统随机抽查办法〉意见的公告》	2016 年 11 月 18 日
		《浙江省民政厅关于印发〈浙江省社会组织失信"黑名单"管理办法（试行）〉的通知》	2016 年 12 月 27 日
4	河南	《河南省民政厅关于印发〈河南省社会组织"两随机、一公开"检查审计工作规程〉的通知》	2016 年 5 月 9 日
5	甘肃	《甘肃省民政厅关于印发〈甘肃省民政厅"双随机、一公开"实施细则〉的通知》	2016 年 12 月 24 日

慈善信托（是否出台相关文件）

序号	地区	文件名称	发文时间
1	北京	《北京市民政局关于印发〈北京市慈善信托管理办法〉的通知》	2016 年 9 月 26 日

社区社会组织（是否出台相关文件）

序号	地区	文件名称	发文时间
1	北京	《北京市民政局关于印发〈开展专业社工助推社区社会组织发展（1＋1）行动方案〉的通知》	2013 年 5 月 17 日
		《北京市民政局关于大力发展城乡社区社会组织的意见》	2014 年 1 月 3 日
		《北京市民政局关于加快"三社联动"推动基层社会治理创新的意见》	2015 年 12 月 30 日
2	天津	《天津市民政局关于加强社区社会组织建设的意见》	2013 年 4 月 22 日
3	河北	《河北省民政厅、河北省财政厅关于加快推进社区社会工作服务的实施意见》	2016 年 6 月 8 日
4	上海	《上海市政府办公厅印发鼓励本市公益性社会组织参与社区民生服务指导意见》	2009 年 10 月 9 日
		《上海社区基金会建设指引（试行）》	2015 年 6 月 18 日
		《市民政局等关于加快培育发展本市社区社会组织的若干意见（试行）》	2015 年 7 月 10 日
5	浙江	《浙江省民政厅关于进一步加强社区社会组织建设的指导意见》	2016 年 7 月 20 日
6	福建	《福建省民政厅关于大力培育发展社区社会组织的指导意见》	2014 年 5 月 9 日
7	湖南	《湖南省民政厅关于加强和创新社区社会组织发展工作的意见》	2015 年 3 月 19 日
8	陕西	《中共陕西省委办公厅 陕西省人民政府办公厅 关于加快推进"四社联动"提升社区治理水平的意见》	2016 年 11 月 29 日
		《陕西省民政厅 陕西省财政厅 关于加快推进社区社会工作服务的意见》	2016 年 12 月 14 日

社区社会组织（是否明确社区社会组织备案管理制度）

序号	地区	文件名称	发文时间
1	北京	《北京市民政局关于大力发展城乡社区社会组织的意见》	2014 年 1 月 3 日
2	天津	《天津市民政局关于加强社区社会组织建设的意见》	2013 年 4 月 22 日

续表

序号	地区	文件名称	发文时间
3	浙江	《浙江省民政厅关于进一步加强社区社会组织建设的指导意见》	2016 年 7 月 20 日
4	福建	《福建省民政厅关于大力培育发展社区社会组织的指导意见》	2014 年 5 月 9 日
5	湖南	《湖南省民政厅关于加强和创新社区社会组织发展工作的意见》	2015 年 3 月 19 日
社区社会组织（是否发展社区基金会）			
1	上海	《上海社区基金会建设指引（试行）》	2015 年 6 月 18 日
社区社会组织（是否提出明确的社区社会组织建设工作目标）			
1	北京	《北京市民政局关于大力发展城乡社区社会组织的意见》	2014 年 1 月 3 日
2	天津	《天津市民政局关于加强社区社会组织建设的意见》	2013 年 4 月 22 日
3	河北	《河北省民政厅、河北省财政厅关于加快推进社区社会工作服务的实施意见》	2016 年 6 月 8 日
4	浙江	《浙江省民政厅关于进一步加强社区社会组织建设的指导意见》	2016 年 7 月 20 日
5	福建	《福建省民政厅关于大力培育发展社区社会组织的指导意见》	2014 年 5 月 9 日
6	陕西	《中共陕西省委办公厅 陕西省人民政府办公厅 关于加快推进"四社联动"提升社区治理水平的意见》	2016 年 11 月 29 日
公益创投（是否出台相关文件）			
1	天津	《天津市民政局关于征集 2015 年天津市社会组织公益创投项目的通知》	2015 年 3 月 1 日
2	上海	《上海市民政局关于进一步规范上海社区公益创投活动的通知》	2010 年 11 月 17 日
		《市民政局关于进一步完善社区公益服务招投标（创投）管理工作的通知》	2016 年 7 月 27 日
3	江西	《2015 年江西省社会组织公益创投活动实施方案》	2015 年 4 月 9 日

（二）省级老年人政策创新度政策列表（截至 2016 年底）

老年人需求评估（是否制定统一的评估标准）

序号	地区	政策法规名称	颁布时间
1	北京	《北京市民政局、北京市卫计委、北京市老龄办关于印发〈经济困难的高龄和失能老年人居家养老服务试点区老年人能力评估办法〉的通知》（京民老龄发〔2015〕478 号）	2015 年 12 月 31 日
2	天津	《天津市民政局、天津市财政局关于推进我市养老服务评估工作的意见》（津民发〔2014〕81 号）	2014 年 11 月 4 日
3	上海	《上海市质量技术监督局关于发布上海市地方标准〈老年照护等级评估要求〉的通知》（沪质技监标〔2013〕65 号）	2013 年 2 月 8 日
4	浙江	《浙江省民政厅、浙江省卫生厅关于印发〈浙江省养老服务需求评估工作实施意见（试行）〉的通知》（浙民福〔2012〕72 号）	2012 年 4 月 25 日
5	福建	《福建省民政厅、福建省卫生和计划生育委员会关于开展养老服务需求评估工作的通知》（闽民福〔2014〕181 号）	2014 年 4 月 16 日
6	四川	《四川省民政厅、关于印发四川省养老服务评估指标体系（试行）的通知》（川民发〔2015〕2 号）	2015 年 1 月 15 日
7	甘肃	《甘肃省民政厅关于印发〈甘肃省养老服务评估暂行办法〉的通知》（甘民发〔2015〕90 号）	2015 年 6 月 15 日

老年人需求评估（是否制定建立评估人员队伍计划）

序号	地区	政策法规名称	颁布时间
1	江苏	《关于建立养老服务评估制度的意见》（苏民福〔2014〕34 号）	2014 年 11 月 16 日
2	浙江	《浙江省民政厅、浙江省卫生厅关于印发〈浙江省养老服务需求评估工作实施意见（试行）〉的通知》（浙民福〔2012〕72 号）	2012 年 4 月 25 日
3	福建	《福建省民政厅、福建省卫生和计划生育委员会关于开展养老服务需求评估工作的通知》（闽民福〔2014〕181 号）	2014 年 4 月 16 日
4	甘肃	《甘肃省民政厅关于印发〈甘肃省养老服务评估暂行办法〉的通知》（甘民发〔2015〕90 号）	2015 年 6 月 15 日

老年人需求评估（是否要求建立评估信息平台）

序号	地区	政策法规名称	颁布时间
1	天津	《天津市民政局 天津市财政局关于推进我市养老服务评估工作的意见》（津民发〔2014〕81号）	2014年11月4日
2	甘肃	《甘肃省民政厅关于印发〈甘肃省养老服务评估暂行办法〉的通知》（甘民发〔2015〕90号）	2015年6月15日

老年人需求评估（是否明确评估试点地区）

序号	地区	政策法规名称	颁布时间
1	北京	《北京市民政局、北京市卫计委、北京市老龄办关于印发〈经济困难的高龄和失能老年人居家养老服务试点区老年人能力评估办法〉的通知》（京民老龄发〔2015〕478号）	2015年12月31日
2	江苏	《关于建立养老服务评估制度的意见》（苏民福〔2014〕34号）	2014年11月16日
3	福建	《福建省民政厅、福建省卫生和计划生育委员会关于开展养老服务需求评估工作的通知》（闽民福〔2014〕181号）	2014年4月16日

长期护理保险（是否确定开展长期护理保险制度试点）

序号	地区	政策法规名称	颁布时间
1	山东	《山东省人民政府办公厅关于开展职工长期护理保险试点工作的指导意见》（鲁政办字〔2014〕85号）	2014年6月11日

高龄津贴（是否出台全省文件）

序号	地区	政策法规名称	颁布时间
1	北京	《关于印发〈北京市高龄老年人津贴发放办法〉的通知》	2008年10月16日
2	天津	《天津市城乡居民基本养老保障规定实施细则》（津政发〔2009〕22号）	2009年1月1日
3	河北	《河北省民政厅关于加快建立高龄老人生活补贴制度的指导意见》（冀民〔2012〕63号）	2012年7月27日

序号	地区	政策法规名称	颁布时间
4	山西	《山西省人民政府办公厅关于建立全省经济困难的高龄与失能老年人补贴制度及提高百岁以上老年人补贴标准的通知》（晋政办发〔2015〕116号）	2015年11月27日
5	内蒙古	《内蒙古自治区80岁以上低收入老年人高龄津贴发放管理办法》（内政办发〔2011〕127号）	2011年11月29日
6	辽宁	《关于对80至89周岁低收入老年人发放高龄津贴的通知》（辽老龄办发〔2013〕52号）	2013年7月27日
7	吉林	《吉林省人民政府关于发放高龄老年人生活津贴的通知》（吉政办明电〔2010〕148号）	2010年11月23日
8	黑龙江	《黑龙江省人民政府办公厅关于建立80周岁以上高龄老人生活津贴制度的通知》（黑政办发〔2010〕21号）	2010年5月21日
9	上海	《关于全面落实2008年市政府养老服务实事项目进一步推进本市养老服务工作的意见》（沪民福发〔2008〕5号）	2008年1月1日
10	江苏	《关于向80周岁以上老年人发放尊老金的通知》（苏民福〔2011〕6号、苏财社〔2011〕47号）	2011年3月1日
11	浙江	《关于加快实施城乡居民社会养老保险制度的意见》（浙政发〔2011〕19号）	2011年4月1日
12	福建	《福建省民政厅、福建省财政厅关于做好全省80周岁以上低保老年人高龄补贴发放工作的通知》（闽民保〔2015〕70号）	2015年3月17日
13	山东	《山东省民政厅、山东省财政厅关于为全省80周岁以上低保老年人发放高龄津贴的通知》（鲁民〔2013〕64号）	2013年9月12日
14	河南	《关于印发百岁老年人敬老补助费发放办法的通知》（豫老龄〔2001〕6号）	2001年1月1日

续表

序号	地区	政策法规名称	颁布时间
15	湖南	《中共湖南省委办公厅、湖南省人民政府办公厅关于进一步加强老年人优待工作的意见》（湘办〔2009〕67号）	2009 年 11 月 18 日
16	广东	《关于建立 80 岁以上高龄老人补（津）贴制度的通知》（粤民老〔2011〕1 号）	2011 年 4 月 26 日
17	海南	《海南省老龄办关于做好百岁以上老人"长寿保健补助金"发放管理工作的通知》（琼老龄办发〔2006〕19 号）	2006 年 7 月 1 日
18	贵州	《贵州省老龄工作委员会第五次全体会议纪要》（黔老龄议〔2005〕1 号）	2005 年
19	云南	《云南省民政厅、云南省财政厅关于认真做好 80 周岁以上老年人保健补助和百岁以上老年人长寿补助发放工作的通知》（云民办〔2009〕12 号）	2009 年 2 月 18 日
20	西藏	《关于印发寿星老人健康补贴费发放办法的通知》（藏民发〔2005〕239 号）	2005 年
21	陕西	《陕西省人民政府办公厅转发省民政厅省财政厅关于建立高龄老人补贴制度意见的通知》（陕政办发〔2010〕111 号）	2010 年 10 月 25 日
22	甘肃	《甘肃省城乡居民基本养老保险实施办法》（甘政发〔2014〕67 号）	2014 年 6 月 30 日
23	青海	《青海省人民政府办公厅转发省老龄办等部门关于建立青海省高龄补贴制度意见的通知》（青政办〔2010〕218 号）	2010 年 9 月 14 日
24	宁夏	《自治区人民政府办公厅关于建立 80 岁以上低收入老年人基本生活津贴制度的通知》	2009 年 5 月 7 日
25	新疆	《关于印发〈80 周岁以上老年人基本生活津贴制度〉和〈80 周岁以上老年人免费体检制度〉的通知》（新党办发〔2011〕31 号）	2011 年 7 月 28 日

高龄津贴（是否扩大覆盖面）

序号	地区	政策法规名称	颁布时间
1	天津	《关于实施城乡老年人生活补助过渡办法有关问题的通知》（津人社局发〔2014〕112号）	2014年12月31日
2	河南	《关于建立健全经济困难的高龄失能老人补贴制度的通知》（豫财社〔2015〕206号）	2015年12月17日
3	陕西	《陕西省民政厅 陕西省财政厅 陕西省老龄办关于调整我省高龄老人生活保健补贴标准的通知》（陕民发〔2012〕11号）	2012年5月2日
4	青海	《青海省人民政府办公厅关于扩大高龄补贴发放范围的通知》（青政办〔2012〕242号）	2012年8月28日

高龄津贴（是否提高补贴标准）

序号	地区	政策法规名称	颁布时间
1	天津	《关于调整城乡居民基础养老金和老年人生活补助标准的通知》（津人社局发〔2015〕17号）	2015年3月9日
2	河北	《河北省老年人优待办法》（河北省人民政府令〔2014〕第7号）	2014年10月17日
3	贵州	《贵州省老龄工作委员会第八次全体会议纪要》（黔老龄议〔2008〕1号）	2008年
4	陕西	《陕西省民政厅、陕西省财政厅、陕西省老龄办关于调整我省高龄老人生活保健补贴标准的通知》（陕民发〔2012〕11号）	2012年5月2日
5	青海	《关于提高全省高龄补贴标准的通知》（青民发〔2014〕30号）	2014年2月12日
6	宁夏	《关于调整高龄低收入老年人基本生活津贴发放标准的通知》（宁民发〔2015〕30号）	2015年4月1日

居家社区养老服务发展（是否编制居家社区养老服务设施规划）

序号	地区	政策法规名称	颁布时间
1	北京	《北京市养老服务设施专项规划》	2015 年 11 月 24 日
2	浙江	《浙江省民政厅关于印发〈浙江省农村居家养老服务设施建设三年推进计划〉的通知》（浙民福〔2013〕68 号）	2013 年 3 月 26 日
3	福建	《关于印发〈全省 2012 年新建千个社区居家养老服务中心（站）实施方案〉的通知》	2012 年 3 月 14 日

居家社区养老服务发展（是否出台居家社区养老服务地方规定）

序号	地区	政策法规名称	颁布时间
1	北京	《北京市居家养老服务条例》（北京市人民代表大会公告第 4 号）	2015 年 1 月 29 日
2	天津	《天津关于进一步发展我市居家养老服务的意见》（津政办发〔2011〕51 号）	2011 年 4 月 29 日
3	河北	《河北省民政厅 河北省财政厅关于加快推进居家养老服务中心建设的实施意见》（冀民〔2012〕65 号）	2012 年 9 月 7 日
4	内蒙古	《内蒙古自治区人民政府办公厅关于印发居家养老服务管理办法的通知》（内政办发〔2015〕132 号）	2015 年 12 月 14 日
5	辽宁	《关于深入推进居家养老服务工作的通知》（辽民函〔2005〕48 号）	2005 年 8 月 24 日
6	吉林	《吉林省民政厅关于推进社区居家养老服务工作的实施意见》（吉民发〔2009〕104 号）	2009 年 11 月 30 日
7	黑龙江	《关于加强居家养老服务工作的通知》（黑民福〔2012〕22 号）	2012 年 2 月 21 日
8	上海	《上海市民政局关于印发〈关于全面开展居家养老服务的意见〉的通知》（沪民事发〔2001〕23 号）	2001 年 4 月 10 日
9	江苏	《关于印发社区居家养老服务中心（站）评估指标体系的通知》（苏民老龄〔2014〕6 号）	2014 年 11 月 10 日
10	浙江	《居家养老服务与管理规范》（DB 33/T 837—2011）	2011 年 8 月 31 日

序号	地区	政策法规名称	颁布时间
11	安徽	《关于开展居家养老服务工作的意见》（皖老龄办〔2009〕1 号）	2009 年 1 月 16 日
12	福建	《关于推进居家养老服务工作的实施意见》（闽政文〔2009〕150 号）	2009 年 5 月 31 日
13	江西	《江西省居家养老服务实施细则》	2011 年 8 月 26 日
14	山东	《关于大力发展居家养老服务的意见》（鲁老办发〔2008〕42 号）	2008 年 12 月 2 日
15	河南	《关于全面推进居家养老服务工作意见》（豫民文〔2010〕224 号）	2010 年 9 月 16 日
16	湖北	《湖北省人民政府办公厅关于加快发展城乡社区居家养老服务的意见》（鄂政办发〔2012〕83 号）	2012 年 12 月 29 日
17	广东	《关于印发〈广东省居家养老服务示范活动实施方案〉的通知》（粤民福〔2010〕6 号）	2010 年 4 月 9 日
18	海南	《海南省民政厅关于开展政府购买社会组织服务社区居家养老试点工作的通知》（琼民管字〔2011〕7 号）	2011 年 11 月 17 日
19	四川	《四川省关于全面推进居家养老服务工作的意见》（川老委办发〔2008〕20 号）	2008 年 7 月 5 日
20	贵州	《贵州省人民政府办公厅转发省老龄办等部门关于积极推进居家养老服务工作意见的通知》（黔府办发〔2009〕96 号）	2009 年 9 月 29 日
21	甘肃	《甘肃省民政厅、甘肃省老龄工作委员会办公室关于加快推进全省居家养老服务网络平台建设的实施意见》	2014 年 9 月 2 日
22	宁夏	《宁夏回族自治区关于加快推进居家养老服务的意见》	2010 年 5 月 17 日
23	新疆	《新疆维吾尔自治区人民政府关于加快推进居家养老服务工作的实施意见》（新政办发〔2015〕138 号）	2015 年 10 月 13 日

居家社区养老服务发展（是否要求开展居家社区养老服务改革试点）

序号	地区	政策法规名称	颁布时间
1	北京	《关于2015年开展经济困难的高龄和失能老年人居家养老服务试点工作的通知》（京民老龄发〔2015〕228号）	2015年12月30日
2	天津	《关于印发天津市老龄事业发展"十二五"规划的通知》（津政办发〔2012〕76号）	2012年7月1日
3	上海	《上海市民政局关于印发〈关于全面开展居家养老服务的意见〉的通知》（沪民事发〔2001〕23号）	2001年4月10日
4	安徽	《安徽省民政厅开展解决养老服务业发展突出问题专项行动方案》（皖民福字〔2015〕132号）	2015年10月12日
5	江西	《江西省民政厅、江西省老龄办关于在全省开展居家养老服务试点工作的意见》（赣民发〔2009〕15号）	2009年12月4日
6	山东	《关于开展养老服务业突破年活动的通知》（鲁老办发〔2011〕11号）	2011年3月30日
7	湖北	《关于印发〈湖北省老龄事业发展"十二五"规划〉的通知》（鄂政发〔2012〕38号）	2012年4月30日
8	海南	《海南省民政厅关于开展政府购买社会组织服务社区居家养老试点工作的通知》（琼民管字〔2011〕7号）	2011年11月17日

居家社区养老服务发展（是否出台建立老年人助餐服务体系的专项文件）

序号	地区	政策法规名称	颁布时间
1	北京	《关于2015年开展养老助餐服务体系试点建设工作的通知》（京民老龄发〔2015〕217号）	2015年6月29日
2	江苏	《关于开展社区老年人助餐点项目建设的通知》（苏民老龄〔2015〕2号）	2015年3月11日

居家社区养老服务发展（是否明确社区居家养老服务设施开展社会化运营）

序号	地　区	政策法规名称	颁布时间
1	河北	《河北省民政厅、河北省财政厅关于加快推进居家养老服务中心建设的实施意见》（冀民〔2012〕65号）	2012年9月7日
2	山西	《山西省人民政府关于支持社会力量发展养老服务业若干措施的通知》（晋政发〔2015〕39号）	2015年10月11日
3	内蒙古	《内蒙古自治区人民政府关于加快发展养老服务业的实施意见》（内政发〔2014〕57号）	2014年5月21日
4	辽宁	《辽宁省人民政府关于加快推进社会养老服务体系建设的意见》（辽政办发〔2012〕40号）	2012年7月22日
5	吉林	《关于鼓励和支持民间资本参与养老服务发展的实施意见》（吉民发〔2015〕37号）	2015年7月17日
6	黑龙江	《黑龙江省人民政府办公厅转发省民政厅关于开展"社会养老服务体系建设连续推进年（2012—2015年）"活动暨启动"敬老爱老助老工程"工作方案的通知》（黑政办发〔2012〕60号）	2012年7月26日
7	江苏	《中共江苏省委江苏省人民政府关于加快我省老龄事业发展的意见》（苏发〔2009〕5号）	2009年12月1日
8	浙江	《浙江省人民政府关于深化完善社会养老服务体系建设的意见》（浙政发〔2011〕101号）	2011年12月15日
9	安徽	《关于开展居家养老服务工作的意见》（皖老龄办〔2009〕1号）	2009年1月16日
10	福建	《福建省人民政府关于加快发展养老服务业的实施意见》（闽政〔2014〕3号）	2014年1月19日
11	江西	《江西省人民政府关于加快养老服务事业发展的若干意见》（赣府发〔2010〕24号）	2010年7月20日
12	山东	《关于开展养老服务业突破年活动的通知》（鲁老办发〔2011〕11号）	2011年3月30日
13	河南	《河南省人民政府关于加快发展养老服务业的意见》（豫政文〔2014〕24号）	2014年3月12日

续表

序号	地 区	政策法规名称	颁布时间
14	湖北	《湖北省关于进一步加强老龄工作的意见》（鄂发〔2011〕21号）	2011年7月14日
15	湖南	《湖南省人民政府办公厅关于印发〈湖南省老龄事业发展"十二五"规划〉的通知》（湘政办发〔2012〕110号）	2012年11月26日
16	广东	《广东省人民政府办公厅印发〈关于加快社会养老服务事业发展的意见〉的通知》（粤府办〔2012〕73号）	2012年7月13日
17	广西	《广西壮族自治区人民政府关于促进养老服务业加快发展的实施意见》（桂政发〔2014〕58号）	2014年9月19日
18	海南	《海南省人民政府办公厅关于加快推进养老服务体系建设的意见》（琼府办〔2010〕160号）	2010年11月26日
19	重庆	《重庆市人民政府关于加快推进养老服务业发展的意见》（渝府发〔2014〕16号）	2014年4月21日
20	四川	《四川省人民政府办公厅关于印发〈四川省"十二五"社会养老服务体系建设规划〉的通知》（川办发〔2012〕43号）	2012年7月9日
21	贵州	《贵州省人民政府关于加快发展养老服务业的实施意见》（黔府发〔2014〕17号）	2014年5月26日
22	云南	《云南省人民政府关于加快发展养老服务业的实施意见》（云政发〔2014〕64号）	2014年12月3日
23	西藏	《西藏自治区人民政府关于加快发展养老服务业的实施意见》（藏政发〔2015〕37号）	2015年5月7日
24	陕西	《陕西省人民政府办公厅关于印发〈社会养老服务体系建设规划（2011—2015年）〉的通知》（陕政办发〔2012〕57号）	2012年5月30日
25	甘肃	《甘肃省人民政府关于加快发展养老服务业的实施意见》（甘政发〔2014〕50号）	2014年4月30日

续表

序号	地 区	政策法规名称	颁布时间
26	青海	《青海省人民政府关于加快发展养老服务业的实施意见》（青政〔2014〕33号）	2014年5月16日
27	宁夏	《宁夏回族自治区关于加快推进居家养老服务的意见》	2010年5月17日
28	新疆	《关于加快推进社会养老服务体系建设的意见》（新政发〔2012〕87号）	2012年10月12日

公办养老机构改革（是否确定公办养老机构改革过渡时间）

序号	地区	政策法规名称	颁布时间
1	天津	《关于加快我市养老服务业发展的意见》（津政发〔2008〕27号）	2008年3月29日

公办养老机构改革（是否明确政府运营的养老床位数占比）

序号	地区	政策法规名称	颁布时间
1	天津	《关于加快我市养老服务业发展的意见》（津政发〔2008〕27号）	2008年3月29日
2	内蒙古	《关于印发〈内蒙古自治区民政厅2013年推进养老服务体系建设工作计划〉的通知》（内民政社福〔2013〕67号）	2013年3月7日
3	辽宁	《辽宁省人民政府关于加快推进社会养老服务体系建设的意见》（辽政办发〔2012〕40号）	2012年7月22日
4	吉林	《吉林省人民政府关于加快养老服务业发展的实施意见》（吉政发〔2014〕9号）	2014年4月8日
5	黑龙江	《黑龙江省人民政府办公厅转发省民政厅关于开展"社会养老服务体系建设连续推进年（2012—2015年）"活动暨启动"敬老爱老助老工程"工作方案的通知》（黑政办发〔2012〕60号）	2012年7月26日
6	江苏	《江苏省政府关于加快发展养老服务业完善养老服务体系的实施意见》（苏政发〔2014〕39号）	2014年4月2日
7	浙江	《浙江省人民政府关于深化完善社会养老服务体系建设的意见》（浙政发〔2011〕101号）	2011年12月15日

续表

序号	地区	政策法规名称	颁布时间
8	安徽	《安徽省人民政府关于加快推进养老服务体系建设的决定》（皖政〔2011〕20号）	2011年2月17日
9	新疆	《关于加快发展养老服务业的实施意见》（新政发〔2014〕19号）	2014年3月16日

公办养老机构改革（是否制定养老机构或设施公建民营实施办法）

序号	地区	政策法规名称	颁布时间
1	北京	《北京市养老机构公建民营实施办法》（京民福发〔2015〕268号）	2015年7月22日
2	天津	《关于推进我市公办养老机构公建民营的意见》（津民发〔2014〕82号）	2014年11月7日
3	内蒙古	《关于开展公办养老机构改革试点工作的通知》（内民政社福〔2014〕15号）	2014年1月16日
4	福建	《关于加强公建民营养老机构管理的意见》（闽民福〔2014〕400号）	2014年9月9日
5	河南	《河南省民政厅关于开展公办养老机构改革试点工作的指导意见》（豫民文〔2014〕20号）	2014年1月22日
6	湖北	《关于印发〈湖北省社会福利机构民办公助办法（试行）〉和〈湖北省社会福利机构公办民营指导意见（试行）〉的通知》（鄂民政发〔2014〕100号）	2004年12月6日
7	四川	《四川省民政厅关于开展公办养老机构改革试点工作的通知》（川民发〔2014〕1号）	2014年1月6日

医养结合（是否制定医养结合基本服务规范）

序号	地区	政策法规名称	颁布时间
1	北京	《养老机构医务室服务质量控制规范》（DB11/T 220—2004）	2004年1月8日
2	山东	《医疗养老结合基本服务规范》（DB37/T2721—2015）	2015年11月27日

医养结合（是否将养老机构纳入医保定点结算）

序号	地区	政策法规名称	颁布时间
1	北京	《北京市人民政府关于加快推进养老服务业发展的意见》（京政发〔2013〕32号）	2013年10月12日
2	天津	《关于加快我市养老服务业发展的意见》（津政发〔2008〕27号）	2008年3月29日
3	山西	《山西省人民政府办公厅关于加快推进全省社会养老服务体系建设的意见》（晋政办发〔2012〕52号）	2012年7月20日
4	内蒙古	《内蒙古自治区人民政府关于加快发展养老服务业的实施意见》（内政发〔2014〕57号）	2014年5月21日
5	辽宁	《辽宁省人民政府关于加快推进社会养老服务体系建设的意见》（辽政办发〔2012〕40号）	2012年7月22日
6	吉林	《吉林省人民政府关于加快推进养老服务业发展的意见》（吉政发〔2012〕4号）	2012年1月29日
7	黑龙江	《黑龙江省人民政府关于加快发展养老服务业的实施意见》（黑政发〔2014〕9号）	2014年6月5日
8	上海	《关于印发〈关于全面推进本市医养结合发展的若干意见〉的通知》（沪民福发〔2015〕19号）	2015年8月18日
9	江苏	《关于全面推进医养融合发展的意见》（苏民福〔2014〕26号）	2014年8月29日
10	浙江	《浙江省人民政府关于加快推进养老服务体系建设的意见》（浙政发〔2008〕72号）	2008年11月14日
11	安徽	《安徽省人民政府关于加快发展养老服务业的实施意见》（皖政〔2014〕60号）	2014年7月28日
12	福建	《福建省人民政府关于加快社会养老服务体系建设的意见》（闽政〔2012〕31号）	2012年5月19日
13	江西	《江西省人民政府关于加快养老服务事业发展的若干意见》（赣府发〔2010〕24号）	2010年7月20日
14	山东	《山东省人民政府关于加快社会养老服务体系建设的意见》（鲁政发〔2012〕50号）	2012年12月5日

续表

序号	地区	政策法规名称	颁布时间
15	河南	《河南省人民政府关于加快发展养老服务业的意见》（豫政文〔2014〕24号）	2014年3月12日
16	湖北	《湖北省人民政府关于加快发展养老服务业的意见》（鄂政发〔2014〕30号）	2014年6月29日
17	湖南	《湖南省人民政府关于加快发展养老服务业的意见》（湘政发〔2011〕19号）	2011年7月6日
18	广东	《广东省人民政府办公厅印发关于加快社会养老服务事业发展的意见的通知》（粤府办〔2012〕73号）	2012年7月13日
19	广西	《广西壮族自治区加快推进社会养老服务体系建设的意见》（桂民发〔2012〕137号）	2012年12月27日
20	海南	《海南省人民政府办公厅关于加快推进养老服务体系建设的意见》（琼府办〔2010〕160号）	2010年11月26日
21	重庆	《重庆市人民政府关于加快推进养老服务业发展的意见》（渝府发〔2014〕16号）	2014年4月21日
22	四川	《四川省人民政府办公厅转发民政厅〈关于加快发展养老服务业的意见〉的通知》（川办发〔2012〕59号）	2012年9月25日
23	贵州	《贵州省人民政府关于加快发展养老服务业的实施意见》（黔府发〔2014〕17号）	2014年5月26日
24	云南	《云南省人民政府关于加快发展养老服务业的实施意见》（云政发〔2014〕64号）	2014年12月3日
25	陕西	《陕西省人民政府办公厅关于鼓励和引导社会资本进入养老服务领域的若干意见》（陕政办发〔2013〕82号）	2013年11月13日
26	甘肃	《甘肃省人民政府关于加快发展养老服务业的实施意见》（甘政发〔2014〕50号）	2014年4月30日
27	青海	《青海省人民政府关于加快发展养老服务业的实施意见》（青政〔2014〕33号）	2014年5月16日
28	新疆	《关于加快推进社会养老服务体系建设的意见》（新政发〔2012〕87号）	2012年10月12日

医养结合（是否确定开展医养结合试点）

序号	地区	政策法规名称	颁布时间
1	山西	《山西省卫生和计划生育委员会、山西省民政厅关于推进医疗机构与养老服务融合发展的指导意见》（晋卫医发〔2014〕62 号）	2014 年 10 月 16 日
2	黑龙江	《关于加快推进医养结合发展的指导意见》（黑民福〔2015〕157 号）	2015 年 11 月 4 日
3	贵州	《贵州省人民政府关于加快发展养老服务业的实施意见》（黔府发〔2014〕17 号）	2014 年 5 月 26 日

医养结合（是否出台促进中医药健康养老服务发展的专项文件）

序号	地区	政策法规名称	颁布时间
1	陕西	《陕西省人民政府办公厅关于促进中医药健康服务发展的实施意见》（陕政办发〔2015〕93 号）	2015 年 9 月 30 日

老年宜居环境（是否出合适老化改造的专项规划）

序号	地区	政策法规名称	颁布时间
1	内蒙古	《关于印发〈内蒙古自治区资助农村牧区敬老院改造提升工程项目实施方案〉的通知》	2014 年 4 月 3 日
2	上海	《关于开展 2012 年市政府实事项目"为 1000 个低保困难老年人家庭提供居室适老改造服务"的通知》（沪民老工发〔2012〕6 号）	2012 年 3 月 21 日
3	四川	《四川省住建厅、民政厅、财政厅、残联关于转发〈住房城乡建设部等部门关于加强老年人家庭及居住区公共服务设施无障碍化改造工作的通知〉的通知》（川建标发〔2015〕125 号）	2015 年 2 月 6 日
4	青海	《青海省老年人家庭和社区无障碍建设专项规划（2016—2020）》	2016 年 9 月 8 日

老年宜居环境（是否明确合适老化改造的专项资金）

序号	地区	政策法规名称	颁布时间
1	河北	《河北省人民政府关于加快发展养老服务业的实施意见（冀政〔2014〕67号）》	2014年6月24日
2	山西	《山西省人民政府关于加快发展养老服务业的意见》（晋政发〔2014〕16号）	2014年6月5日
3	内蒙古	《关于印发〈内蒙古自治区资助农村牧区敬老院改造提升工程项目实施方案〉的通知》	2014年4月3日
4	辽宁	《辽宁省人民政府办公厅关于印发加快养老服务业发展若干政策的通知》（辽政办发〔2014〕46号）	2014年10月2日
5	上海	《关于开展2012年市政府实事项目"为1000个低保困难老年人家庭提供居室适老改造服务"的通知》（沪民老工发〔2012〕6号）	2012年3月21日
6	浙江	《浙江省人民政府关于加快发展养老服务业的实施意见》（浙政发〔2014〕13号）	2014年4月23日
7	福建	《福建省人民政府关于加快发展养老服务业的实施意见》（闽政〔2014〕3号）	2014年1月19日
8	湖南	《湖南省人民政府关于加快发展养老服务业的意见》（湘政发〔2014〕22号）	2014年7月16日
9	广东	《广东省人民政府关于加快发展养老服务业的实施意见》（粤府〔2015〕25号）	2015年2月16日
10	贵州	《贵州省人民政府关于加快发展养老服务业的实施意见》（黔府发〔2014〕17号）	2014年5月26日
11	甘肃	《甘肃省人民政府关于加快发展养老服务业的实施意见》（甘政发〔2014〕50号）	2014年4月30日
12	青海	《青海省人民政府关于加快发展养老服务业的实施意见》（青政〔2014〕33号）	2014年5月16日

金融支持养老（是否出台金融支持养老服务发展的专项文件）

序号	地区	政策法规名称	颁布时间
1	江苏	《关于金融支持养老服务业发展的意见》（苏金融办发〔2014〕85号）	2014年12月3日
2	河南	《河南省人民政府关于推广运用政府和社会资本合作模式的指导意见》（豫政〔2014〕89号）	2014年11月27日
3	湖南	《关于信贷扶持养老服务业发展的指导意见》（湘民发〔2015〕7号）	2015年2月26日

金融支持养老（是否设立产业投资引导基金）

序号	地区	政策法规名称	颁布时间
1	北京	《北京市人民政府关于加快推进养老服务业发展的意见》（京政发〔2013〕32号）	2013年10月12日
2	吉林	《关于印发〈吉林省省级养老服务业发展引导专项资金管理暂行办法〉的通知》（吉财社〔2014〕307号）	2014年12月18日
3	江苏	《江苏省政府关于加快发展养老服务业完善养老服务体系的实施意见》（苏政发〔2014〕39号）	2014年4月2日
4	河南	《河南省人民政府办公厅关于印发〈养老健康产业发展示范园区（基地）规划建设推进计划〉的通知》（豫政办〔2015〕123号）	2015年9月29日
5	广西	《广西壮族自治区人民政府关于建设养老服务业综合改革试验区的意见》（桂政发〔2015〕33号）	2015年7月5日
6	海南	《海南省人民政府办公厅关于印发〈海南省促进健康服务业发展实施方案（2015—2020年）〉的通知》（琼府办〔2015〕165号）	2015年9月7日
7	重庆	《关于促进健康服务业发展的意见》（渝府发〔2014〕14号）	2014年4月2日
8	四川	《关于印发〈四川省养老与健康服务业发展规划（2015—2020年）〉的通知》（川办发〔2015〕96号）	2015年11月20日
9	云南	《云南省人民政府关于促进健康服务业发展的实施意见》（云政发〔2014〕57号）	2014年10月14日
10	新疆	《关于加快发展养老服务业的实施意见》（新政发〔2014〕19号）	2014年3月16日

养老服务人才队伍建设（是否明确从业人员补贴标准）

序号	地区	政策法规名称	颁布时间
1	天津	《关于加快我市养老服务业发展的意见》（津政发〔2008〕27号）	2008年3月19日
2	内蒙古	《内蒙古自治区人民政府关于加快发展养老服务业的实施意见》（内政发〔2014〕57号）	2014年5月21日
3	江苏	《江苏省政府关于加快发展养老服务业完善养老服务体系的实施意见》（苏政发〔2014〕39号）	2014年4月2日
4	山东	《山东省人民政府关于加快发展养老服务业的意见》（鲁政发〔2014〕11号）	2014年5月26日

养老服务人才队伍建设（是否明确培训补贴或职业技能鉴定补贴标准）

序号	地区	政策法规名称	颁布时间
1	北京	《关于印发〈北京市职业培训补贴资金管理办法（试行）〉的通知》（京人社能发〔2010〕233号）	2010年10月8日
2	天津	《天津市人力社保局市财政局关于印发天津市职业培训补贴办法的通知》（津人社局发〔2015〕84号）	2015年10月27日
3	吉林	《关于加强全省养老护理员培训工作的实施意见》（吉民发〔2013〕10号）	2013年
4	黑龙江	《黑龙江省人民政府办公厅关于支持民办养老产业发展的意见》（黑政办发〔2014〕50号）	2014年10月17日
5	山东	《山东省民政厅、山东省财政厅、山东省人力资源和社会保障厅关于加强养老护理员培训工作的意见》（鲁民〔2012〕73号）	2012年8月16日
6	湖南	《湖南省民政厅、人力资源社会保障厅和财政厅关于在全省开展养老服务职业培训和技能鉴定工作的通知》（湘民发〔2013〕28号）	2013年5月22日
7	福建	《福建省养老护理从业人员岗位培训专项资金管理办法》（闽财社〔2015〕44号）	2015年7月10日
8	江西	《江西省人民政府关于加快发展养老服务业的实施意见》（赣府发〔2014〕15号）	2014年5月23日

序号	地区	政策法规名称	颁布时间
9	海南	《海南省人民政府关于加快发展养老服务业的实施意见》（琼府〔2014〕32号）	2014年7月17日
10	贵州	《贵州省人民政府关于加快发展养老服务业的实施意见》（黔府发〔2014〕17号）	2014年5月26日
11	宁夏	《宁夏回族自治区人民政府关于加快发展养老服务业的实施意见》（宁政发〔2014〕44号）	2014年5月26日

养老服务人才队伍建设（是否明确中高职、普通本科学生入职奖补标准）

序号	地区	政策法规名称	颁布时间
1	浙江	《浙江省民政厅、浙江省财政厅、浙江省教育厅关于印发〈浙江省老年服务与管理类专业毕业学生入职奖补办法〉的通知》（浙民福〔2013〕113号）	2013年5月10日

养老服务人才队伍建设（是否有养老护理员培训计划）

序号	地区	政策法规名称	颁布时间
1	北京	《关于开展居家养老护理员培训试点工作的通知》（京民老龄发〔2015〕215号）	2015年6月17日
2	天津	《关于进一步加强养老机构院长和护理员培训工作的通知》（津民发〔2010〕31号）	2010年3月31日
3	吉林	《关于加强全省养老护理员培训工作的实施意见》（吉民发〔2013〕10号）	2013年
4	江苏	《江苏省养老护理员培训实施方案（2012—2015年）》（苏民福〔2012〕24号）	2012年
5	浙江	《关于加强养老护理人员教育培训工作的意见》（浙政办发〔2012〕138号）	2012年10月29日
6	安徽	《安徽省养老服务机构从业人员培训实施方案》（皖民福函〔2014〕560号）	2014年
7	福建	《关于开展养老护理从业人员职业技能培训推行国家职业资格证书制度的通知》（闽民福〔2013〕31号）	2013年1月23日

续表

序号	地区	政策法规名称	颁布时间
8	山东	《关于推进养老服务业人才培养工作的实施意见》（鲁教高字〔2014〕23号）	2014年11月11日
9	河南	《关于加强全省养老护理人员教育培训工作通知》（豫民文〔2015〕108号）	2015年4月8日
10	湖南	《湖南省民政厅、人力资源社会保障厅和财政厅关于在全省开展养老服务职业培训和技能鉴定工作的通知》（湘民发〔2013〕28号）	2013年5月22日

养老服务标准化（是否制定养老机构人员配比标准）

序号	地区	政策法规名称	颁布时间
1	黑龙江	《黑龙江省民政厅关于印发〈黑龙江省示范化规范化养老服务机构评定标准〉的通知》（黑民福〔2011〕92号）	2011年6月12日
2	上海	《养老机构设施与服务要求》（DB31/T 685—2013）	2013年3月1日
3	内蒙古	《关于印发〈内蒙古自治区资助农村牧区敬老院改造提升工程项目实施方案〉的通知》	2014年4月3日
4	安徽	《养老机构安全应急预防与控制规范（征求意见稿）》	2015年12月2日
5	湖北	《湖北省养老服务机构服务质量规范（试行）》（鄂民规发〔2010〕5号）	2010年12月20日
6	广东	《广东省民政厅关于印发〈广东省养老机构规范化建设指引〉的通知》（粤民福〔2012〕33号）	2012年12月5日
7	广西	《养老机构服务质量规范（征求意见稿）》	2015年8月
8	重庆	《重庆市养老机构管理服务标准（试行）》（渝民发〔2014〕97号）	2014年7月4日
9	陕西	《陕西省社会养老服务机构服务质量基本规范》	2011年8月30日
10	宁夏	《自治区人民政府办公厅关于印发〈宁夏回族自治区社会养老服务体系建设规划（2011—2015年）〉等三个专项规划的通知》	2012年4月1日
11	新疆	《关于加快推进社会养老服务体系建设的意见》（新政发〔2012〕87号）	2012年10月12日

养老服务标准化（是否制定养老机构等级评定标准）

序号	地区	政策法规名称	颁布时间
1	北京	《养老机构服务质量星级划分与评定》（DB11/T 219—2004）	2004 年 1 月 8 日
2	河北	《河北省养老服务机构星级评定标准（试行）》（冀民〔2011〕72 号）	2011 年 8 月 20 日
3	内蒙古	《内蒙古自治区养老服务机构等级评定办法（试行）》（内民政社福〔2014〕57 号）	2014 年 12 月 24 日
4	辽宁	《养老机构服务质量星级划分》（DB21/T 2344—2014）	2014 年 2 月 19 日
5	黑龙江	《关于印发〈全省示范化、规范化养老服务机构评定实施方案〉的通知》（黑民福〔2012〕76 号）	2012 年 5 月 2 日
6	福建	《福建省养老服务机构等级评定办法（试行）》（闽民福〔2014〕455 号）	2014 年 10 月 23 日
7	山东	《养老机构等级划分》（DB37/T 2719—2015）	2015 年 11 月 27 日
8	河南	《河南省养老服务机构服务质量星级划分与评定标准》	2012 年 2 月 10 日
9	湖北	《湖北省养老服务机构等级评定办法（试行）》（鄂民规发〔2011〕4 号）	2011 年 9 月 2 日
10	四川	《四川省农村五保供养服务机构等级达标试行标准》	2013 年 3 月 15 日
11	贵州	《关于印发〈贵州省星级农村敬老院评定办法（试行）〉〈贵州省星级农村敬老院评定标准（试行）〉的通知》（黔民发〔2012〕23 号）	2012 年 7 月 6 日
12	青海	《青海省敬老院星级评定办法（试行）》	2012 年 5 月 10 日

养老服务标准化（是否出台社区居家养老服务规范）

序号	地区	政策法规名称	颁布时间
1	天津	《居家养老社区服务规范》（DB12/T 488—2013）	2013 年 7 月 1 日
2	河北	《居家养老服务质量规范》（DB 13/T 1838—2013）	2013 年 12 月 24 日
3	山西	《家庭养老服务规范》（DB14/T 1033—2014）	2014 年 12 月 28 日
4	辽宁	《社区居家养老服务规范》（DB21／T 2044—2012）	2012 年 12 月 17 日
5	吉林	《居家养老服务与管理规范》（DB22/T 1807—2013）	2013 年 4 月 8 日
6	上海	《社区居家养老服务规范》（DB31/T 461—2009）	2010 年 2 月 1 日

续表

序号	地区	政策法规名称	颁布时间
7	江苏	《居家养老服务规范》（DB32/T 1644—2010）	2010 年 8 月 25 日
8	浙江	《居家养老服务与管理规范》（DB 33/T 837—2011）	2011 年 8 月 31 日
9	福建	《社区居家养老服务规范》（DB35/T 1104—2011）	2011 年 1 月 17 日
10	山东	《社区居家养老服务标准体系》（DB37/T 1934—2011）	2011 年 10 月 14 日
11	广东	《社区居家养老服务规范》（DB44/T 1518—2015）	2015 年 1 月 30 日
12	甘肃	《居家养老服务管理规范》（DB62/T 2582—2015）、《社区养老服务管理规范》（DB62/T 2583—2015）	2015 年 8 月 12 日

老年人需求评估（是否制定统一的评估标准）

序号	地区	政策法规名称	颁布时间
1	北京	《北京市民政局、北京市卫计委、北京市老龄办关于印发〈经济困难的高龄和失能老年人居家养老服务试点区老年人能力评估办法〉的通知》（京民老龄发〔2015〕478 号）	2015 年 12 月 31 日
2	天津	《天津市民政局、天津市财政局关于推进我市养老服务评估工作的意见》（津民发〔2014〕81 号）	2014 年 11 月 4 日
3	上海	《上海市质量技术监督局关于发布上海市地方标准〈老年照护等级评估要求〉的通知》（沪质技监标〔2013〕65 号）	2013 年 2 月 8 日
4	浙江	《浙江省民政厅、浙江省卫生厅关于印发〈浙江省养老服务需求评估工作实施意见（试行）〉的通知》（浙民福〔2012〕72 号）	2012 年 4 月 25 日
5	福建	《福建省民政厅、福建省卫生和计划生育委员会关于开展养老服务需求评估工作的通知》（闽民福〔2014〕181 号）	2014 年 4 月 16 日
6	广东	《广东省民政厅、广东省财政厅、广东省卫生计生委关于开展养老服务评估工作的实施意见》（粤民发〔2016〕43 号）	2016 年 3 月 22 日

序号	地区	政策法规名称	颁布时间
7	四川	《四川省民政厅关于印发〈四川省养老服务评估指标体系（试行）〉的通知》（川民发〔2015〕2号）	2015年1月5日
8	甘肃	《甘肃省民政厅关于印发〈甘肃省养老服务评估暂行办法〉的通知》（甘民发〔2015〕90号）	2015年6月15日

老年人需求评估（是否制定建立评估人员队伍计划）

序号	地区	政策法规名称	颁布时间
1	上海	《关于印发〈上海市长期护理保险需求评估实施办法（试行）〉的通知》（沪人社医监发〔2016〕58号）	2016年12月30日
2	江苏	《关于建立养老服务评估制度的意见》（苏民福〔2014〕34号）	2014年11月16日
3	浙江	《浙江省民政厅、浙江省卫生厅关于印发〈浙江省养老服务需求评估工作实施意见（试行）〉的通知》（浙民福〔2012〕72号）	2012年4月25日
4	福建	《福建省民政厅、福建省卫生和计划生育委员会关于开展养老服务需求评估工作的通知》（闽民福〔2014〕181号）	2014年4月16日
5	广东	《广东省民政厅、广东省财政厅 广东省卫生计生委关于开展养老服务评估工作的实施意见》（粤民发〔2016〕43号）	2016年3月22日
6	甘肃	《甘肃省民政厅关于印发〈甘肃省养老服务评估暂行办法〉的通知》（甘民发〔2015〕90号）	2015年6月15日

老年人需求评估（是否要求建立评估信息平台）

序号	地区	政策法规名称	颁布时间
1	天津	《天津市民政局 天津市财政局关于推进我市养老服务评估工作的意见》（津民发〔2014〕81号）	2014年11月4日
2	上海	《关于印发〈上海市长期护理保险需求评估实施办法（试行）〉的通知》（沪人社医监发〔2016〕58号）	2016年12月30日

续表

序号	地区	政策法规名称	颁布时间
3	广东	《广东省民政厅、广东省财政厅、广东省卫生计生委关于开展养老服务评估工作的实施意见》（粤民发〔2016〕43号）	2016年3月22日
4	甘肃	《甘肃省民政厅关于印发〈甘肃省养老服务评估暂行办法〉的通知》（甘民发〔2015〕90号）	2015年6月15日

老年人需求评估（是否明确评估试点地区）

序号	地区	政策法规名称	颁布时间
1	北京	《北京市民政局、北京市卫计委、北京市老龄办关于印发〈经济困难的高龄和失能老年人居家养老服务试点区老年人能力评估办法〉的通知》（京民老龄发〔2015〕478号）	2015年12月31日
2	江苏	《关于建立养老服务评估制度的意见》（苏民福〔2014〕34号）	2014年11月16日
3	福建	《福建省民政厅、福建省卫生和计划生育委员会关于开展养老服务需求评估工作的通知》（闽民福〔2014〕181号）	2014年4月16日
4	广东	《广东省民政厅、广东省财政厅、广东省卫生计生委关于开展养老服务评估工作的实施意见》（粤民发〔2016〕43号）	2016年3月22日

长期护理保险（是否确定开展长期护理保险制度试点）

序号	地区	政策法规名称	颁布时间
1	上海	《上海市民政局关于明确养老服务机构开展长期护理保险服务有关事项的通知》（沪民老工发〔2016〕29号）	2016年12月28日
2	山东	《山东省人民政府办公厅关于开展职工长期护理保险试点工作的指导意见》（鲁政办字〔2014〕85号）	2014年6月11日

长期护理保险（试点文件是否将生活照料纳入护理险）

序号	地区	政策法规名称	颁布时间
1	上海	《关于印发〈长期护理保险服务项目清单和相关服务标准、规范（试行）〉的通知》（沪民福发〔2016〕46号）	2016年12月30日

高龄津贴（是否出台全省文件）

序号	地区	政策法规名称	颁布时间
1	北京	《关于印发〈北京市高龄老年人津贴发放办法〉的通知》	2008年10月16日
2	天津	《天津市城乡居民基本养老保障规定实施细则》（津政发〔2009〕22号）	2009年1月1日
3	河北	《河北省民政厅关于加快建立高龄老人生活补贴制度的指导意见》（冀民〔2012〕63号）	2012年7月27日
4	山西	《山西省人民政府办公厅关于建立全省经济困难的高龄与失能老年人补贴制度及提高百岁以上老年人补贴标准的通知》（晋政办发〔2015〕116号）	2015年11月27日
5	内蒙古	《内蒙古自治区80岁以上低收入老年人高龄津贴发放管理办法》（内政办发〔2011〕127号）	2011年11月29日
6	辽宁	《关于对80至89周岁低收入老年人发放高龄津贴的通知》（辽老龄办发〔2013〕52号）	2013年7月27日
7	吉林	《吉林省人民政府关于发放高龄老年人生活津贴的通知》（吉政办明电〔2010〕148号）	2010年11月23日
8	黑龙江	《黑龙江省人民政府办公厅关于建立80周岁以上高龄老人生活津贴制度的通知》（黑政办发〔2010〕21号）	2010年5月21日
9	上海	《关于全面落实2008年市政府养老服务实事项目进一步推进本市养老服务工作的意见》（沪民福发〔2008〕5号）	2008年1月1日
10	江苏	《关于向80周岁以上老年人发放尊老金的通知》（苏民福〔2011〕6号、苏财社〔2011〕47号）	2011年3月1日

续表

序号	地区	政策法规名称	颁布时间
11	浙江	《关于加快实施城乡居民社会养老保险制度的意见》（浙政发〔2011〕19号）	2011年4月1日
12	安徽	《社会养老服务体系建设实施办法》（皖民生办〔2016〕1号）	2016年1月1日
13	福建	《福建省民政厅、福建省财政厅关于做好全省80周岁以上低保老年人高龄补贴发放工作的通知》（闽民保〔2015〕70号）	2015年3月17日
14	江西	《关于进一步做好我省80周岁以上高龄老年人津贴发放工作的通知（赣老龄办发〔2016〕15号）》	2016年11月22日
15	山东	《山东省民政厅、山东省财政厅关于为全省80周岁以上低保老年人发放高龄津贴的通知》（鲁民〔2013〕64号）	2013年9月12日
16	河南	《关于印发百岁老年人敬老补助费发放办法的通知》（豫老龄〔2001〕6号）	2001年1月1日
17	湖南	《中共湖南省委办公厅 湖南省人民政府办公厅关于进一步加强老年人优待工作的意见》（湘办〔2009〕67号）	2009年11月18日
18	广东	《关于建立80岁以上高龄老人补（津）贴制度的通知》（粤民老〔2011〕1号）	2011年4月26日
19	海南	《海南省老龄办关于做好百岁以上老人"长寿保健补助金"发放管理工作的通知》（琼老龄办发〔2006〕19号）	2006年7月1日
20	贵州	《贵州省老龄工作委员会第五次全体会议纪要》（黔老龄议〔2005〕1号）	2005年
21	云南	《云南省民政厅、云南省财政厅关于认真做好80周岁以上老年人保健补助和百岁以上老年人长寿补助发放工作的通知》（云民办〔2009〕12号）	2009年2月18日
22	西藏	《关于印发寿星老人健康补贴费发放办法的通知》（藏民发〔2005〕239号）	2005年

序号	地区	政策法规名称	颁布时间
23	陕西	《陕西省人民政府办公厅转发省民政厅省财政厅关于建立高龄老人补贴制度意见的通知》（陕政办发〔2010〕111号）	2010年10月25日
24	甘肃	《甘肃省城乡居民基本养老保险实施办法》（甘政发〔2014〕67号）	2014年6月30日
25	青海	《青海省人民政府办公厅转发省老龄办等部门关于建立青海省高龄补贴制度意见的通知》（青政办〔2010〕218号）	2010年9月14日
26	宁夏	《自治区人民政府办公厅关于建立80岁以上低收入老年人基本生活津贴制度的通知》	2009年5月7日
27	新疆	《关于印发〈80周岁以上老年人基本生活津贴制度〉和〈80周岁以上老年人免费体检制度〉的通知》（新党办发〔2011〕31号）	2011年7月28日

高龄津贴（是否扩大覆盖面）

序号	地区	政策法规名称	颁布时间
1	天津	《关于实施城乡老年人生活补助过渡办法有关问题的通知》（津人社局发〔2014〕112号）	2014年12月31日
2	上海	《上海市人民政府关于建立老年综合津贴制度的通知》（沪府发〔2016〕24号）	2016年4月7日
3	河南	《关于建立健全经济困难的高龄失能老人补贴制度的通知》（豫财社〔2015〕206号）	2015年12月17日
4	陕西	《陕西省民政厅、陕西省财政厅、陕西省老龄办关于调整我省高龄老人生活保健补贴标准的通知》（陕民发〔2012〕11号）	2012年5月2日
5	青海	《青海省人民政府办公厅关于扩大高龄补贴发放范围的通知》（青政办〔2012〕242号）	2012年8月28日

高龄津贴（是否提高补贴标准）

序号	地区	政策法规名称	颁布时间
1	天津	《关于调整城乡居民基础养老金和老年人生活补助标准的通知》（津人社局发〔2015〕17号）	2015年3月9日
2	河北	《河北省老年人优待办法》（河北省人民政府令〔2014〕第7号）	2014年10月17日
3	上海	《上海市人民政府关于建立老年综合津贴制度的通知》（沪府发〔2016〕24号）	2016年4月7日
4	贵州	《贵州省老龄工作委员会第八次全体会议纪要》（黔老龄议〔2008〕1号）	2008年
5	陕西	《陕西省民政厅、陕西省财政厅、陕西省老龄办关于调整我省高龄老人生活保健补贴标准的通知》（陕民发〔2012〕11号）	2012年5月2日
6	青海	《关于提高全省高龄补贴标准的通知》（青民发〔2014〕30号）	2014年2月12日
7	宁夏	《关于调整高龄低收入老年人基本生活津贴发放标准的通知》（宁民发〔2015〕30号）	2015年4月1日

居家社区养老服务发展（是否编制居家社区养老服务设施规划）

序号	地区	政策法规名称	颁布时间
1	北京	《北京市养老服务设施专项规划》	2015年11月24日
2	上海	《关于推进本市"十三五"期间养老服务设施建设的实施意见的通知》（沪府办〔2016〕70号）	2016年8月18日
3	浙江	《浙江省民政厅关于印发〈浙江省农村居家养老服务设施建设三年推进计划〉的通知》（浙民福〔2013〕68号）	2013年3月26日
4	福建	《关于印发〈全省2012年新建千个社区居家养老服务中心（站）实施方案〉的通知》	2012年3月14日

居家社区养老服务发展（是否出台居家社区养老服务地方规定）

序号	地区	政策法规名称	颁布时间
1	北京	《北京市居家养老服务条例》（北京市人民代表大会公告第4号）	2015年1月29日
2	天津	《天津关于进一步发展我市居家养老服务的意见》（津政办发〔2011〕51号）	2011年4月29日
3	河北	《河北省居家养老服务条例》（河北省第十二届人民代表大会常务委员会公告第102号）	2016年12月2日
4	内蒙古	《内蒙古自治区人民政府办公厅关于印发〈居家养老服务管理办法〉的通知》（内政办发〔2015〕132号）	2015年12月14日
5	辽宁	《关于深入推进居家养老服务工作的通知》（辽民函〔2005〕48号）	2005年8月24日
6	吉林	《吉林省民政厅关于推进社区居家养老服务工作的实施意见》（吉民发〔2009〕104号）	2009年11月30日
7	黑龙江	《关于加强居家养老服务工作的通知》（黑民福〔2012〕22号）	2012年2月21日
8	上海	《上海市民政局关于印发〈关于全面开展居家养老服务的意见〉的通知》（沪民事发〔2001〕23号）	2001年4月10日
9	江苏	《关于印发社区居家养老服务中心（站）评估指标体系的通知》（苏民老龄〔2014〕6号）	2014年11月10日
10	浙江	《居家养老服务与管理规范》（DB 33/T 837—2011）	2011年8月31日
11	安徽	《关于开展居家养老服务工作的意见》（皖老龄办〔2009〕1号）	2009年1月16日
12	福建	《关于推进居家养老服务工作的实施意见》（闽政〔2009〕150号）	2009年5月31日
13	江西	《江西省居家养老服务实施细则》	2011年8月26日
14	山东	《关于大力发展居家养老服务的意见》（鲁老办发〔2008〕42号）	2008年12月2日
15	河南	《关于全面推进居家养老服务的工作意见》（豫民文〔2010〕224号）	2010年9月16日

续表

序号	地区	政策法规名称	颁布时间
16	湖北	《湖北省人民政府办公厅关于加快发展城乡社区居家养老服务的意见》（鄂政办发〔2012〕83号）	2012年12月29日
17	广东	《关于印发〈广东省居家养老服务示范活动实施方案〉的通知》（粤民福〔2010〕6号）	2010年4月9日
18	海南	《海南省民政厅关于开展政府购买社会组织服务社区居家养老试点工作的通知》（琼民管字〔2011〕7号）	2011年11月17日
19	四川	《四川省关于全面推进居家养老服务工作的意见》（川老委办发〔2008〕20号）	2008年7月5日
20	贵州	《贵州省人民政府办公厅转发省老龄办等部门〈关于积极推进居家养老服务工作意见〉的通知》（黔府办发〔2009〕96号）	2009年9月29日
21	甘肃	《甘肃省民政厅 甘肃省老龄工作委员会办公室关于加快推进全省居家养老服务网络平台建设的实施意见》	2014年9月2日
22	宁夏	《宁夏回族自治区关于加快推进居家养老服务的意见》	2010年5月17日
23	新疆	《新疆维吾尔自治区人民政府关于加快推进居家养老服务工作的实施意见》（新政办发〔2015〕138号）	2015年10月13日

居家社区养老服务发展（是否要求开展居家社区养老服务改革试点）

序号	地区	政策法规名称	颁布时间
1	北京	《关于2015年开展经济困难的高龄和失能老年人居家养老服务试点工作的通知》（京民老龄发〔2015〕228号）	2015年12月30日
2	天津	《关于印发〈天津市老龄事业发展"十二五"规划〉的通知》（津政办发〔2012〕76号）	2012年7月1日
3	吉林	《吉林省民政厅关于开展2016年养老服务试点工作的通知》（吉民办字〔2016〕15号）	2016年5月3日
4	黑龙江	《关于印发黑龙江省"三社联动"社区居家养老试点方案的通知》（黑民发〔2016〕96号）	2016年7月28日
5	上海	《上海市民政局关于印发〈关于全面开展居家养老服务的意见〉的通知》（沪民事发〔2001〕23号）	2001年4月10日

序号	地区	政策法规名称	颁布时间
6	安徽	《安徽省民政厅开展解决养老服务业发展突出问题专项行动方案》（皖民福字〔2015〕132号）	2015年10月12日
7	江西	《江西省民政厅、江西省老龄办关于在全省开展居家养老服务试点工作的意见》（赣民发〔2009〕15号）	2009年12月4日
8	山东	《关于开展养老服务业突破年活动的通知》（鲁老办发〔2011〕11号）	2011年3月30日
9	湖北	《关于印发〈湖北省老龄事业发展"十二五"规划〉的通知》（鄂政发〔2012〕38号）	2012年4月30日
10	海南	《海南省民政厅关于开展政府购买社会组织服务社区居家养老试点工作的通知》（琼民管字〔2011〕7号）	2011年11月17日

居家社区养老服务发展（是否出台建立老年人助餐服务体系的专项文件）

序号	地区	政策法规名称	颁布时间
1	北京	《北京市民政局、北京市财政局关于2016年开展养老助餐服务体系试点建设工作的通知》（京民老龄发〔2016〕391号）	2016年9月28日
2	天津	《关于开展老年人助餐服务的意见》（津民发〔2011〕69号）	2011年9月13日
3	江苏	《关于开展社区老年人助餐点项目建设的通知》（苏民老龄〔2015〕2号）	2015年3月11日

居家社区养老服务发展（是否明确社区居家养老服务设施开展社会化运营）

序号	地区	政策法规名称	颁布时间
1	北京	《北京市老龄工作委员会印发关于开展社区养老服务驿站建设的意见的通知》（京老龄委〔2016〕8号）	2016年5月14日
2	河北	《河北省民政厅 河北省财政厅关于加快推进居家养老服务中心建设的实施意见》（冀民〔2012〕65号）	2012年9月7日
3	山西	《山西省人民政府关于支持社会力量发展养老服务业若干措施的通知》（晋政发〔2015〕39号）	2015年10月11日

续表

序号	地区	政策法规名称	颁布时间
4	内蒙古	《内蒙古自治区人民政府关于加快发展养老服务业的实施意见》（内政发〔2014〕57 号）	2014 年 5 月 21 日
5	辽宁	《辽宁省人民政府关于加快推进社会养老服务体系建设的意见》（辽政办发〔2012〕40 号）	2012 年 7 月 22 日
6	吉林	《关于鼓励和支持民间资本参与养老服务发展的实施意见》（吉民发〔2015〕37 号）	2015 年 7 月 17 日
7	黑龙江	《黑龙江省人民政府办公厅转发省民政厅关于开展"社会养老服务体系建设连续推进年（2012—2015年）"活动暨启动"敬老爱老助老工程"工作方案的通知》（黑政办发〔2012〕60 号）	2012 年 7 月 26 日
8	江苏	《中共江苏省委江苏省人民政府关于加快我省老龄事业发展的意见》（苏发〔2009〕5 号）	2009 年 12 月 1 日
9	浙江	《浙江省人民政府关于深化完善社会养老服务体系建设的意见》（浙政发〔2011〕101 号）	2011 年 12 月 15 日
10	安徽	《关于开展居家养老服务工作的意见》（皖老龄办〔2009〕1 号）	2009 年 1 月 16 日
11	福建	《福建省人民政府关于加快发展养老服务业的实施意见》（闽政〔2014〕3 号）	2014 年 1 月 19 日
12	江西	《江西省人民政府关于加快养老服务事业发展的若干意见》（赣府发〔2010〕24 号）	2010 年 7 月 20 日
13	山东	《关于开展养老服务业突破年活动的通知》（鲁老办发〔2011〕11 号）	2011 年 3 月 30 日
14	河南	《河南省人民政府关于加快发展养老服务业的意见》（豫政文〔2014〕24 号）	2014 年 3 月 12 日
15	湖北	《湖北省关于进一步加强老龄工作的意见》（鄂发〔2011〕21 号）	2011 年 7 月 14 日
16	湖南	《湖南省人民政府办公厅关于印发〈湖南省老龄事业发展"十二五"规划〉的通知》（湘政办发〔2012〕110 号）	2012 年 11 月 26 日

序号	地区	政策法规名称	颁布时间
17	广东	《广东省人民政府办公厅印发〈关于加快社会养老服务事业发展的意见〉的通知》（粤府办〔2012〕73号）	2012 年 7 月 13 日
18	广西	《广西壮族自治区人民政府关于促进养老服务业加快发展的实施意见》（桂政发〔2014〕58 号）	2014 年 9 月 19 日
19	海南	《海南省人民政府办公厅关于加快推进养老服务体系建设的意见》（琼府办〔2010〕160 号）	2010 年 11 月 26 日
20	重庆	《重庆市人民政府关于加快推进养老服务业发展的意见》（渝府发〔2014〕16 号）	2014 年 4 月 21 日
21	四川	《四川省人民政府办公厅关于印发〈四川省"十二五"社会养老服务体系建设规划〉的通知》（川办发〔2012〕43 号）	2012 年 7 月 9 日
22	贵州	《贵州省人民政府关于加快发展养老服务业的实施意见》（黔府发〔2014〕17 号）	2014 年 5 月 26 日
23	云南	《云南省人民政府关于加快发展养老服务业的实施意见》（云政发〔2014〕64 号）	2014 年 12 月 3 日
24	西藏	《西藏自治区人民政府关于加快发展养老服务业的实施意见》（藏政发〔2015〕37 号）	2015 年 5 月 7 日
25	陕西	《陕西省人民政府办公厅关于印发〈社会养老服务体系建设规划（2011—2015 年）〉的通知》（陕政办发〔2012〕57 号）	2012 年 5 月 30 日
26	甘肃	《甘肃省人民政府关于加快发展养老服务业的实施意见》（甘政发〔2014〕50 号）	2014 年 4 月 30 日
27	青海	《青海省人民政府关于加快发展养老服务业的实施意见》（青政〔2014〕33 号）	2014 年 5 月 16 日
28	宁夏	《宁夏回族自治区关于加快推进居家养老服务的意见》	2010 年 5 月 17 日
29	新疆	《关于加快推进社会养老服务体系建设的意见》（新政发〔2012〕87 号）	2012 年 10 月 12 日

公办养老机构改革（是否确定公办养老机构改革过渡时间）

序号	地区	政策法规名称	颁布时间
1	天津	《关于加快我市养老服务业发展的意见》（津政发〔2008〕27号）	2008年3月29日
2	山西	《山西省民政厅、山西省财政厅关于开展养老机构公建民营试点工作的实施方案》（晋民发〔2016〕71号）	2016年11月23日
3	江苏	《江苏省"十三五"养老服务业发展规划》（苏政办发〔2016〕99号）	2016年9月8日
4	云南	《云南省养老服务体系建设"十三五"规划》（云政办发〔2016〕91号）	2016年9月6日

公办养老机构改革（是否明确政府运营的养老床位数占比）

序号	地区	政策法规名称	颁布时间
1	天津	《关于加快我市养老服务业发展的意见》（津政发〔2008〕27号）	2008年3月29日
2	内蒙古	《关于印发〈内蒙古自治区民政厅2013年推进养老服务体系建设工作计划〉的通知》（内民政社福〔2013〕67号）	2013年3月7日
3	辽宁	《辽宁省人民政府关于加快推进社会养老服务体系建设的意见》（辽政办发〔2012〕40号）	2012年7月22日
4	吉林	《吉林省人民政府关于加快养老服务业发展的实施意见》（吉政发〔2014〕9号）	2014年4月8日
5	黑龙江	《黑龙江省人民政府办公厅转发省民政厅关于开展"社会养老服务体系建设连续推进年（2012—2015年）"活动暨启动"敬老爱老助老工程"工作方案的通知》（黑政办发〔2012〕60号）	2012年7月26日
6	江苏	《江苏省政府关于加快发展养老服务业完善养老服务体系的实施意见》（苏政发〔2014〕39号）	2014年4月2日
7	浙江	《浙江省人民政府关于深化完善社会养老服务体系建设的意见》（浙政发〔2011〕101号）	2011年12月15日
8	安徽	《安徽省人民政府关于加快推进养老服务体系建设的决定》（皖政〔2011〕20号）	2011年2月17日

序号	地区	政策法规名称	颁布时间
9	山东	《山东省养老服务业转型升级实施方案》（鲁政办字〔2016〕22号）	2016年3月12日
10	海南	《海南省人民政府办公厅关于印发〈海南省养老服务业发展"十三五"规划〉的通知》（琼府办〔2016〕52号）	2016年3月7日
11	云南	《云南省养老服务体系建设"十三五"规划》（云政办发〔2016〕91号）	2016年9月6日
12	新疆	《关于加快发展养老服务业的实施意见》（新政发〔2014〕19号）	2014年3月16日

公办养老机构改革（是否制定养老机构或设施公建民营实施办法）

序号	地区	政策法规名称	颁布时间
1	北京	《北京市养老机构公建民营实施办法》（京民福发〔2015〕268号）	2015年7月22日
2	天津	《关于推进我市公办养老机构公建民营的意见》（津民发〔2014〕82号）	2014年11月7日
3	山西	《山西省民政厅、山西省财政厅关于开展养老机构公建民营试点工作的实施方案》（晋民发〔2016〕71号）	2016年11月23日
4	内蒙古	《关于开展公办养老机构改革试点工作的通知》（内民政社福〔2014〕15号）	2014年1月16日
5	浙江	《浙江省民政厅关于推进养老机构公建民营规范化的指导意见》（浙民福〔2016〕26号）	2016年9月26日
6	福建	《关于加强公建民营养老机构管理的意见》（闽民福〔2014〕400号）	2014年9月9日
7	山东	《关于推进公办养老机构改革的指导意见》（鲁民〔2016〕86号）	2016年11月4日
8	河南	《河南省民政厅关于开展公办养老机构改革试点工作的指导意见》（豫民文〔2014〕20号）	2014年1月22日
9	湖北	《关于印发〈湖北省社会福利机构民办公助办法（试行）〉和〈湖北省社会福利机构公办民营指导意见（试行）〉的通知》（鄂民政发〔2014〕100号）	2014年12月6日

续表

序号	地区	政策法规名称	颁布时间
10	广西	《广西壮族自治区养老设施公建民营实施办法（试行）》（桂民发〔2016〕40号）	2016年8月12日
11	四川	《四川省民政厅关于开展公办养老机构改革试点工作的通知》（川民发〔2014〕1号）	2014年1月6日

医养结合（是否制定医养结合基本服务规范）

序号	地区	政策法规名称	颁布时间
1	北京	《养老机构医务室服务质量控制规范》（DB11/T 220—2004）	2004年1月8日
2	山东	《医疗养老结合基本服务规范》（DB37/T 2721—2015）	2015年11月27日
3	河南	《河南省医养结合机构服务规范》（DB41/T 1374—2017）	2017年4月24日

医养结合（是否将养老机构纳入医保定点结算）

序号	地区	政策法规名称	颁布时间
1	北京	《北京市人民政府关于加快推进养老服务业发展的意见》（京政发〔2013〕32号）	2013年10月12日
2	天津	《关于加快我市养老服务业发展的意见》（津政发〔2008〕27号）	2008年3月29日
3	河北	《河北省人民政府办公厅关于转发省卫生计生委等部门〈河北省推进医疗卫生与养老服务相结合实施意见〉的通知》（冀政办字〔2016〕4号）	2016年1月11日
4	山西	《山西省人民政府办公厅转发省卫生计生委等部门〈关于推进医疗卫生与养老服务相结合实施意见〉的通知》（晋政办发〔2016〕105号）	2016年7月20日
5	内蒙古	《内蒙古自治区人民政府办公厅转发自治区卫生计生委等部门〈关于推进医疗卫生与养老服务相结合实施意见〉的通知》（内政办发〔2016〕121号）	2016年9月30日
6	辽宁	《辽宁省人民政府办公厅关于推进医疗卫生与养老服务结合发展的实施意见》（辽政办发〔2016〕56号）	2016年5月8日

序号	地区	政策法规名称	颁布时间
7	吉林	《吉林省人民政府办公厅关于推进医疗卫生与养老服务融合发展的实施意见》（吉政办发〔2016〕52号）	2016年7月7日
8	黑龙江	《黑龙江省人民政府办公厅转发省卫生计生委等部门〈关于推进医疗卫生与养老服务相结合实施意见〉的通知》（黑政办发〔2016〕28号）	2016年5月30日
9	上海	《关于印发〈关于全面推进本市医养结合发展的若干意见〉的通知》（沪民福发〔2015〕19号）	2015年8月18日
10	江苏	《关于全面推进医养融合发展的意见》（苏民福〔2014〕26号）	2014年8月29日
11	浙江	《浙江省人民政府办公厅转发省卫生计生委等部门关于推进医疗卫生与养老服务相结合的实施意见》（浙政办发〔2016〕148号）	2016年11月30日
12	安徽	《安徽省人民政府办公厅转发省卫生计生委等部门〈关于推进医疗卫生与养老服务相结合实施意见〉的通知》（皖政办〔2016〕19号）	2016年5月20日
13	福建	《福建省人民政府关于加快社会养老服务体系建设的意见》（闽政〔2012〕31号）	2012年5月19日
14	江西	《江西省人民政府办公厅转发省卫生计生委等部门关于推进医疗卫生与养老服务融合发展的实施意见》（赣府厅发〔2016〕40号）	2016年8月5日
15	山东	《山东省人民政府办公厅转发省卫生计生委等部门〈关于加快推进医养结合工作的实施意见〉的通知》（鲁政办发〔2016〕56号）	2016年12月19日
16	河南	《河南省人民政府办公厅转发省卫生计生委等部门〈关于推进医疗卫生与养老服务相结合实施意见〉的通知》（豫政办〔2016〕133号）	2016年8月2日

续表

序号	地区	政策法规名称	颁布时间
17	湖北	《湖北省人民政府办公厅转发省卫生计生委等部门〈关于推进医疗卫生与养老服务相结合实施意见〉的通知》（鄂政办发〔2016〕36号）	2016年5月23日
18	湖南	《湖南省人民政府办公厅关于推进医疗卫生与养老服务相结合的实施意见》（湘政办发〔2016〕86号）	2016年11月15日
19	广东	《广东省人民政府办公厅关于促进医疗卫生与养老服务相结合的实施意见》（粤府办〔2016〕78号）	2016年7月12日
20	广西	《广西壮族自治区人民政府办公厅关于推进医疗卫生与养老服务相结合的实施意见》（桂政办发〔2016〕82号）	2016年7月15日
21	海南	《海南省人民政府办公厅关于印发〈海南省推进医疗卫生与养老服务结合发展实施意见〉的通知》（琼府办〔2016〕277号）	2016年11月7日
22	四川	《四川省人民政府办公厅转发省卫生计生委等部门〈关于加快推进医疗卫生与养老服务结合实施意见〉的通知》（川办发〔2016〕57号）	2016年8月19日
23	重庆	《重庆市人民政府关于加快推进养老服务业发展的意见》（渝府发〔2014〕16号）	2014年4月21日
24	贵州	《关于加快推进医疗卫生与养老服务相结合的实施意见》（黔卫计发〔2016〕41号）	2016年8月24日
25	云南	《云南省人民政府办公厅转发省卫生计生委等部门〈关于推进医疗卫生与养老服务相结合实施意见〉的通知》（云政办发〔2016〕101号）	2016年9月28日
26	陕西	《陕西省人民政府办公厅关于推进医疗卫生与养老服务相结合实施意见》（陕政办发〔2016〕63号）	2016年7月14日
27	甘肃	《关于印发〈关于加快推进医疗卫生与养老服务相结合的实施意见〉的通知》（甘卫发〔2016〕116号）	2016年3月25日
28	青海	《青海省人民政府办公厅转发省卫生计生委等部门〈关于推进医疗卫生与养老服务相结合实施意见〉的通知》（青政办〔2016〕62号）	2016年5月20日

序号	地区	政策法规名称	颁布时间
29	宁夏	《自治区人民政府办公厅转发自治区卫生计生委等部门〈关于加快推进医疗卫生与养老服务相结合实施意见〉的通知》（宁政办发〔2016〕50号）	2016年4月12日
30	新疆	《转发自治区卫生计生委等11部门〈关于推进医疗卫生与养老服务相结合的实施意见〉的通知》（新政办发〔2016〕180号）	2016年12月22日

医养结合（是否确定开展医养结合试点）

序号	地区	政策法规名称	颁布时间
1	北京	《北京中医药健康养老试点工作实施方案》	2016年
2	河北	《河北省人民政府办公厅关于转发省卫生计生委等部门〈河北省推进医疗卫生与养老服务相结合实施意见〉的通知》（冀政办字〔2016〕4号）	2016年1月11日
3	山西	《山西省卫生和计划生育委员会 山西省民政厅 关于推进医疗机构与养老服务融合发展的指导意见》（晋卫医发〔2014〕62号）	2014年10月16日
4	辽宁	《辽宁省人民政府办公厅关于推进医疗卫生与养老服务结合发展的实施意见》（辽政办发〔2016〕56号）	2016年5月8日
5	吉林	《吉林省民政厅关于开展2016年养老服务试点工作的通知》（吉民办字〔2016〕15号）	2016年5月3日
6	黑龙江	《关于加快推进医养结合发展的指导意见》（黑民福〔2015〕157号）	2015年11月4日
7	安徽	《安徽省人民政府办公厅转发省卫生计生委等部门关于推进医疗卫生与养老服务相结合实施意见的通知》（皖政办〔2016〕19号）	2016年5月20日
8	福建	《福建省卫生和计划生育委员会、福建省民政厅关于遴选医养结合试点单位的通知》（闽卫家庭〔2016〕111号）	2016年8月11日
9	江西	《江西省人民政府办公厅转发省卫生计生委等部门关于推进医疗卫生与养老服务融合发展的实施意见》	2016年8月5日

续表

序号	地区	政策法规名称	颁布时间
10	山东	《山东省人民政府办公厅转发省卫生计生委等部门关于加快推进医养结合工作的实施意见》（鲁政办发〔2016〕56号）	2016年12月19日
11	河南	《河南省人民政府办公厅转发省卫生计生委等部门〈关于推进医疗卫生与养老服务相结合实施意见〉的通知》（豫政办〔2016〕133号）	2016年8月2日
12	湖北	《湖北省人民政府办公厅转发省卫生计生委等部门〈关于推进医疗卫生与养老服务相结合实施意见〉的通知》（鄂政办发〔2016〕36号）	2016年5月23日
13	湖南	《湖南省人民政府办公厅关于推进医疗卫生与养老服务相结合的实施意见》（湘政办发〔2016〕86号）	2016年11月15日
14	广东	《广东省人民政府办公厅关于促进医疗卫生与养老服务相结合的实施意见》（粤府办〔2016〕78号）	2016年7月12日
15	广西	《广西壮族自治区人民政府办公厅关于推进医疗卫生与养老服务相结合的实施意见》（桂政办发〔2016〕82号）	2016年7月15日
16	海南	《海南省人民政府办公厅关于印发海南省推进医疗卫生与养老服务结合发展实施意见的通知》（琼府办〔2016〕277号）	2016年11月7日
17	重庆	《重庆市人民政府办公厅转发市卫生计生委等部门〈关于推进医疗卫生与养老服务相结合实施意见〉的通知》（渝府办发〔2016〕153号）	2016年8月11日
18	四川	《四川省人民政府办公厅转发省卫生计生委等部门〈关于加快推进医疗卫生与养老服务相结合实施意见〉的通知》（川办发〔2016〕57号）	2016年8月19日
19	贵州	《贵州省人民政府关于加快发展养老服务业的实施意见》（黔府发〔2014〕17号）	2014年5月26日
20	云南	《云南省养老服务体系建设"十三五"规划》（云政办发〔2016〕91号）	2016年9月6日

续表

序号	地区	政策法规名称	颁布时间
21	陕西	《陕西省人民政府办公厅关于推进医疗卫生与养老服务相结合实施意见》（陕政办发〔2016〕63 号）	2016 年 7 月 27 日
22	甘肃	《关于印发〈关于加快推进医疗卫生与养老服务相结合的实施意见〉的通知》（甘卫发〔2016〕116 号）	2016 年 3 月 25 日
23	青海	《青海省人民政府办公厅转发省卫生计生委等部门关于推进医疗卫生与养老服务相结合实施意见的通知》（青政办〔2016〕62 号）	2016 年 5 月 20 日
24	宁夏	《自治区人民政府办公厅转发自治区卫生计生委等部门关于加快推进医疗卫生与养老服务相结合实施意见的通知》（宁政办发〔2016〕50 号）	2016 年 4 月 12 日

医养结合（是否出台促进中医药健康养老服务发展的专项文件）

序号	地区	政策法规名称	颁布时间
1	北京	《北京中医药健康养老试点工作实施方案》	2016 年 9 月 8 日
2	陕西	《陕西省人民政府办公厅关于促进中医药健康服务发展的实施意见》（陕政办发〔2015〕93 号）	2015 年 9 月 30 日

老年宜居环境（是否出合适老化改造的专项规划）

序号	地区	政策法规名称	颁布时间
1	北京	《北京市民政局、北京市老龄工作委员会办公室关于印发〈北京市老年人家庭适老化改造需求评估与改造实施管理办法（试行）〉的通知》（京民老龄发〔2016〕374 号）	2016 年 9 月 12 日
2	内蒙古	《关于印发〈内蒙古自治区资助农村牧区敬老院改造提升工程项目实施方案〉的通知》（内民政社教〔2014〕111 号）	2014 年 4 月 3 日
3	上海	《关于开展 2012 年市政府实事项目"为 1000 个低保困难老年人家庭提供居室适老改造服务"的通知》（沪民老工发〔2012〕6 号）	2012 年 3 月 21 日

续表

序号	地区	政策法规名称	颁布时间
4	江西	《江西省新建住宅小区配建社区居家养老服务设施和社区管理服务设施建设、移交与管理的办法》（赣民发〔2016〕23号）	2016年12月6日
5	四川	《四川省住建厅、民政厅、财政厅、残联关于转发〈住房城乡建设部等部门关于加强老年人家庭及居住区公共服务设施无障碍化改造工作的通知〉的通知》（川建标发〔2015〕125号）	2015年2月6日
6	青海	《青海省老年人家庭和社区无障碍建设专项规划（2016—2020）》	2015年

老年宜居环境（是否明确老化改造的专项资金）

序号	地区	政策法规名称	颁布时间
1	河北	《河北省人民政府关于加快发展养老服务业的实施意见》（冀政〔2014〕67号）	2014年6月24日
2	山西	《山西省人民政府关于加快发展养老服务业的意见》（晋政发〔2014〕16号）	2014年6月5日
3	内蒙古	《关于印发〈内蒙古自治区资助农村牧区敬老院改造提升工程项目实施方案〉的通知》（内民政社救〔2014〕111号）	2014年4月3日
4	辽宁	《辽宁省人民政府办公厅关于印发加快养老服务业发展若干政策的通知》（辽政办发〔2014〕46号）	2014年10月2日
5	上海	《关于开展2012年市政府实事项目"为1000个低保困难老年人家庭提供居室适老改造服务"的通知》（沪民老工发〔2012〕6号）	2012年3月21日
6	江苏	《江苏省"十三五"养老服务业发展规划》（苏政办发〔2016〕99号）	2016年9月8日
7	浙江	《浙江省人民政府关于加快发展养老服务业的实施意见》（浙政发〔2014〕13号）	2014年4月23日

续表

序号	地区	政策法规名称	颁布时间
8	福建	《福建省人民政府关于加快发展养老服务业的实施意见》（闽政〔2014〕3号）	2014年1月19日
9	湖南	《湖南省人民政府关于加快发展养老服务业的意见》（湘政发〔2014〕22号）	2014年7月16日
10	广东	《广东省人民政府关于加快发展养老服务业的实施意见》（粤府〔2015〕25号）	2015年2月16日
11	广西	《广西壮族自治区人民政府关于促进养老服务业加快发展的实施意见》（桂政发〔2014〕58号）	2014年9月19日
12	贵州	《贵州省人民政府关于加快发展养老服务业的实施意见》（黔府发〔2014〕17号）	2014年5月26日
13	甘肃	《甘肃省人民政府关于加快发展养老服务业的实施意见》（甘政发〔2014〕50号）	2014年4月30日
14	青海	《青海省人民政府关于加快发展养老服务业的实施意见》（青政〔2014〕33号）	2014年5月16日

金融支持养老（是否出台金融支持养老服务发展的专项文件）

序号	地区	政策法规名称	颁布时间
1	江苏	《关于金融支持养老服务业发展的意见》（苏金融办发〔2014〕85号）	2014年12月3日
2	江西	《中国人民银行南昌中心支行等部门关于金融支持养老服务业加快发展的实施意见》（南银发〔2016〕123号）	2016年8月8日
3	河南	《河南省人民政府关于推广运用政府和社会资本合作模式的指导意见》（豫政〔2014〕89号）	2014年11月27日
4	湖南	《关于信贷扶持养老服务业发展的指导意见》（湘民发〔2015〕7号）	2015年2月26日

金融支持养老（是否设立产业投资引导基金）

序号	地区	政策法规名称	颁布时间
1	北京	《北京市人民政府关于加快推进养老服务业发展的意见》（京政发〔2013〕32号）	2013年10月12日
2	吉林	《关于印发〈吉林省省级养老服务业发展引导专项资金管理暂行办法〉的通知》（吉财社〔2014〕307号）	2014年12月18日
3	江苏	《江苏省政府关于加快发展养老服务业完善养老服务体系的实施意见》（苏政发〔2014〕39号）	2014年4月2日
4	福建	《福建省民政厅关于加快推进养老服务工程包有关事项的通知》（闽民福〔2016〕98号）	2016年4月27日
5	河南	《河南省人民政府办公厅关于印发养〈老健康产业发展示范园区（基地）规划建设推进计划〉的通知》（豫政办〔2015〕123号）	2015年9月29日
6	湖南	《湖南省人民政府办公厅关于推进医疗卫生与养老服务相结合的实施意见》（湘政办发〔2016〕86号）	2016年11月15日
7	广东	《广东省人民政府办公厅关于促进医疗卫生与养老服务相结合的实施意见》（粤府办〔2016〕78号）	2016年7月12日
8	广西	《广西壮族自治区人民政府关于建设养老服务业综合改革试验区的意见》（桂政发〔2015〕33号）	2015年7月5日
9	海南	《海南省人民政府办公厅关于印发〈海南省促进健康服务业发展实施方案（2015—2020年）〉的通知》（琼府办〔2015〕165号）	2015年9月7日
10	重庆	《关于促进健康服务业发展的意见》（渝府发〔2014〕14号）	2014年4月2日
11	四川	《关于印发四川省养老与健康服务业发展规划（2015—2020年）的通知》（川办发〔2015〕96号）	2015年11月20日
12	云南	《云南省养老服务体系建设"十三五"规划》（云政办发〔2016〕91号）	2016年9月6日
13	陕西	《陕西省人民政府办公厅关于推进医疗卫生与养老服务相结合实施意见》（陕政办发〔2016〕63号）	2016年7月27日

序号	地区	政策法规名称	颁布时间
14	青海	《青海省人民政府办公厅转发省卫生计生委等部门关于推进医疗卫生与养老服务相结合实施意见的通知》（青政办〔2016〕62 号）	2016 年 5 月 20 日
15	宁夏	《自治区人民政府办公厅转发自治区卫生计生委等部门〈关于加快推进医疗卫生与养老服务相结合实施意见〉的通知》（宁政办发〔2016〕50 号）	2016 年 4 月 12 日
16	新疆	《关于加快发展养老服务业的实施意见》（新政发〔2014〕19 号）	2014 年 3 月 16 日

养老服务人才队伍建设（是否出台养老服务人才队伍建设专项文件）

序号	地区	政策法规名称	颁布时间
1	北京	《关于加强养老服务人才队伍建设的意见》（京民福发〔2016〕527 号）	2016 年 12 月 26 日

金融支持养老（是否明确从业人员补贴标准）

序号	地区	政策法规名称	颁布时间
1	北京	《关于加强养老服务人才队伍建设的意见》（京民福发〔2016〕527 号）	2016 年 12 月 26 日
2	天津	《关于加快我市养老服务业发展的意见》（津政发〔2008〕27 号）	2008 年 3 月 19 日
3	内蒙古	《内蒙古自治区人民政府关于加快发展养老服务业的实施意见》（内政发〔2014〕57 号）	2014 年 5 月 21 日
4	江苏	《江苏省政府关于加快发展养老服务业完善养老服务体系的实施意见》（苏政发〔2014〕39 号）	2014 年 4 月 2 日
5	山东	《山东省人民政府关于加快发展养老服务业的意见》（鲁政发〔2014〕11 号）	2014 年 5 月 26 日

养老服务人才队伍建设（是否明确培训补贴或职业技能鉴定补贴标准）

序号	地区	政策法规名称	颁布时间
1	北京	《关于印发〈北京市职业培训补贴资金管理办法（试行）〉的通知》（京人社能发〔2010〕233号）	2010年10月8日
2	天津	《天津市人力社保局市财政局关于印发天津市职业培训补贴办法的通知》（津人社局发〔2015〕84号）	2015年10月27日
3	吉林	《关于加强全省养老护理员培训工作的实施意见》（吉民发〔2013〕10号）	2013年1月
4	黑龙江	《黑龙江省人民政府办公厅关于支持民办养老产业发展的意见》（黑政办发〔2014〕50号）	2014年10月17日
5	山东	《山东省民政厅、山东省财政厅、山东省人力资源和社会保障厅关于加强养老护理员培训工作的意见》（鲁民〔2012〕73号）	2012年8月16日
6	湖南	《湖南省民政厅、人力资源社会保障厅和财政厅关于在全省开展养老服务职业培训和技能鉴定工作的通知》（湘民发〔2013〕28号）	2013年5月22日
7	福建	《福建省养老护理从业人员岗位培训专项资金管理办法》（闽财社〔2015〕44号）	2015年7月10日
8	江西	《江西省人民政府关于加快发展养老服务业的实施意见》（赣府发〔2014〕15号）	2014年5月23日
9	海南	《海南省人民政府关于加快发展养老服务业的实施意见》（琼府〔2014〕32号）	2014年7月17日
10	贵州	《贵州省人民政府关于加快发展养老服务业的实施意见》（黔府发〔2014〕17号）	2014年5月26日
11	宁夏	《宁夏回族自治区人民政府关于加快发展养老服务业的实施意见》（宁政发〔2014〕44号）	2014年5月26日

养老服务人才队伍建设（是否明确中高职、普通本科学生入职奖补标准）

序号	地区	政策法规名称	颁布时间
1	浙江	《浙江省民政厅 浙江省财政厅 浙江省教育厅关于印发〈浙江省老年服务与管理类专业毕业学生入职奖补办法〉的通知》（浙民福〔2013〕113号）	2013年5月10日
2	山东	《山东省养老服务业转型升级实施方案》（鲁政办字〔2016〕22号）	2016年3月12日

养老服务人才队伍建设（是否有养老护理员培训计划）

序号	地区	政策法规名称	颁布时间
1	北京	《关于开展居家养老护理员培训试点工作的通知》（京民老龄发〔2015〕215号）	2015年6月17日
2	天津	《关于进一步加强养老机构院长和护理员培训工作的通知》（津民发〔2010〕31号）	2010年3月31日
3	吉林	《关于加强全省养老护理员培训工作的实施意见》（吉民发〔2013〕1号）	2013年
4	上海	《上海市养老护理人员技能提升专项行动计划》（沪人社职〔2016〕148号）	2016年6月17日
5	江苏	《江苏省养老护理员培训实施方案（2012—2015年）》（苏民福〔2012〕24号）	2012年
6	浙江	《关于加强养老护理人员教育培训工作的意见》（浙政办发〔2012〕138号）	2012年10月29日
7	安徽	《安徽省养老服务机构从业人员培训实施方案》（皖民福函〔2014〕560号）	2014年
8	福建	《关于开展养老护理从业人员职业技能培训推行国家职业资格证书制度的通知》（闽民福〔2013〕31号）	2013年1月23日
9	江西	《关于加快养老服务业人才培养的实施意见》（赣教发〔2016〕10号）	2016年7月29日
10	山东	《关于推进养老服务业人才培养工作的实施意见》（鲁教高字〔2014〕23号）	2014年11月11日

续表

序号	地区	政策法规名称	颁布时间
11	河南	《关于加强全省养老护理人员教育培训工作的通知》（豫民文〔2015〕108 号）	2015 年 4 月 8 日
12	湖南	《湖南省民政厅、人力资源社会保障厅和财政厅关于在全省开展养老服务职业培训和技能鉴定工作的通知》（湘民发〔2013〕28 号）	2013 年 5 月 22 日

养老服务标准化（是否制定养老机构人员配比标准）

序号	地区	政策法规名称	颁布时间
1	黑龙江	《黑龙江省民政厅关于印发〈黑龙江省示范化规范化养老服务机构评定标准〉的通知》（黑民福〔2011〕92 号）	2011 年 6 月 12 日
2	上海	《养老机构设施与服务要求》（DB31/T 685—2013）	2013 年 3 月 1 日
3	内蒙古	《关于印发〈内蒙古自治区资助农村牧区敬老院改造提升工程项目实施方案〉的通知》	2014 年 4 月 3 日
4	安徽	《养老机构安全应急预防与控制规范（征求意见稿）》	2015 年 12 月
5	湖北	《湖北省养老服务机构服务质量规范（试行）》（鄂民规发〔2010〕5 号）	2010 年 12 月 20 日
6	广东	《广东省民政厅关于印发广东省养老机构规范化建设指引的通知》（粤民福〔2012〕33 号）	2012 年 12 月 5 日
7	广西	《养老机构服务质量规范（征求意见稿）》	2015 年 8 月
8	重庆	《重庆市养老机构管理服务标准（试行）》（渝民发〔2014〕97 号）	2014 年 7 月 4 日
9	陕西	《陕西省社会养老服务机构服务质量基本规范》	2011 年 8 月 30 日
10	宁夏	《自治区人民政府办公厅关于印发宁夏回族自治区社会养老服务体系建设规划（2011—2015 年）等三个专项规划的通知》	2012 年 4 月 1 日
11	新疆	《关于加快推进社会养老服务体系建设的意见》（新政发〔2012〕87 号）	2012 年 10 月 12 日

养老服务标准化（是否制定养老机构等级评定标准）

序号	地区	政策法规名称	颁布时间
1	北京	《养老机构服务质量星级划分与评定》（DB11/T 219—2004）	2004 年 1 月 8 日
2	河北	《河北省养老服务机构星级评定标准（试行）》（冀民〔2011〕72 号）	2011 年 8 月 20 日
3	内蒙古	《内蒙古自治区养老服务机构等级评定办法（试行）》（内民政社福〔2014〕57 号）	2014 年 12 月 24 日
4	辽宁	《养老机构服务质量星级划分》（DB21/T 2344—2014）	2014 年
5	黑龙江	《关于印发〈全省示范化、规范化养老服务机构评定实施方案〉的通知》（黑民福〔2012〕76 号）	2012 年 5 月 2 日
6	上海	《关于开展本市养老机构等级评定工作的通知》（沪民福发〔2016〕21 号）	2016 年 7 月 20 日
7	福建	《福建省养老服务机构等级评定办法（试行）》（闽民福〔2014〕455 号）	2014 年 10 月 23 日
8	山东	《养老机构等级划分》（DB37/T 2719—2015）	2015 年
9	河南	《河南省养老服务机构服务质量星级划分与评定标准》	2012 年 2 月 10 日
10	湖北	《湖北省养老服务机构等级评定办法（试行）》（鄂民规发〔2011〕4 号）	2011 年 9 月 2 日
11	广西	《广西养老机构星级评定管理暂行办法》（桂民发〔2016〕43 号）	2016 年 12 月 20 日
12	四川	《四川省农村五保供养服务机构等级达标试行标准》	2013 年 3 月 15 日
13	贵州	《关于印发〈贵州省星级农村敬老院评定办法（试行）〉〈贵州省星级农村敬老院评定标准（试行）〉的通知》（黔民发〔2012〕23 号）	2012 年 7 月 6 日
14	青海	《青海省敬老院星级评定办法（试行）》	2012 年 5 月 10 日

养老服务标准化（是否出台社区居家养老服务规范）

序号	地区	政策法规名称	颁布时间
1	天津	《居家养老社区服务规范》（DB12/T 488—2013）	2013 年 7 月 1 日
2	河北	《居家养老服务质量规范》（DB13/T 1838—2013）	2013 年 12 月 24 日
3	山西	《家庭养老服务规范》（DB14/T 1033—2014）	2014 年 12 月 28 日
4	辽宁	《社区居家养老服务规范》（DB21/T 2044—2012）	2012 年 12 月 17 日
5	吉林	《居家养老服务与管理规范》（DB22/T 1807—2013）	2013 年 4 月 8 日
6	上海	《社区居家养老服务规范》（DB31/T 461—2009）	2009 年 11 月 30 日
7	江苏	《居家养老服务规范》（DB32/T 1644—2010）	2010 年 8 月 25 日
8	浙江	《居家养老服务与管理规范》（DB33/T 837—2011）	2011 年 8 月 31 日
9	福建	《社区居家养老服务规范》（DB35/T 1104—2011）	2011 年 1 月 17 日
10	山东	《社区居家养老服务标准体系》（DB37/T 1934—2011）	2011 年 10 月 14 日
11	河南	《社区居家养老服务规范》（DB41/T 1298—2016）	2016 年 10 月 26 日
12	广东	《社区居家养老服务规范》（DB44/T 1518—2015）	2015 年 1 月 30 日
13	四川	《家政服务居家养老服务规范》（DB51/T 2199—2016）	2016 年 8 月 18 日
14	贵州	《社区居家养老服务规范》（DB52/T 1128—2016）	2016 年 9 月 28 日
15	甘肃	《居家养老服务管理规范》（DB62/T 2582—2015）《社区养老服务管理规范》（DB62/T 2583—2015）	2015 年 8 月 12 日

（三）省级儿童政策创新度政策列表（截至 2016 年底）

困境儿童生活保障制度（是否建立）

序号	地区	文件名称	发文时间
1	北京	《关于建立北京市困境儿童分类保障制度的意见》（京民福发〔2016〕228 号）	2016 年 5 月 31 日
2	北京	《北京市民政局、北京市财政局关于发放困境儿童生活费的通知》（京民福发〔2016〕430 号）	2016 年 10 月 8 日
3	北京	《北京市人民政府关于加强困境儿童和留守儿童保障工作的实施意见》（京政发〔2016〕58 号）	2016 年 12 月 13 日
4	天津	《天津市民政局、天津市财政局关于发放困境家庭儿童基本生活费的通知》（津民发〔2014〕61 号）	2014 年 9 月 18 日

续表

序号	地区	文件名称	发文时间
5	天津	《天津市人民政府办公厅关于加强困境儿童保障工作的实施意见》（津政办发〔2017〕19号）	2017年1月26日
6	河北	《河北省人民政府关于加强困境儿童保障工作的实施意见》（冀政发〔2016〕41号）	2016年9月9日
7	内蒙古	《内蒙古自治区民政厅、财政厅关于保障事实无人抚养和困境儿童基本生活费的通知》（内民政社福〔2015〕9号）	2015年9月9日
8	内蒙古	《内蒙古自治区人民政府关于加强困境儿童分类保障制度的实施意见》（内政发〔2016〕132号）	2016年11月28日
9	辽宁	《辽宁省人民政府关于加强困境儿童保障工作的实施意见》（辽政发〔2016〕57号）	2016年8月24日
10	吉林	《吉林省人民政府办公厅关于加强困境儿童保障工作的实施意见》（吉政办发〔2017〕8号）	2017年1月24日
11	黑龙江	《关于下发〈黑龙江省适度普惠型儿童福利制度建设试点工作方案〉的通知》（黑民函〔2014〕105号）	2017年7月24日
12	黑龙江	《黑龙江省人民政府关于加强困境儿童保障工作的实施意见》（黑政规〔2017〕9号）	2017年4月14日
13	江苏	《江苏省人民政府办公厅关于完善困境儿童分类保障制度的意见》（苏政办发〔2014〕113号）	2014年12月26日
14	浙江	《浙江省人民政府办公厅关于加快发展孤儿和困境儿童福利事业的意见》（浙政办发〔2011〕60号）	2011年6月17日
15	浙江	《浙江省民政厅、财政厅关于推进困境儿童分类保障制度的通知》（浙民儿〔2014〕87号）	2014年4月21日
16	安徽	《关于贯彻落实〈国务院关于加强困境儿童保障工作的意见〉的实施办法》（皖民福字〔2016〕160号）	2016年9月27日
17	福建	《福建省民政厅转发民政部关于进一步加强困境儿童临时救助工作的通知》（闽民保〔2015〕225号）	2015年9月14日
18	福建	《福建省人民政府关于加强困境儿童保障工作的实施意见》（闽政〔2016〕53号）	2016年11月16日

续表

序号	地区	文件名称	发文时间
19	江西	《江西省人民政府关于加强困境儿童保障工作的实施意见》（赣府发〔2016〕41号）	2016年10月17日
20	山东	《山东省民政厅、财政厅关于建立困境儿童基本生活保障制度的意见》（鲁民〔2014〕56号）	2014年8月1日
21	山东	《山东省人民政府关于贯彻国发〔2016〕36号文件加强困境儿童保障工作的实施意见》（鲁政发〔2017〕5号）	2017年2月28日
22	河南	《河南省人民政府办公厅关于加强困境儿童保障工作的实施意见》（豫政办〔2017〕47号）	2017年3月28日
23	湖北	《湖北省人民政府办公厅关于加强困境儿童保障工作的实施意见》（鄂政办发〔2016〕103号）	2016年12月25日
24	湖南	《湖南省民政厅关于开展困境儿童基本生活保障试点工作的通知》（湘民函〔2013〕187号）	2013年12月4日
25	湖南	《湖南省人民政府关于加强困境儿童保障工作的通知》（湘政发〔2016〕26号）	2016年11月29日
26	广东	《广东省人民政府关于加强困境儿童保障工作的实施意见》（粤府〔2016〕129号）	2016年12月6日
27	广西	《广西壮族自治区人民政府关于加强困境儿童保障工作的实施意见》（桂政发〔2016〕73号）	2016年12月27日
28	重庆	《重庆市民政局、财政局关于建立事实无人抚养困境儿童生活补贴制度的通知》（渝民发〔2012〕116号）	2012年11月27日
29	重庆	《重庆市人民政府关于进一步加强困境儿童保障工作的实施意见》（渝府发〔2016〕59号）	2016年12月21日
30	四川	《四川省人民政府关于加强困境儿童保障工作的实施意见》（川府发〔2016〕60号）	2016年12月23日
31	贵州	《中共贵州省委办公厅贵州省人民政府办公厅印发〈关于进一步加强留守儿童困境儿童关爱救助保护工作的实施意见〉的通知》（黔党办发〔2015〕32号）	2015年8月19日

序号	地区	文件名称	发文时间
32	贵州	《省人民政府办公厅关于实施农村学前教育儿童营养改善计划的意见》（黔府办发〔2016〕37号）	2016年10月8日
33	云南	《云南省人民政府关于加强困境儿童保障工作的实施意见》（云政发〔2016〕103号）	2016年12月20日
34	陕西	《陕西省民政厅关于开展困境儿童分类保障制度建设试点工作的通知》（陕民办发〔2014〕113号）	2014年12月1日
35	甘肃	《甘肃省人民政府关于加强困境儿童保障工作的实施意见》（甘政发〔2016〕81号）	2016年9月1日

留守儿童关爱保护机制（是否建立）

序号	地区	文件名称	发文时间
1	北京	《北京市民政局关于做好留守儿童关爱保护工作的通知》（京民救助发〔2016〕393号）	2016年10月7日
2	北京	《北京市人民政府关于加强困境儿童和留守儿童保障工作的实施意见》（京政发〔2016〕58号）	2016年12月13日
3	天津	《天津市人民政府关于加强农村留守儿童关爱保护工作的实施意见》（津政发〔2016〕25号）	2016年12月5日
4	河北	《河北省人民政府关于加强农村留守儿童关爱保护工作的实施意见》（冀政发〔2016〕30号）	2016年6月14日
5	山西	《山西省人民政府关于加强农村留守儿童关爱保护工作的实施意见》（晋政发〔2016〕33号）	2016年6月24日
6	内蒙古	《内蒙古自治区人民政府关于加强农村牧区留守儿童关爱保护工作的实施意见》（内政发〔2016〕75号）	2016年6月30日
7	辽宁	《辽宁省人民政府关于加强农村留守儿童关爱保护工作的实施意见》（辽政发〔2016〕43号）	2016年7月10日
8	吉林	《吉林省人民政府关于加强农村留守儿童关爱保护工作的实施意见》（吉政发〔2016〕34号）	2016年9月5日
9	黑龙江	《黑龙江省人民政府关于加强农村留守儿童关爱保护工作的实施意见》（黑政发〔2016〕20号）	2016年6月30日

续表

序号	地区	文件名称	发文时间
10	上海	《上海市留守儿童关爱保护工作联席会议办公室关于印发本市留守儿童关爱保护工作联席会议成员单位职责分工的通知》（沪儿护联办〔2016〕2号）	2016年7月29日
11	上海	《上海市人民政府关于加强本市农村留守儿童关爱保护工作的实施意见》（沪府发〔2016〕87号）	2016年9月30日
12	江苏	《江苏省人民政府关于加强农村留守儿童关爱保护工作的实施意见》（苏政发〔2016〕104号）	2016年8月9日
13	浙江	《浙江省教育厅关于切实加强义务教育阶段农村留守儿童教育关爱工作的意见》（浙教基〔2013〕115号）	2013年11月1日
14	浙江	《浙江省人民政府办公厅关于加强农村留守儿童关爱保护工作的实施意见》（浙政办发〔2016〕50号）	2016年5月19日
15	安徽	《安徽省人民政府关于加强农村留守儿童关爱保护工作的实施意见》（皖政〔2016〕69号）	2016年7月25日
16	安徽	《关于印发〈安徽省儿童保护专干工作规范〉的通知》（皖民务字〔2017〕15号）	2017年1月24日
17	福建	《福建省人民政府关于加强农村留守儿童关爱保护工作的实施意见》（闽政〔2016〕44号）	2016年10月15日
18	江西	《江西省人民政府关于加强农村留守儿童关爱保护工作的实施意见》（赣府发〔2016〕31号）	2016年7月22日
19	山东	《山东省人民政府关于贯彻国发〔2016〕13号文件加强农村留守儿童关爱保护工作的实施意见》（鲁政发〔2016〕17号）	2016年6月20日
20	河南	《河南省人民政府关于加强农村留守儿童关爱保护工作的实施意见》（豫发〔2016〕12号）	2016年5月11日
21	湖北	《湖北省人民政府关于印发湖北省加强农村留守儿童关爱保护工作实施方案的通知》（鄂政发〔2016〕37号）	2016年7月20日
22	湖南	《湖南省人民政府关于加强农村留守儿童关爱保护工作的实施意见》（湘政发〔2016〕17号）	2016年8月15日

序号	地区	文件名称	发文时间
23	广东	《中共广东省委广东省人民政府关于加强农村留守儿童关爱保护工作的实施意见》（粤发〔2016〕23号）	2016年7月12日
24	广西	《广西壮族自治区人民政府关于加强农村留守儿童关爱保护工作的实施意见》（桂政发〔2016〕49号）	2016年10月12日
25	海南	《海南省人民政府关于加强农村留守儿童关爱保护工作的实施意见》（琼府〔2016〕92号）	2016年9月30日
26	重庆	《重庆市人民政府关于加强农村留守儿童关爱保护工作的实施意见》（渝府发〔2016〕27号）	2016年6月30日
27	重庆	《重庆市民政局关于贯彻落实〈重庆市人民政府关于加强农村留守儿童关爱保护工作实施意见〉的通知》（渝民发〔2016〕48号）	2016年8月10日
28	四川	《四川省人民政府关于进一步加强农村留守儿童关爱保护工作的通知》（川府发〔2016〕56号）	2016年12月5日
29	贵州	《中共贵州省委办公厅贵州省人民政府办公厅印发〈关于进一步加强留守儿童困境儿童关爱救助保护工作的实施意见〉的通知》（黔党办发〔2015〕32号）	2015年8月19日
30	贵州	《贵州省关于印发进一步加强留守儿童困境儿童关爱救助保护工作实施方案的通知》（黔教基发〔2015〕251号）	2015年11月10日
31	云南	《云南省人民政府办公厅关于印发云南省农村留守儿童关爱保护工作联席会议制度的通知》（云政办发〔2016〕66号）	2016年6月28日
32	云南	《云南省人民政府关于加强农村留守儿童关爱保护工作的实施意见》（云政发〔2016〕52号）	2016年7月4日
33	西藏	《西藏自治区人民政府关于加强农村留守儿童关爱保护工作的实施意见》	2016年12月20日
34	陕西	《陕西省人民政府关于加强农村留守儿童关爱保护工作的实施意见》（陕政发〔2016〕32号）	2016年7月20日

续表

序号	地区	文件名称	发文时间
35	甘肃	《甘肃省人民政府关于进一步加强农村留守儿童关爱保护工作的实施意见》（甘政发〔2016〕66号）	2016年7月18日
36	青海	《青海省人民政府关于加强农村牧区留守儿童关爱保护工作的实施意见》（青政〔2016〕84号）	2016年11月16日
37	宁夏	《宁夏自治区人民政府关于加强农村留守儿童关爱保护工作的实施意见》（宁政发〔2016〕57号）	2016年6月18日
38	新疆	《新疆维吾尔自治区人民政府办公厅关于印发〈贯彻落实国务院关于加强农村留守儿童关爱保护工作意见的实施方案〉的通知》（新政发〔2016〕121号）	2016年11月21日

随迁人员子女义务教育保障政策（是否出台）

序号	地区	文件名称	发文时间
1	天津	《天津市居住证管理暂行办法》（津政办发〔2013〕31号）	2013年
2	河北	《河北省教育厅关于进一步做好义务教育免试就近入学工作的实施意见》（冀教基〔2014〕26号）	2014年5月23日
3	山西	《山西省进一步完善城乡义务教育经费保障机制实施方案》（晋政发〔2016〕25号）	2016年5月26日
4	内蒙古	《内蒙古自治区人民政府关于深入推进义务教育均衡发展的实施意见》（内政发〔2014〕48号）	2014年5月12日
5	内蒙古	《内蒙古自治区人民政府办公厅关于印发自治区深化考试招生制度改革实施方案的通知》（内政办发〔2016〕154号）	2016年10月26日
6	辽宁	《辽宁省人民政府办公厅转发省教育厅等部门关于进城务工人员随迁子女在辽宁省参加中考和高考实施方案（试行）的通知》（辽政办发〔2012〕68号）	2012年12月27日
7	辽宁	《辽宁省人民政府关于加强农村留守儿童关爱保护工作的实施意见》（辽政发〔2016〕43号）	2016年7月10日

序号	地区	文件名称	发文时间
8	吉林	《吉林省进一步完善城乡义务教育经费保障机制实施方案》（吉政办发〔2016〕19 号）	2016 年 4 月 7 日
9	黑龙江	《黑龙江省人民政府办公厅转发省教育厅等部门〈关于进城务工人员随迁子女在我省参加升学考试工作实施意见〉的通知》（黑政办发〔2013〕8 号）	2013 年 4 月 7 日
10	上海	《上海市人民政府办公厅转发市教委等四部门关于来沪人员随迁子女就读本市各级各类学校实施意见的通知》（沪府办发〔2013〕73 号）	2013 年 12 月 19 日
11	江苏	《江苏省流动人口居住管理办法（试行）》（苏政办发〔2013〕179 号）	2013 年 10 月 31 日
12	江苏	《江苏省政府关于进一步加强为农民工服务工作的实施意见》（苏政发〔2015〕75 号）	2015 年 7 月 2 日
13	江苏	《江苏省政府关于加强农村留守儿童关爱保护工作的实施意见》（苏政发〔2016〕104 号）	2016 年 8 月 9 日
14	浙江	《浙江省人民政府关于印发〈浙江省儿童发展规划（2016—2020 年）〉的通知》（浙政发〔2016〕40 号）	2016 年 10 月 14 日
15	安徽	《安徽省关于进城务工就业农民随迁子女义务教育有关问题的通知》（教基〔2007〕10 号）	2007 年 7 月 26 日
16	福建	《福建省人民政府关于印发福建省深化考试招生制度改革实施方案的通知》（闽政〔2016〕20 号）	2016 年 5 月 12 日
17	江西	《江西省人民政府关于修改〈江西省流动人口服务和管理办法〉的决定》（省政府令第 223 号）	2016 年 9 月 21 日
18	山东	《山东省人民政府关于进一步做好新形势下农民工工作的意见》（鲁政发〔2013〕22 号）	2013 年 9 月 2 日
19	河南	《河南省教育厅办公室关于进一步做好进城务工人员随迁子女义务教育工作的通知》（教基一〔2014〕600 号）	2014 年 7 月 9 日

序号	地区	文件名称	发文时间
20	湖北	《湖北省流动人口服务和管理条例》（湖北省人民代表大会常务委员会公告第 142 号）	2012 年 9 月 29 日
21	湖南	《湖南省人民政府办公厅转发省教育厅等部门〈关于做好进城务工人员随迁子女受义务教育后在当地参加升学考试工作实施办法〉的通知》（湘政办发〔2012〕115 号）	2012 年 12 月 24 日
22	广东	《广东省人民政府关于深化教育领域综合改革的实施意见》（粤府办〔2015〕20 号）	2015 年 1 月 29 日
23	广西	《广西壮族自治区流动人口服务管理办法》（广西壮族自治区人民政府令第 73 号）	2012 年 1 月 11 日
24	海南	《海南省儿童发展规划（2011—2020 年）》（琼府〔2012〕18 号）	2012 年 2 月 28 日
25	重庆	《重庆市人民政府关于深入推进义务教育均衡发展促进教育公平的意见》（渝府发〔2012〕42 号）	2012 年 4 月 9 日
26	四川	《四川省人民政府关于深入推进义务教育均衡发展的实施意见》（川府发〔2013〕46 号）	2013 年 9 月 6 日
27	贵州	《贵州省人民政府关于进一步推进户籍制度改革的实施意见》（黔府发〔2015〕16 号）	2015 年 5 月 4 日
28	云南	《云南省人民政府深入推进义务教育均衡发展实施意见的通知》（云政发〔2014〕26 号）	2014 年 3 月 29 日
29	陕西	《陕西省人民政府办公厅转发省教育厅等七部门关于进一步做好进城务工就业人员随迁子女和进城落户农村居民随迁子女等接受义务教育工作意见的通知》（陕政办发〔2011〕81 号）	2011 年 8 月 15 日
30	甘肃	《甘肃省教育厅关于进一步做好进城务工人员随迁子女义务教育工作的通知》（甘教基一函〔2014〕33 号）	2014 年 8 月 25 日
31	青海	《青海省教育厅关于新形势下做好流动人口随迁子女接受义务教育工作的实施意见》（青教基〔2015〕82 号）	2015 年 9 月 7 日

流动人员子女参加高考相关措施（是否出台）

序号	地区	文件名称	发文时间
1	北京	《北京市人民政府办公厅关于转发市教委等四部门制订的〈进城务工人员随迁子女接受义务教育后在京参加升学考试工作方案〉的通知》（京政办发〔2012〕62号）	2012年12月29日
2	天津	《天津市人民政府办公厅关于转发市发展改革委市教委市公安局市人力社保局拟定的天津市居住证管理配套实施细则的通知》（津政办发〔2013〕113号）	2013年12月25日
3	河北	《河北省教育厅、省发展改革委、省公安厅、省人力资源和社会保障厅关于做好进城务工人员随迁子女接受义务教育后在当地参加升学考试工作的实施方案》（冀政办函〔2012〕117号）	2012年12月17日
4	山西	《山西省教育厅、山西省公安厅、山西省人力资源和社会保障厅关于印发山西省关于进城务工人员随迁子女接受义务教育后参加升学考试工作的实施方案的通知》（晋教基〔2012〕43号）	2012年12月30日
5	内蒙古	《关于印发〈2016年内蒙古自治区区外务工人员随迁子女和户籍从区外迁入我区考生参加高考的相关条件界定工作实施办法（暂行）〉的通知》	2015年11月19日
6	辽宁	《辽宁省人民政府办公厅转发省教育厅等部门〈关于进城务工人员随迁子女在辽宁省参加中考和高考实施方案（试行）〉的通知》（辽政办发〔2012〕68号）	2012年12月27日
7	辽宁	《辽宁省人民政府关于加强农村留守儿童关爱保护工作的实施意见》（辽政发〔2016〕43号）	2016年7月10日
8	吉林	《吉林省人民政府办公厅〈关于转发省教育厅等部门进城务工人员随迁子女在吉林省参加升学考试（高考）工作实施方案〉的通知》（吉政办发〔2012〕74号）	2012年12月25日
9	黑龙江	《黑龙江省人民政府办公厅转发省教育厅等部门〈关于进城务工人员随迁子女在我省参加升学考试工作实施意见〉的通知》（黑政办发〔2013〕8号）	2013年1月22日

续表

序号	地区	文件名称	发文时间
10	上海	《上海市人民政府办公厅转发市教委等四部门〈关于来沪人员随迁子女就读本市各级各类学校实施意见〉的通知》（沪府办发〔2013〕73号）	2013年12月19日
11	江苏	《江苏省流动人口居住管理办法（试行）》（苏政办发〔2013〕179号）	2013年10月31日
12	江苏	《江苏省政府关于进一步加强为农民工服务工作的实施意见》（苏政发〔2015〕75号）	2015年7月2日
13	江苏	《江苏省政府关于加强农村留守儿童关爱保护工作的实施意见》（苏政发〔2016〕104号）	2016年8月9日
14	浙江	《浙江省人民政府办公厅关于做好外省籍进城务工人员随迁子女接受义务教育后在我省参加升学考试工作的实施意见》（浙政办发〔2012〕160号）	2012年12月28日
15	安徽	《安徽省人民政府办公厅转发省教育厅等部门〈关于进城务工人员随迁子女接受义务教育后参加升学考试工作暂行意见〉的通知》（皖政办〔2012〕65号）	2012年12月31日
16	福建	《福建省人民政府〈关于印发福建省深化考试招生制度改革实施方案〉的通知》（闽政〔2016〕20号）	2016年5月12日
17	江西	《江西省人民政府关于修改〈江西省流动人口服务和管理办法〉的决定》（省政府令第223号）	2016年9月21日
18	山东	《山东省人民政府关于进一步做好新形势下农民工工作的意见》（鲁政发〔2013〕22号）	2013年9月2日
19	河南	《河南省人民政府办公厅〈转发省教育厅等部门关于做好进城务工人员随迁子女接受义务教育后在当地参加升学考试工作实施意见〉的通知》（豫政办〔2012〕180号）	2012年12月31日
20	湖北	《湖北省流动人口服务和管理条例》（湖北省人民代表大会常务委员会公告第142号）	2012年9月29日
21	湖南	《湖南省人民政府办公厅转发省教育厅等部门〈关于做好进城务工人员随迁子女接受义务教育后在当地参加升学考试工作实施办法〉的通知》（湘政办发〔2012〕115号）	2012年12月24日

序号	地区	文件名称	发文时间
22	广东	《广东省人民政府关于深化教育领域综合改革的实施意见》（粤府办〔2015〕20号）	2015年1月29日
23	广东	《广东省人民政府办公厅转发省教育厅等部门〈关于做好进城务工人员随迁子女接受义务教育后在我省参加升学考试工作〉的通知》（粤府办〔2012〕137号）	2012年12月29日
24	广西	《广西壮族自治区人民政府办公厅转发自治区教育厅等部门〈关于外来务工人员随迁子女和外省户籍学籍迁入人员在广西参加升学考试意见〉的通知》（桂政办发〔2012〕330号）	2012年12月30日
25	海南	《海南省人民政府办公厅转发省教育厅等部门〈关于做好外省籍务工人员随迁子女在我省接受义务教育后参加我省普通高考工作实施方案（试行）〉的通知》（琼府办〔2013〕3号）	2013年1月9日
26	重庆	《重庆市人民政府办公厅〈关于印发重庆市外来务工人员随迁子女在重庆参加普通高考方案〉的通知》（渝办发〔2012〕333号）	2012年12月26日
27	四川	《四川省人民政府办公厅〈关于转发教育厅等部门四川省进城务工人员随迁子女在当地参加升学考试实施方案〉的通知》（川办发〔2012〕77号）	2012年12月31日
28	贵州	《贵州省人民政府办公厅〈关于转发省教育厅等部门贵州省外来人员随迁子女报考普通高等学校暂行规定〉的通知》（黔府办发〔2012〕63号）	2012年12月27日
29	云南	《云南省教育厅、云南省发展和改革委员会、云南省公安厅、云南省人力资源和社会保障厅关于做好随迁子女接受义务教育后在云南参加升学考试工作的实施意见》（黔府办发〔2012〕63号）	2013年4月22日
30	陕西	《陕西省教育厅、陕西省发展和改革委员会、陕西省公安厅、陕西省人力资源和社会保障厅关于印发〈进城务工人员随迁子女义务教育后在陕参加升学考试方案〉的通知》（陕教考〔2012〕8号）	2012年12月31日

续表

序号	地区	文件名称	发文时间
31	甘肃	《甘肃省教育厅关于做好进城务工人员随迁子女接受义务教育后在我省参加升学考试工作的实施方案（试行）》（甘教厅〔2012〕216号）	2012年12月31日
32	青海	《青海省高等学校招生委员会关于印发〈青海省普通高考报名录取条件补充规定（暂行）〉的通知》（青招委〔2011〕42号）	2011年11月8日
33	宁夏	《自治区人民政府办公厅〈关于转发自治区教育厅等部门宁夏回族自治区流动人口子女报考普通高等学校规定（试行）〉的通知》（宁招委〔2013〕1号）	2013年1月19日
34	新疆	《关于印发来疆务工人员随迁子女在新疆参加普通高考工作实施方案（试行）的通知》（新教基〔2013〕5号）	2013年9月25日

减免学前教育费用政策（是否出台）

序号	地区	文件名称	发文时间
1	山东	《山东省教育厅、财政厅印发〈关于加强建档立卡农村家庭困难学生资助工作〉的通知》（鲁教财字〔2016〕1号）	2016年3月30日
2	四川	《四川省教育厅〈关于做好民族自治地方十五年免费教育〉的通知》（川教函〔2016〕123号）	2016年3月24日
3	云南	《云南省人民政府关于加快发展民族教育的实施意见》（云政发〔2016〕100号）	2016年11月25日
4	西藏	《自治区财政厅、自治区发展改革委、自治区教育厅联合印发〈关于印发我区学前教育阶段农牧民子女补助和中小学"三包"政策及助学金制度规定〉的通知》	2011年2月11日
5	陕西	《陕西省人民政府办公厅〈关于印发省学前一年免费教育实施方案〉的通知》（陕政办发〔2011〕60号）	2011年6月7日
6	青海	《青海省人民政府关于完善城乡义务教育经费保障机制和实行15年免费教育的实施意见》（青政〔2016〕27号）	2016年4月6日
7	新疆	《新疆"十三五"基本普及15年教育》	2016年1月14日

政府鼓励/规范民办幼儿园管理相关规定（是否出台）

序号	地区	文件名称	发文时间
1	北京	《北京市民办中小学、幼儿园管理暂行规定的通知》（京教行字〔1995〕62号）	1995年11月24日
2	天津	《天津市〈教委关于印发天津市民办幼儿园管理暂行办法〉的通知》（津教委〔2016〕45号）	2016年10月31日
3	天津	《天津市教育委员会关于进一步规范幼儿园办园行为的通知》（津教委〔2010〕41号）	2010年4月8日
4	河北	《关于印发〈河北省幼儿园收费管理暂行办法实施细则〉的通知》（冀价行费〔2014〕25号）	2014年8月8日
5	山西	《山西省人民政府办公厅关于印发山西省贯彻落实〈国家贫困地区儿童发展规划（2014—2020年）〉实施方案的通知》（晋政办发〔2015〕118号）	2015年12月11日
6	山西	《山西省人民政府关于加快发展学前教育的意见》（晋政发〔2012〕30号）	2012年10月24日
7	内蒙古	《内蒙古自治区教育厅关于印发〈内蒙古自治区普惠性民办幼儿园认定及管理办法（试行）〉的通知》	2015年12月21日
8	辽宁	《关于印发〈辽宁省幼儿园（所）管理办法〉的通知》（辽教发〔2007〕68号）	2007年6月26日
9	吉林	《关于印发〈吉林省幼儿园工作管理规定（试行）〉的通知》（吉教基字〔2006〕45号）	2006年12月20日
10	黑龙江	《关于印发〈黑关于龙江省普惠性民办幼儿园认定及管理办法〉的通知》（黑教联〔2012〕73号）	2012年10月11日
11	上海	《上海市教育委员会上海市物价局上海市财政局〈关于规范本市幼儿园代办服务性收费管理〉的通知》（沪教委财〔2012〕46号）	2012年5月17日
12	江苏	《江苏省物价局省财政厅省教育厅关于印发〈江苏省幼儿园收费管理办法〉的通知》（苏价规〔2012〕2号）	2012年6月20日

续表

序号	地区	文件名称	发文时间
13	浙江	《浙江省财政厅 浙江省教育厅关于印发浙江省教育发展专项资金管理办法的通知》（浙财教〔2015〕5号）	2015 年 2 月 9 日
14	安徽	《安徽省民办幼儿园管理办法（试行）》（教基〔2006〕3 号）	2006 年 1 月 25 日
15	福建	《福建省物价局 福建省财政厅 福建省教育厅关于印发〈福建省幼儿园收费管理办法〉的通知》（闽价费〔2016〕228 号）	2016 年 8 月 25 日
16	江西	《江西省人民政府办公厅转发省教育厅等部门关于江西省民办幼儿园管理办法（试行）的通知》（赣府厅发〔2007〕83 号）	2007 年 11 月 3 日
17	山东	《山东省人民政府山东省学前教育规定》（山东省人民政府令第 272 号）	2014 年 1 月 30 日
18	河南	《河南省人民政府办公厅关于转发省教育厅等部门河南省幼儿园管理暂行办法（试行）的通知》（豫政办〔2012〕63 号）	2012 年 5 月 11 日
19	湖北	《湖北省教育厅 湖北省学前教育机构办园基本标准（试行）》（鄂教基〔2012〕11 号）	2012 年 5 月 11 日
20	湖南	《关于印发〈湖南省幼儿园办园标准〉的通知》（湘教发〔2008〕54 号）	2008 年 7 月 7 日
21	广东	《广东省教育厅关于印发〈广东省教育厅关于幼儿园管理的规范〉等规范的通知》（粤教基〔2016〕15 号）	2016 年 10 月 24 日
22	广西	《关于印发〈广西壮族自治区幼儿园办园基本标准〉的通知》（桂教基教〔2013〕52 号）	2013 年 10 月 22 日
23	海南	《海南省教育厅海南省幼儿园审批管理暂行办法》（琼教基〔2015〕35 号）	2015 年 4 月 27 日

序号	地区	文件名称	发文时间
24	海南	《关于修订印发〈海南省幼儿园审批管理暂行办法〉的通知》（琼教基〔2016〕4号）	2016年1月12日
25	重庆	《重庆市教育委员会　重庆市财政局〈关于印发重庆市普惠性幼儿园管理办法〉的通知》（渝教基〔2015〕81号）	2015年10月9日
26	重庆	《重庆市教育委员会关于进一步规范民办幼儿园设置审批工作的通知》（渝教民发〔2016〕7号）	2016年7月18日
27	四川	《四川省教育厅关于印发〈四川省幼儿园办园基本要求（试行）〉的通知》（川教〔2006〕128号）	2006年5月12日
28	贵州	《贵州省人民政府关于加快发展学前教育的实施意见》（黔府发〔2011〕5号）	2011年2月17日
29	云南	《云南省教育厅关于印发云南省普惠性民办幼儿园评估指标体系的通知》（云教民办〔2013〕1号）	2013年1月9日
30	西藏	《自治区财政厅、自治区发展改革委、自治区教育厅联合下发〈关于规范城镇幼儿园收费管理的通知〉和〈我区城镇学前教育阶段实行公办学校免费教育、民办学校定额免费补助政策〉的通知》	2012年3月30日
31	陕西	《自治区财政厅、自治区发展改革委、自治区教育厅联合下发陕西省教育厅〈陕西省普惠性民办幼儿园认定及管理办法（试行）〉》（陕教规范〔2014〕12号）	2014年8月8日
32	甘肃	《甘肃省教育厅关于印发〈甘肃省民办幼儿园管理暂行办法〉的通知》（甘教厅〔2013〕53号）	2013年5月20日
33	青海	《省教育厅、省发改委关于印发〈青海省普惠性民办幼儿园认定管理办法〉的通知》	2016年11月20日
34	宁夏	《自治区教育厅关于印发宁夏普惠性民办幼儿园评定标准（修订）的通知》（宁教基〔2015〕36号）	2015年3月5日
35	新疆	《关于印发〈新疆维吾尔自治区学前教育第二期三年行动计划（2015—2017年）〉的通知》（新教基〔2015〕12号）	2015年6月19日

减免高中阶段教育费用政策（是否出台）

序号	地区	文件名称	发文时间
1	河北	《河北省财政厅、人力资源和社会保障厅、扶贫开发办公室关于做好建档立卡贫困家庭学生资助工作的通知》（冀教财〔2016〕35号）	2016年7月31日
2	浙江	《浙江省人民政府关于印发浙江省基本公共服务体系十二五规划的通知》（浙政发〔2012〕103号）	2012年12月19日
3	福建	《福建省教育厅、省财政厅就实施教育精准扶贫工作印发通知》（闽教财〔2016〕13号）	2016年4月12日
4	江西	《江西省人民政府关于加强困境儿童保障工作的实施意见》（赣府发〔2016〕41号）	2016年10月17日
5	四川	《四川省教育厅关于做好民族自治地方十五年免费教育的通知》（川教函〔2016〕123号）	2016年3月24日
6	云南	《云南省人民政府关于加快发展民族教育的实施意见》（云政发〔2016〕100号）	2016年11月25日
7	西藏	《自治区财政厅、自治区发展改革委、自治区教育厅联合下发高中教育阶段农牧民子女"三包"政策和城镇困难家庭子女助学金制度规定》	2011年3月8日
8	陕西	《关于印发〈陕西省教育厅2016年工作要点〉的通知》（陕教〔2016〕2号）	2016年2月5日
9	青海	《青海省人民政府关于完善城乡义务教育经费保障机制和实行15年免费教育的实施意见》（青政〔2016〕27号）	2016年4月6日
10	新疆	《新疆"十三五"基本普及15年教育》	2016年1月14日

散居孤儿"明天计划"（是否拓展）

序号	地区	文件名称	发文时间
1	湖南	《湖南省"残疾孤儿手术康复明天计划"拓展工作方案》（湘民办函〔2015〕33号）	2015年5月27日
2	浙江	《浙江省民政厅关于印发浙江省"明天计划"拓展工作暂行办法》（浙民儿〔2017〕24号）	2017年1月19日
3	重庆	《重庆市民政局关于印发〈重庆市"明天计划"拓展工作方案〉的通知》（渝民发〔2016〕33号）	2016年5月18日

儿童寄养收养评估工作规范（是否出台）

序号	地区	文件名称	发文时间
1	南京	《南京出台困境未成年人寄养家庭评估标准》	2015 年 6 月 20 日

基本医保政策明确规定降低儿童医疗起付线、报销比例（是否规定）

序号	地区	文件名称	发文时间
1	天津	《天津市实施城乡居民基本医疗保险若干意见经办管理办法的通知》（津人社局发〔2015〕7 号）	2015 年
2	上海	《上海市人力资源社会保障局等关于 2016 年本市城乡居民基本医疗保险有关事项的通知》（沪人社医发〔2015〕43 号）	2015 年 10 月 23 日
3	河南	《河南省人民政府办公厅关于印发河南省城乡居民基本医疗保险实施办法（试行）的通知》（豫政办〔2016〕194 号）	2016 年 11 月 7 日
4	重庆	《关于印发重庆市城乡居民合作医疗保险市级统筹实施办法的通知》（渝人社发〔2012〕127 号）	2012 年 7 月 5 日

大病保险政策明确规定降低儿童医疗起付线、报销比例（是否规定）

序号	地区	文件名称	发文时间
1	北京	《关于做好北京市学生儿童大病医疗保险工作的通知》（京教体美〔2007〕17 号）	2007 年 7 月 6 日
2	山西	《山西省人民政府关于整合城乡居民基本医疗保险制度的实施意见》（晋政发〔2016〕57 号）	2016 年 11 月 10 日
3	广东	《关于开展提高城乡儿童重大疾病保障水平工作的通知》（粤人社函〔2014〕287 号）	2014 年 12 月 18 日
4	重庆	《重庆市城乡居民合作医疗保险若干问题处理意见的通知》（渝人社发〔2013〕267 号）	2013 年 12 月 20 日
5	宁夏	《宁夏自治区人民政府办公厅关于印发开展城乡居民大病保险工作实施意见的通知》（宁政办发〔2013〕91 号）	2013 年 6 月 10 日

医疗救助政策在救助对象、救助病种上向儿童倾斜（是否出台政策）

序号	地区	文件名称	发文时间
1	河北	《河北省人民政府办公厅转发省民政厅等部门关于进一步完善医疗救助制度全面开展重特大疾病医疗救助工作实施意见的通知》（冀政办发〔2015〕26号）	2015年10月10日
2	山西	《山西省人民政府办公厅关于进一步完善医疗救助制度全面开展重特大疾病医疗救助工作的实施意见》（晋政办发〔2015〕98号）	2015年10月21日
3	内蒙古	《内蒙古自治区人民政府办公厅关于印发自治区社会救助办法的通知》（内政办发〔2015〕94号）	2015年10月13日
4	辽宁	《关于印发〈辽宁省健全城乡医疗救助制度的实施方案〉的通知》（辽民函〔2015〕11号）	2015年4月8日
5	吉林	《吉林省人民政府办公厅关于转发省民政厅等部门吉林省医疗救助实施意见的通知》（吉政办发〔2015〕41号）	2015年8月11日
6	黑龙江	《黑龙江省人民政府办公厅关于印发〈黑龙江省城乡医疗救助暂行办法〉的通知》（黑政办发〔2015〕82号）	2015年12月23日
7	上海	《市政府关于印发〈上海市基本公共服务体系"十三五"规划〉的通知》（沪府发〔2016〕104号）	2016年12月21日
8	江苏	《江苏省政府办公厅关于进一步完善医疗救助制度的实施意见》（苏政办发〔2015〕135号）	2015年12月21日
9	浙江	《浙江省民政厅、浙江省财政厅、浙江省人力资源和社会保障厅、浙江省卫生厅关于进一步加强医疗救助工作的通知》（浙民助〔2012〕163号）	2012年8月10日
10	安徽	《安徽省人民政府办公厅转发省民政厅等部门〈关于进一步完善医疗救助制度全面开展重特大疾病医疗救助工作实施意见〉的通知》（皖政办〔2015〕65号）	2015年12月2日
11	福建	《福建省人民政府办公厅转发省医改办等部门〈关于完善城乡居民医疗救助体系实施意见〉的通知》（闽政办〔2016〕10号）	2016年2月1日

序号	地区	文件名称	发文时间
12	江西	《江西省人民政府办公厅转发省民政厅等部门〈关于进一步加强和完善医疗救助制度实施意见〉的通知》（赣府厅发〔2015〕62号）	2015年11月11日
13	湖北	《湖北省人民政府办公厅转发省民政厅等部门〈关于进一步完善医疗救助制度全面开展重特大疾病医疗救助工作实施办法〉的通知》（鄂政办发〔2015〕39号）	2015年5月29日
14	湖南	《湖南省关于开展重特大疾病医疗救助试点工作的通知》（湘民发〔2015〕25号）	2015年12月8日
15	广东	《广东省民政厅等六部门关于广东省困难群众医疗救助的暂行办法》（粤民发〔2016〕184号）	2016年12月16日
16	广西	《广西壮族自治区人民政府办公厅关于全面开展重特大疾病医疗救助工作的通知》（桂政办发〔2015〕124号）	2015年12月22日
17	海南	《海南省人民政府办公厅关于印发〈海南省医疗救助实施办法〉的通知》（琼府办〔2016〕299号）	2016年12月7日
18	重庆	《重庆市人民政府办公厅转发市民政局等部门〈关于进一步完善医疗救助制度意见〉的通知》（渝府办发〔2015〕174号）	2015年11月16日
19	贵州	《贵州省人民政府办公厅转发省民政厅等单位〈关于进一步完善医疗救助制度全面开展重特大疾病医疗救助工作的实施意见〉的通知》（黔府办函〔2015〕209号）	2015年12月28日
20	云南	《云南省人民政府办公厅转发省民政厅等部门〈关于进一步完善医疗救助制度加快推进重特大疾病医疗救助工作实施意见〉的通知》（云政办发〔2015〕65号）	2015年8月30日
21	西藏	《西藏自治区人民政府办公厅转发民政厅等部门〈关于进一步完善城乡医疗救助制度全面开展重特大疾病医疗救助工作实施意见〉的通知》（藏政办发〔2016〕37号）	2016年5月3日
22	陕西	《陕西省人民政府办公厅转发省民政厅等部门〈关于进一步完善医疗救助制度全面开展重特大疾病医疗救助工作实施意见〉的通知》（陕政办发〔2016〕31号）	2016年4月18日

续表

序号	地区	文件名称	发文时间
23	甘肃	《甘肃省人民政府办公厅转发省民政厅等部门〈关于进一步完善医疗救助制度意见〉的通知》（甘政办发〔2015〕142号）	2015年9月29日
24	青海	《青海省人民政府办公厅转发省民政厅等部门〈关于进一步加强全省城乡医疗救助工作意见〉的通知》（青政办〔2011〕284号）	2011年12月1日
25	宁夏	《宁夏回族自治区医疗救助办法》（宁夏回族自治区人民政府令第78号）	2015年11月14日
26	新疆	《关于印发〈新疆维吾尔自治区扩大农牧区居民重大疾病医疗保障试点工作实施方案（试行）〉的通知》（新卫农卫发〔2011〕17号）	2011年9月9日

（四）省级残疾人政策创新度政策列表（截至2016年底）

残疾人康复服务政策（是否出台）

序号	地区	政策法规名称	发文时间
1	北京	《北京市实施〈中华人民共和国残疾人保障法〉办法》	2011年11月18日
2	天津	《中共天津市委 天津市人民政府关于加快残疾人事业发展的实施意见》（津党发〔2009〕10号）	2009年
3	河北	《关于推进新形势下残疾人事业发展的意见》（冀发〔2014〕17号）	2014年6月26日
4	山西	《关于加快推进残疾人社会保障体系和服务体系建设实施意见》（晋政办发〔2011〕87号）	2011年11月4日
5	内蒙古	《关于进一步做好重度残疾人医疗服务及保障工作的通知》	2016年7月26日
6	辽宁	《辽宁省人民政府办公厅关于印发〈辽宁省医疗卫生服务体系规划（2015—2020年）〉的通知》（辽政办发〔2015〕107号）	2015年12月10日
7	吉林	《吉林省残疾人保障条例》	2013年5月30日
8	黑龙江	《黑龙江省人民政府关于加快推进残疾人小康进程的实施意见》（黑政发〔2015〕38号）	2015年12月31日

序号	地区	政策法规名称	发文时间
9	上海	《关于进一步加强本市残疾人康复工作的意见》（沪府办发〔2014〕8号）	2014年2月23日
10	江苏	《将部分康复项目纳入基本医疗保障范围的实施办法》（苏人社发〔2010〕479号）	2010年12月11日
11	浙江	《浙江省残疾人事业发展"十三五"规划》（浙政发〔2016〕37号）、《关于进一步调整完成基本医疗保险部分医疗康复项目的通知》（浙人社发〔2017〕333号）	2016年9月26日 2017年2月20日
12	安徽	《关于促进残疾人事业发展的实施意见》	2009年4月16日
13	福建	《关于进一步加强扶残助残工作的意见》（闽政〔2014〕48号）	2014年9月6日
14	江西	《2015年全省深化医药卫生体制改革下步工作要点》（赣府厅字〔2015〕90号）	2015年8月6日
15	山东	《山东省人民政府办公厅转发省残联等部门和单位〈关于加快推进残疾人社会保障体系和服务体系建设的实施意见〉的通知》（鲁政办发〔2011〕39号）	2011年8月23日
16	河南	《河南省人民政府关于加快推进残疾人小康进程的实施意见》（豫政〔2015〕60号）	2015年10月13日
17	湖北	《湖北省人民政府办公厅关于加快推进残疾人小康进程的实施意见》（鄂政办发〔2015〕37号）	2015年5月25日
18	湖南	《湖南省出生缺陷防治办法》（湖南省人民政府令第275号）、《关于新增部分医疗康复项目纳入基本医疗保障支付范围的通知》（湘人社发〔2016〕30号）	2015年11月19日 2016年3月9日
19	广东	《关于印发〈广东省残疾人康复服务"十二五"实施方案〉的通知》（粤残联〔2012〕112号）	2012年6月13日
20	广西	《关于印发〈广西壮族自治区残疾人精准康复服务行动实施方案〉》（桂残联字〔2016〕52号）	2016年9月27日
21	海南	《海南省人民政府办公厅关于印发〈海南省健康扶贫工程实施方案〉的通知》（琼府办〔2016〕233号）	2016年9月20日
22	重庆	《关于加快推进残疾人社会保障体系和服务体系建设的实施意见》（渝办发〔2010〕389号）	2010年12月31日

续表

序号	地区	政策法规名称	发文时间
23	四川	《四川省人民政府关于印发〈四川省基本公共服务体系"十二五"规划〉的通知》（川办函〔2014〕63号）	2014年4月22日
24	贵州	《贵州省残疾人社会保障工作"十二五"实施方案》（黔残联〔2012〕350号）	2012年12月26日
25	云南	《云南省卫生厅关于印发〈云南省建立完善康复医疗服务体系试点工作实施方案〉的通知》	2014年
26	西藏	《西藏财政残疾人事业发展补助资金管理办法》（藏财社字〔2016〕37号）	2016年9月26日
27	陕西	《陕西省贫困残疾人脱贫攻坚实施方案》（陕残联〔2016〕43号）	2016年5月16日
28	甘肃	《甘肃省人民政府关于加快推进残疾人小康进程的实施意见》（甘政发〔2015〕80号）	2015年9月8日
29	青海	《青海省人民政府关于批转省政府残工委〈青海省残疾人事业"十二五"发展规划〉的通知》	2011年
30	宁夏	《关于将部分医疗康复项目纳入基本医疗保险支付范围的通知》	2016年10月1日
31	新疆	《关于将部分医疗康复项目纳入自治区基本医疗保障支付范围的通知》	2016年8月

将残疾人康复服务纳入医保体系政策

序号	地区	政策法规名称	发文时间
1	北京	《北京市实施〈中华人民共和国残疾人保障法〉办法》	2011年11月18日
2	天津	《中共天津市委 天津市人民政府关于加快残疾人事业发展的实施意见》（津党发〔2009〕10号）	2009年
3	河北	《关于推进新形势下残疾人事业发展的意见》（冀发〔2014〕17号）	2014年6月26日
4	山西	《关于加快推进残疾人社会保障体系和服务体系建设实施意见》（晋政办发〔2011〕87号）	2011年11月4日
5	内蒙古	《关于进一步做好重度残疾人医疗服务及保障工作的通知》	2016年7月26日

序号	地区	政策法规名称	发文时间
6	辽宁	《辽宁省人民政府办公厅关于印发〈辽宁省医疗卫生服务体系规划（2015—2020 年）〉的通知》（辽政办发〔2015〕107 号）	2015 年 12 月 10 日
7	吉林	《吉林省残疾人保障条例》	2013 年 5 月 30 日
8	黑龙江	《黑龙江省人民政府关于加快推进残疾人小康进程的实施意见》	2015 年 12 月 31 日
9	上海	《关于进一步加强本市残疾人康复工作的意见》	2014 年 2 月 23 日
10	江苏	《将部分康复项目纳入基本医疗保障范围的实施办法》	2010 年 12 月 11 日
11	浙江	《浙江省残疾人事业发展"十三五"规划》《关于进一步调整完成基本医疗保险部分医疗康复项目的通知》	2016 年 9 月 26 日 2017 年 2 月 20 日
12	安徽	《关于促进残疾人事业发展的实施意见》	2009 年 4 月 16 日
13	福建	《关于进一步加强扶残助残工作的意见》	2014 年 9 月 6 日
14	江西	《2015 年全省深化医药卫生体制改革下步工作要点》	2015 年 8 月 5 日
15	山东	《山东省人民政府办公厅转发省残联等部门和单位〈关于加快推进残疾人社会保障体系和服务体系建设的实施意见〉的通知》	2011 年 8 月 23 日
16	河南	《河南省人民政府关于加快推进残疾人小康进程的实施意见》	2015 年 10 月 13 日
17	湖北	《湖北省人民政府办公厅关于加快推进残疾人小康进程的实施意见 》	2015 年 5 月 25 日
18	湖南	《湖南省出生缺陷防治办法》《关于新增部分医疗康复项目纳入基本医疗保障支付范围的通知》	2015 年 11 月 2 日 2016 年 3 月 9 日
19	广东	《关于印发〈广东省残疾人康复服务"十二五"实施方案〉的通知》	2012 年 6 月 13 日
20	广西	《关于印发〈广西壮族自治区残疾人精准康复服务行动实施方案〉》	2016 年 9 月 27 日
21	海南	《海南省人民政府办公厅关于印发〈海南省健康扶贫工程实施方案〉的通知》	2016 年 9 月 20 日
22	重庆	《关于加快推进残疾人社会保障体系和服务体系建设的实施意见》	2010 年 12 月 31 日

续表

序号	地区	政策法规名称	发文时间
23	四川	《四川省人民政府关于印发〈四川省基本公共服务体系"十二五"规划〉的通知》	2014 年 4 月 22 日
24	贵州	《贵州省残疾人社会保障工作"十二五"实施方案》	2012 年 12 月 26 日
25	云南	《云南省卫生厅关于印发〈云南省建立完善康复医疗服务体系试点工作实施方案〉的通知》	2014 年
26	陕西	《陕西省贫困残疾人脱贫攻坚实施方案》	2016 年 5 月 16 日
27	甘肃	《甘肃省人民政府关于加快推进残疾人小康进程的实施意见》	2015 年 9 月 8 日
28	青海	《青海省人民政府关于批转省政府残工委〈青海省残疾人事业"十二五"发展规划〉的通知》	2011 年
29	宁夏	《关于将部分医疗康复项目纳入基本医疗保险支付范围的通知》	2016 年 10 月 1 日
30	新疆	《关于将部分医疗康复项目纳入自治区基本医疗保障支付范围的通知》	2016 年 8 月

残疾人康复补贴制度政策

序号	地区	政策法规名称	发文时间
1	北京	《北京市实施〈中华人民共和国残疾人保障法〉办法》	2011 年 11 月 18 日
2	天津	《中共天津市委 天津市人民政府关于加快残疾人事业发展的实施意见》	2009 年
3	河北	《关于推进新形势下残疾人事业发展的意见》	2014 年 6 月 26 日
4	山西	《关于加快推进残疾人社会保障体系和服务体系建设实施意见》《山西省残疾人基本康复服务目录及补贴标准》	2011 年 11 月 4 日 2016 年 12 月 19 日
5	内蒙古	《关于进一步做好重度残疾人医疗服务及保障工作的通知》	2016 年 7 月 26 日
6	辽宁	《辽宁省人民政府办公厅关于印发〈辽宁省医疗卫生服务体系规划（2015—2020 年）〉的通知》	2015 年 12 月 10 日

序号	地区	政策法规名称	发文时间
7	吉林	《吉林省残疾人保障条例》	2013 年 5 月 30 日
8	黑龙江	《黑龙江省人民政府关于加快推进残疾人小康进程的实施意见》	2015 年 12 月 31 日
9	上海	《关于残疾人康复经费各级财政补贴的通知》（沪财社〔1997〕4 号）	1997 年 10 月 8 日
10	江苏	《省政府关于加快推进残疾人小康进程的实施意见》（苏政发〔2016〕99 号）	2016 年 8 月 11 日
11	浙江	《浙江省残疾人事业发展"十三五"规划》	2016 年 9 月 26 日
12	安徽	《关于促进残疾人事业发展的实施意见》	2009 年 4 月 16 日
13	福建	《关于进一步加强扶残助残工作的意见》	2014 年 9 月 6 日
14	江西	《2015 年全省深化医药卫生体制改革下步工作要点》	2015 年 8 月 5 日
15	山东	《山东省人民政府办公厅转发省残联等部门和单位〈关于加快推进残疾人社会保障体系和服务体系建设的实施意见〉的通知》	2011 年 8 月 23 日
16	河南	《河南省人民政府关于加快推进残疾人小康进程的实施意见》	2015 年 10 月 13 日
17	湖北	《湖北省人民政府办公厅关于加快推进残疾人小康进程的实施意见 》	2015 年
18	湖南	《关于新增部分医疗康复项目纳入基本医疗保障支付范围的通知》	2016 年 3 月 9 日
19	广东	《关于印发〈广东省残疾人康复服务"十二五"实施方案〉的通知》	2012 年 6 月 13 日
20	广西	《关于印发〈广西壮族自治区残疾人精准康复服务行动实施方案〉》	2016 年 9 月 27 日
21	海南	《海南省人民政府办公厅关于印发〈海南省健康扶贫工程实施方案〉的通知》	2016 年 9 月 20 日
22	重庆	《关于加快推进残疾人社会保障体系和服务体系建设的实施意见》	2010 年 12 月 31 日
23	四川	《四川省人民政府关于印发〈四川省基本公共服务体系"十二五"规划〉的通知》	2014 年 4 月 22 日

续表

序号	地区	政策法规名称	发文时间
24	贵州	《贵州省残疾人社会保障工作"十二五"实施方案》	2012 年 12 月 26 日
25	云南	《云南省卫生厅关于印发〈云南省建立完善康复医疗服务体系试点工作实施方案〉的通知》	2014 年
26	西藏	《西藏财政残疾人事业发展补助资金管理办法》	2016 年 9 月 26 日
27	陕西	《陕西省贫困残疾人脱贫攻坚实施方案》	2016 年 5 月 16 日
28	甘肃	《甘肃省人民政府关于加快推进残疾人小康进程的实施意见 》	2015 年 9 月 8 日
29	青海	《青海省人民政府关于批转省政府残工委〈青海省残疾人事业"十二五"发展规划〉的通知》	2011 年
30	宁夏	《2016 年宁夏残疾人康复服务补贴细则》	2016 年
31	新疆	《关于实施贫困残疾人康复救助关爱工程的决定》（新政发〔2009〕42 号）	2009 年 5 月 14 日

残疾人抢救性康复救助政策

序号	地区	政策法规名称	发文时间
1	北京	《关于印发〈北京市残疾儿童少年康复补助暂行办法〉的通知》（京残发〔2008〕82 号）	2008 年 10 月 7 日
2	天津	《天津市落实〈贫困残疾儿童抢救性康复项目实施方案〉的实施办法》	2010 年 1 月 20 日
3	河北	《关于印发〈河北省贫困残疾儿童康复救助实施办法（试行）〉的通知》（冀残联〔2014〕51 号）	2014 年 8 月 31 日
4	山西	《关于印发〈贫困残疾儿童抢救性康复项目山西省实施方案及配套实施办法〉的通知》	2010 年
5	辽宁	《关于印发〈辽宁省实施残疾儿童康复救助"七彩梦行动计划"工作方案〉的通知》（辽残联〔2012〕59 号）	2012 年
6	吉林	《贫困智力残疾儿童抢救性康复项目吉林省实施办法》	2012 年 11 月 30 日
7	上海	《上海市残疾人事业"十二五"发展规划纲要》（沪府发〔2012〕6 号）	2012 年 1 月 21 日

序号	地区	政策法规名称	发文时间
8	江苏	《江苏省0~6岁残疾儿童抢救性康复项目实施办法（已废止）》（苏残发〔2013〕52号）	2013 年
9	浙江	《浙江省贫困残疾儿童抢救性康复项目实施办法》（浙残联康复〔2010〕30号）	2010 年 4 月 30 日
10	安徽	《关于实施贫困残疾儿童抢救性康复项目有关事项的意见》（皖残联〔2013〕14号）	2013
11	福建	《关于印发〈2012年省委、省政府为民为实事"残疾儿童康复工程"项目实施方案〉的通知》（闽残康复〔2012〕49号）	2012 年 3 月 29 日
12	江西	《江西省实施残疾儿童康复救助"七彩梦行动计划"方案》	2012 年 3 月 6 日
13	山东	《山东省0~6岁残疾儿童抢救性康复救助实施办法》（鲁残联发〔2013〕4号）	2013 年 3 月 20 日
14	河南	《2016年河南省贫困残疾儿童抢救性康复工程实施方案》（豫政办〔2016〕36号）	2016 年 4 月 6 日
15	湖南	《湖南省脑瘫儿童抢救性康复救助项目实施方案》	2013 年 12 月 3 日
16	广东	《关于印发〈广东省残疾人居家康复服务实施办法〉的通知》（粤残联〔2012〕63号）	2012 年 4 月 5 日
17	重庆	《关于印发〈贫困残疾儿童抢救性康复项目重庆市实施办法〉的通知》	2011 年
18	四川	《四川省残疾人联合会关于2011年中国残联贫困残疾儿童抢救性康复项目有关事项的通知》	2011 年
19	贵州	《贵州省残疾儿童康复救助"七彩梦行动计划"实施方案》	2012 年 3 月 17 日
20	云南	《云南省实施残疾儿童康复救助"七彩梦行动计划"方案》	2012 年 3 月 13 日
21	陕西	《关于印发〈陕西省残疾儿童康复救助项目管理办法〉的通知》	2012 年 6 月 5 日

序号	地区	政策法规名称	发文时间
22	甘肃	《关于印发〈甘肃省贫困残疾儿童抢救性康复项目实施方案及配套实施办法〉的通知》	2010 年 4 月 21 日
23	青海	《青海省贯彻实施残疾预防和残疾人康复条例重点任务分工方案》（青政办〔2017〕155 号）	2017 年 9 月 14 日
24	宁夏	《宁夏自治区实施残疾儿童康复救助"七彩梦行动计划"方案》（宁残联发〔2012〕61 号）	2012 年 4 月 18 日

参考文献

中华人民共和国民政部编《2017 年中国民政统计年鉴》，中国统计出版社，2017。

杨团主编《中国慈善发展报告（2017）》，社会科学文献出版社，2017。

《国务院关于印发"十三五"加快残疾人小康进程规划纲要的通知》。

《2016 年中国残疾人事业发展统计公报》。

《贫困残疾人脱贫攻坚行动计划（2016—2020 年）》。

后 记

中国社会政策进步指数由北京师范大学中国公益研究院自主研发，运用指数工具，对全国 31 个省级行政区（不含港澳台）的慈善、老年人、儿童、残疾人四个关键社会政策领域的发展状况与政策环境进行综合评价，以推动社会政策的不断创新、优化和进步。《中国社会政策进步指数报告（2018）》是中国社会政策进步指数第二次出版的研究成果，主要对2015～2016 年中国社会政策发展进行分年度评价、两年整体发展分析，并对慈善、老年人、儿童、残疾人四个领域分别进行评价。

本报告经过策划与定位、思路和原则确定、指标的采集与论证筛选、数据采集、指标赋权、测算工具选择与数据处理、数据校核、研究报告撰写、多轮内审与改稿、编辑出版等系列流程，历时一年半，倾注指数研究团队诸多心血。

本报告各部分撰稿人为：序言——王振耀；第一章——王淑清；第二章——邵灵玲；第三章——成绯绯、柴宇阳、冯剑、张睿颖；第四章——张柳；第五章——王淑清。邵灵玲、成绯绯、柴宇阳、张柳、王淑清负责指标的设计、数据的收集与核对、附件的整理。王淑清负责测算与统稿。高玉荣、程芬、李洁和高云霞参与指数设计并对报告进行审核。王振耀、高华俊和柳永法对指标体系进行确定，对报告进行审定。江涛、王阳、李静和陈科名负责指数的传播工作。

研究助理毕若琳、张媛、阿茹汗、高宇、陈莴、彭海路、何李霸、马怡然、王译心、徐春蕾、徐印印协助开展指数的数据收集、数据录入、数据校对、表格制作、报告的文字校对等工作。

中国康复研究中心副研究员张金明、中国残联残疾人事业发展研究中心副研究员冯善伟等专家，在指标的设计及数据来源等方面提供了宝贵意见，在此特别感谢。

感谢联合国儿童基金会对儿童政策进步指数部分的赞助。

感谢健坤慈善基金会对慈善进步指数部分的赞助。

感谢社会科学文献出版社的编辑吴超。

由于数据获取的限制，本指数报告难免存在偏误与不足，敬请读者指正。

北京师范大学中国公益研究院

2018 年 6 月

图书在版编目（CIP）数据

中国社会政策进步指数报告 . 2018 / 王振耀主编
. --北京：社会科学文献出版社，2018.9
ISBN 978 - 7 - 5201 - 3285 - 5

Ⅰ.①中… Ⅱ.①王… Ⅲ.①社会政策 - 研究报告 -
中国 - 2018 Ⅳ.①D601

中国版本图书馆 CIP 数据核字（2018）第 185843 号

中国社会政策进步指数报告（2018）

主 编 / 王振耀
副 主 编 / 高华俊 高玉荣 柳永法

出 版 人 / 谢寿光
项目统筹 / 吴 超
责任编辑 / 吴 超 李惠惠

出 版 / 社会科学文献出版社·人文分社 （010）59367215
地址：北京市北三环中路甲 29 号院华龙大厦 邮编：100029
网址：www. ssap. com. cn
发 行 / 市场营销中心（010）59367081 59367018
印 装 / 三河市龙林印务有限公司

规 格 / 开 本：787mm × 1092mm 1/16
印 张：21 字 数：333 千字
版 次 / 2018 年 9 月第 1 版 2018 年 9 月第 1 次印刷
书 号 / ISBN 978 - 7 - 5201 - 3285 - 5
定 价 / 99.00 元

本书如有印装质量问题，请与读者服务中心（010 - 59367028）联系

社会科学文献出版社
SOCIAL SCIENCES ACADEMIC PRESS (CHINA) 版权所有 翻印必究